Adjustment and Reshaping of Global Value Chains

本书为上海市人民政府决策咨询研究基地

余南平工作室2020年年度研究报告。

全球价值链的调整与重塑

余南平 等著

天津出版传媒集团
天津人民出版社

图书在版编目(CIP)数据

全球价值链的调整与重塑 / 余南平等著. -- 天津：天津人民出版社，2022. 12
ISBN 978-7-201-18881-2

Ⅰ. ①全… Ⅱ. ①余… Ⅲ. ①经济全球化一产业结构调整一研究 Ⅳ. ①F114. 41②F264

中国版本图书馆 CIP 数据核字(2022)第 196274 号

全球价值链的调整与重塑
QUANQIU JIAZHILIAN DE TIAOZHENG YU CHONGSU

出　　版　天津人民出版社
出 版 人　刘　庆
地　　址　天津市和平区西康路35号康岳大厦
邮政编码　300051
邮购电话　(022)23332469
电子邮箱　reader@tjrmcbs.com

责任编辑　王　琤
封面设计　汤　磊

印　　刷　天津新华印务有限公司
经　　销　新华书店
开　　本　710毫米×1000毫米　1/16
印　　张　18.25
插　　页　2
字　　数　280千字
版次印次　2022年12月第1版　2022年12月第1次印刷
定　　价　98.00元

前　言

2020年突发的新冠肺炎疫情给人类造成了非常严重的影响，根据世界卫生组织实时统计数据，截至2022年6月，全球确诊病例累计接近5.4亿，新冠肺炎已经夺走超过632万人的生命。新冠肺炎造成的人类伤亡，几乎超过了二战之后所有的战争（可能仅次于发生于1998年至2003年的第二次刚果战争）；而新冠肺炎疫情对人类社会的影响，也几乎超过了二战之后的所有事件，国际政治、国际经济、国际文化和国内的国家－社会关系等都因新冠疫情而发生了重大的改变。

无疑，中国在这场人类抗击新冠肺炎疫情中的表现是出色的，中国为全世界抗击新冠肺炎疫情做出的贡献也是值得全世界尊敬的。作为第一个取得防疫阶段性胜利、迅速复工复产的大国，中国为其他国家抗击新冠肺炎疫情提供了“中国方案”；除此之外，中国还积极向其他国家提供抗疫物资和疫苗……但反观国际现实，中国却成为某些别有用心的西方国家恶意攻击、转移本国抗疫不力的“靶子”，成为这些国家在政治、经济、外交、科技上封锁的对象。

那么就有如下两个问题摆在中国面前：其一，如何把我们中国自己的事情做好。先把自己的事情做好是中国最古老的经验，它是两千多年前孟子“穷则独善其身，达则兼济天下”的政治哲学，是四十多年前邓小平“做好一件事，我们自己的事”的政治智慧，也是当前党中央“以国内大循环为主体、国内国际双循环相互促进”的战略部署。而在当前的国际形势下，中国的第一要务，依然是把本国的事情做好。

其二，在做好中国自己的事情的基础上，如何为全世界的抗疫斗争做出更大的贡献，并促进全球化的进一步发展。古希腊的修昔底德指出："无论是在国家还是在个人之间，利益的一致是最可靠的纽带"，英国的帕默斯顿认为："没有永远的朋友，只有永远的利益。"即便我们不认同这两者的观点，也必然能够清晰地看出，由于在国际政治的大国博弈中，应该摒弃对抗思维而倡导合作精神；应该相互尊重并包容分歧，进而在寻求共同利益最大公约数的基础上构建"人类命运共同体"。

自2018年以来，上海市人民政府决策咨询基地——余南平工作室的科研人员分析了全球价值链、区域价值链的演进和变化及其对国际政治经济关系的影响。研究发现，优化和提升中国在全球价值链中的地位既是把我们中国的事情做好的关键，也是巩固中国在国际舞台上凝聚老朋友、赢得新朋友、与新老朋友共同缔造"命运－利益"共同体的关键。因此，工作室的所有科研人员在过去的三年里，持续关注全球价值链的结构变化，并以其为视角对国际关系进行了分析。2020年新冠肺炎疫情暴发之后，工作室所有科研人员又集中精力，研究了新冠肺炎疫情对全球价值链的综合影响，并分析了我国如何克服新冠疫情负面影响，提升自身在全球价值链中的地位，并为世界做出更多的贡献。经过一年多的努力，在工作室科研人员的集体努力之下，我们形成了此书稿。

本书的具体分工如下：第一章由余南平、李括撰写，第二章由孙玉婷撰写，第三章由余南平、严佳杰撰写，第四章由李括撰写，第五章由黄郑亮撰写，第六章由戢仕铭撰写，第七章由杜志远撰写，第八章由秦炎铭撰写，第九章由余南平、杜志远、严佳杰合作完成撰写。全书由余南平最终统稿。

本书在撰写过程中得到了许多学界同人的帮助。同时，需要承认的是，从全球价值链的角度研究国际关系问题，在当前仍属于一种较新的尝试，因此本书也难免会存在不足，但仍真心地希望，本书能够为研究国际关系问题的同人打造一个新的讨论空间，能够为学术界提供一个新的分析视角，同时能够为政策决策提供一些有益的智力支持。

是为序。

余南平

2022 年 8 月

目　录

第一章 “三个半”全球化模式对中美博弈的历史镜鉴

第一节 全球化三次浪潮的动力机制与模式比较

一、罗马帝国时代的全球化动力机制与模式

从罗马帝国500年的兴衰可以看出，罗马帝国之所以能够成为对人类历史产生贯穿性影响的帝国模式，而非那些依托器物与建筑遗址在人类史上昙花一现的帝国模式，其根本原因在于罗马在其军团征服的疆土空间内培育了能够普遍适用的罗马文明及思想，包括统一的官方语言、宗教信仰、法律制度、政治制度、帝国政府架构等。这一点与古代中华文明的天下模式殊途同归，因此与中华帝国一样，罗

马帝国也被称为“思想的帝国”[①]。

这种在“思想的帝国”统御并驱动着农耕时代的以货物、劳动力交换为主要特征的“全球化”市场（实际指帝国有效统治范围），并以此为基础诞生了今天西方文明的雏形。东罗马帝国（即拜占庭帝国）的衰亡，虽然在历史上以1453年奥斯曼土耳其帝国攻克君士坦丁堡为标志，但罗马帝国崩溃的根源是帝国内部的问题引发经济的持续崩溃，从而丧失了帝国“铸币权”，无力维系帝国内部市场和抵御游牧民族袭扰，进而走向渐进式死亡，其衰亡历程长达200年。

二、大英帝国时代的全球化动力机制与模式

殖民地时期的全球化，使得以盎格鲁－撒克逊文明为代表的西方文明推向全世界，并催生了实证科学范式和现代教育体系。在殖民地体系之内形成了封闭的产业链－市场循环模式，即殖民地作为原材料供应地和消费市场的需求方，而英国本土则占据并代表殖民帝国的最高生产力，提供最终制成品并供应殖民市场。其间，英国以先进生产力带来的庞大海外贸易盈余作为“铸币基础”，形成了全球英镑、白银体系，并以“日不落舰队”维系着帝国全球利益和保护“殖民地全球化”。

殖民地时代的全球化被两次工业技术革命划分为两个阶段：从第一次工业革命到第二次工业革命开始前是“初创期”，在这一时期形成了以英国为核心的“初代”全球价值链雏形，促成了以大英帝国为核心的国际

---

① ［美］约翰·刘易斯·加迪斯：《论大战略》，臧博、崔传刚译，中信出版社，2019年，第101页。

体系和国际分工；从第二次工业革命至殖民地时代结束是“成熟期”，在这一时期全球价值链一度转向各大列强以国内全产业链为主、列强各有自身势力覆盖范围的“列强并行竞争”模式。在“成熟期”发生的两次世界大战均是以“战争联盟”形式爆发，其反映的是在工业化时代世界列强的“全产业链”模式下，没有国家能够以压倒性优势统摄“全球治理”。因此，各个列强都优先维护自身民族国家利益并致力与其他列强在全球范围内竞争。二战结束后，形成了以美国、苏联霸权并立为主要特征的雅尔塔体系。在雅尔塔体系之下，美苏两大霸权的经济基础分别为美国对资本主义国家体系全球价值链的控制和苏联对前社会主义国家的区域价值链控制；其中，美国在经济上以压倒性优势建立了战后国际治理体系，并塑造了美元在全球的权力且一直延续至今。

三、美国主导的第三次全球化动力机制与模式

冷战结束后，美国逐渐塑造了其主导的“普世价值”体系，即当今所谓的由“自由主义市场经济”与“民主选举政党政治”的双轮驱动的“美式自由与民主”制度。美国在第三次科技革命中拥有技术创新优势，因此占据了全球价值链的最高位置，并逐渐完善了以自身为核心的全球价值链体系；与此相对，而苏联不仅在技术研发方面逐步落后于美国，而且社会主义国家区域价值链的整合能力和影响力也不断下降。

除了美国与苏联(俄罗斯)的势力此长彼消之外，中国对第三次全球化的影响也不容忽视。在“入世”过程中，中国采取了剔除美式民众选举的政党制度、选择性地融入自由市场经济合作的模式，因此避开了与西方在意识形态方面的对抗，从而成功地避免了陷入美苏冷战模式。最终中

国抓住了第三次全球化的机遇，成功地融入全球市场，并逐步成为全球价值链的三大中心之一，重塑了当前的国际价值链格局。

第二节　冷战期间的“半球化”特征和美苏的博弈手段

一、冷战期间的“半球化”模式特征

二战后，雅尔塔体系的逐渐建立使得在全球范围内形成了以政治制度与意识形态划分的，分别以美国、苏联为主导的两大阵营，两大阵营的对立构成了冷战期间的“半球化”模式特征的基础。美国和苏联在各自的势力范围内凭借对势力范围内国家的军事、政治、经济、产业、资金等全方位的控制，构建起其主导的区域性产业价值链。具体而言，美国通过“欧洲复兴计划”（European Recovery Program），又称“马歇尔计划”（The Marshall Plan）加强了对西欧的控制，随后打造了巴黎统筹委员会（Coordinating Committee for Export to Communist Countries，COCOM）对苏联实行禁运。[①] 苏联方面则以经济互助委员会（The Council for Mutual Economic Assistance，Comecon）与西方“自由市场”和巴黎统筹委员会相抗衡。

在两大阵营内部，各种经贸活动封闭独立地运行。在这种“半球化”模式下，苏联阵营内拥有完整、自主的工业生产体系，整个中东欧地区普遍适用于苏联的制式、技术标准与经营管理模式，并与苏联共享这一共同

① 20世纪90年代巴黎统筹委员会解散，后来的《瓦森纳协定》承担了相似的功能。

市场;而苏联具有该区域贸易内的“铸币权”。因此可以说,冷战时期的苏联不仅拥有可以与美国抗衡的军事力量、拥有与美国无代际差别的全产业链,还在其主导的区域内拥有价值链主导权。

然而当前的世界格局与之前“半球化”模式存在根本差异。中国是通过非对抗、主动开放的形式融入并嵌在美国所主导的全球价值链体系的,而中国自身尚不具备完整、自主的工业生产体系(其中最主要的是适用于一定国际范围乃至全球的生产制式与技术标准)。如果说冷战时期形成的是基于地缘政治空间范围划分的“半球化”,那么当今中美博弈之下形成的则是基于一种特定的(美国主导)全球价值链分工的“半球化”。在当前的美国主导的价值链分工“半球化”中,普遍的低附加值地位阻碍了中国构建和主导区域性产业价值链。

二、博弈手段

(一)贸易禁运与科技封锁

国际政治博弈如何影响并在多大程度上影响经贸关系与科技发展,主要取决于博弈所涉及的经济产业与科技领域的关键性和关联度。

在冷战初期,美国的一份官方文件给出了战略型商品的评估要素,其中包括每种商品的“战略评级”,即该商品对苏联的战争潜力的重要性、苏联集团战争经济中的已知缺陷、生产这些特定的商品并进行贸易的国家及其参与生产贸易的程度、特定国家对商品的现行管制的有效性、出口限制在各成员国获得基本进口产品的能力、为出口在产品找到市场的能力,以及其他经济政治因素等方面的影响(表1-1)。冷战初期，国际贸易总体呈现出苏联以外的社会主义与第三世界国家为主的态势（表 1－2、表 1－3），而苏联在其自身严重依赖的能源贸易行业中，对重要技术地位的输油管具有严重依赖于西方技术和区域产业链技术的特征（表 1－4、表 1－5）。

表 1－1　巴黎统筹委员会与美国禁运清单中商品组的项目数量①

商品组	1953 年 6 月 1 日				1954 年 11 月 1 日			
	禁运	限额	监视清单	仅美国管控	禁运	限额	监视清单	仅美国管控
金属加工机械	49	20	8	18	34	7	12	2
化工和石油设备	31	9	6	16	18	3	5	0
电力和发电设备	8	8	4	16	4	2	3	3
一般工业设备	26	11	5	27	11	0	2	4
交通运输设备	13	11	2	9	14	6	9	2
电子和精密仪器	53	12	5	30	41	2	7	2
金属、矿物及其制品	27	12	7	16	18	3	7	2
化学品和石油产品	47	25	22	33	26	1	16	2
化学品	—	—	—	—	16	1	13	—
石油产品	—	—	—	—	10	0	3	—
橡胶及橡胶制品	7	2	3	5	3	0	1	0
杂项	2	0	4	12	3	0	1	4
总计	263	110	66	182	172	24	63	21

资料来源：作者根据 Western Economic Warfare 1947－1967 自制。

① Gunnar Adler-Karlsson, *Western Economic Warfare* 1947－1967：*A Case Study in Foreign Economic Policy*. AlMQVIST & WIKSELL/STOCKHOLM, 1968, p. 40, 69, 114, 136, 144, 146.

表 1-2 冷战初期美国与西欧对苏东地区贸易情况

年份	美国对苏联出口(亿美元)	西欧对东欧出口(亿美元)
1948	3.97	5.82
1949	1.45	7.65
1950 上半年	0.41	2.68

资料来源:作者根据 Western Economic Warfare 1947 - 1967 自制。

表 1-3 美国与社会主义阵营贸易(百万美元)

年份	美国出口				美国进口			
	社会主义阵营(A)	波兰(B)	苏联(C)	A-(B+C)	社会主义阵营(A)	波兰(B)	苏联(C)	A-(B+C)
1957	86	73	4	9	66	30	17	19
1958	113	105	3	5	68	30	17	21
1959	89	75	7	7	88	32	29	27
1960	194	143	38	13	84	39	23	22
1961	133	75	43	15	85	41	23	21
1962	125	94	15	16	82	46	16	20
1963	167	109	20	38	85	43	20	22
1964	340	138	145	57	102	54	20	28
1965	139	35	44	60	142	66	43	33

资料来源:作者根据 Western Economic Warfare 1947 - 1967 自制。

表 1-4 EEC 和 EFTA 国家从东欧进口原油与石油产品在世界总进口中占比(%)

	1960 年	1961 年	1962 年	1963 年	1964 年
欧洲经济共同体(EEC)					
比利时-卢森堡	2.4	1.7	2.8	2.1	1.3

续表

	1960 年	1961 年	1962 年	1963 年	1964 年
荷兰	0.3	0.2	0.1	0.2	0.2
西德	6.8	7.8	—	6.1	6.0
法国	5.6	4.4	4.3	5.0	4.4
意大利	12.2	13.2	12.7	12.4	9.4
欧洲自由贸易联盟(EFTA)					
瑞典	9.4	12.1	11.9	11.3	10.9
瑞士	1.3	2.1	3.1	—	2.5
葡萄牙	2.8	1.4	1.9	3.2	2.3
英国	0.4	0.3	0.3	0.3	0.2
奥地利	29.9	29.7	35.9	37.8	39.5
挪威	5.2	4.9	4.6	4.8	4.8
丹麦	1.7	2.1	1.7	2.8	2.7
芬兰	73.6	72.2	76.2	77.0	79.5

资料来源:作者根据 Western Economic Warfare 1947 - 1967 自制。

表 1 - 5　1958—1965 苏联输油管进口(千吨)

	1958 年	1959 年	1960 年	1961 年	1962 年	1963 年	1964 年	1965 年
1. 英格兰	—	13	11	10	10	0	1	31
2. 意大利	—	14	25	36	124	52	10	44
3. 日本	—	—	4	8	14	50	13	143
4. 瑞典	1	9	3	1	7	61	53	49
5. 西德	5	199	246	200	377	85	54	89
6. 捷克 - 斯洛伐克	84	79	89	114	140	133	131	157
7. 波兰	34	42	36	41	46	33	29	31
8. 罗马尼亚	34	119	146	183	200	204	215	188

续表

	1958 年	1959 年	1960 年	1961 年	1962 年	1963 年	1964 年	1965 年
9. 小计	158	475	560	593	918	618	506	732
10. 苏联总进口	158	501	579	631	962	657	514	767
1～5 占比(%)	3.8	46.9	49.9	40.4	55.3	37.7	25.5	46.4
6～8 占比(%)	96.2	47.9	46.8	53.6	40.1	56.3	73.0	49.0

资料来源：作者根据 Western Economic Warfare 1947－1967 自制。

表 1－6 1945—1959 年美国研发结构

资金来源	实施主体	1945—1959 年间总研发数量(项)
政府	政府	15～20
政府	产业	25～35
产业	产业	35～45
政府	高校	5～9
高校	高校	3～5

资料来源：作者根据 Western Economic Warfare 1947－1967 自制。

到了冷战末期，里根政府根据对苏联经济的“脆弱性评估”结果，对苏联发起了“经济战”，并迅速采取了科技禁运封锁与科技竞赛等手段，“锁死”了苏联经济发展的源头驱动力，弱化了苏联的经济造血能力，使苏联的经济结构失衡，最终加速了苏联的解体。

（二）科技迷雾与科技陷阱

所谓“科技迷雾”与“科技陷阱”，是指引诱竞争对手参与某些科技前沿领域的竞争，从而使得竞争对手在竞争中迷失发展方向、陷入发展困境

的战略博弈手段。“迷雾”与“陷阱”二者都可以按照时间的远近和成因的性质按“2×2”模式进行划分(表1-7):

表1-7 科技迷雾与科技陷阱的分类

	短期	长期
自然	短期自然迷雾/陷阱	长期自然迷雾/陷阱
人为	短期人为迷雾/陷阱	长期人为迷雾/陷阱

冷战期间,美苏对抗中的“科技迷雾”与“科技陷阱”主要表现为技术数据欺骗。在里根任期,美国中央情报局(简称“中情局”)通过各种渠道,协同不同机构,发表不完全的、容易引起误解的技术数据。中情局在海外的一些虚拟公司向苏联官员出售被歪曲了的情报,包括燃汽涡轮机的设计图纸、石油钻探技术、计算机芯片等。根据中情局的意见,转到苏联人手中的情报要真假混杂、虚实结合,因为只有提供部分真实的情报,才能使苏联工程技术人员上当,并且将这些情报提供的信息和技术应用到苏联自己的设计中去;同时,在情报中混入一定量的假情报,才能使苏联的努力归于失败。

自1984年,美国的这项计划取得了许多显著的“成果”:例如,鄂木斯克的一家化工厂在其扩展计划中使用了美国提供的容易引起误解的资料。这些设计资料在被证明是完全没有价值之前,苏联专家被引入了“技术迷宫”;直至苏联人为之付出了800万到1000万美元的代价之后,苏联才走出这个“技术迷宫”。又如,乌克兰的一家拖拉机制造厂试图利用中情局通过中间人“提供”的所谓设计图纸来制造一种机器。这家拖拉机制造厂按照这种设计图纸以一半的生产能力运行了16个月,才意识到该设计图纸的问题，于是以“新式自动化系统”为名放弃了继续用该设计图纸生产机器。再如，苏联在1984年初获得了燃汽涡轮机部件的设计图纸。根据这些图纸制造出的一些部件被安装在天然气管道上面，但是由于这些设计图纸在工程技术上存在的缺陷，当这些部件安装在管道上时，会造成涡轮机出现故障；因此，天然气管道项目的建设被推迟了。最后，美国通过中间人向苏联出售被故意毁坏的计算机芯片，导致好几家苏联军用和民用工厂的设备瘫痪，而苏联人花费了好几个月时间才查出问题所在，这几家工厂的装配线因此关闭了好久。[①]

第三节 全球化历史进程与模式的共同特性

历史上三次典型的全球化虽然发生于不同的历史背景之下，对应着不同的生产力背景，拥有不同的运行动力机制和模式，但是这三次全球化仍然具有共同特点，具体而言：

首先，三次全球化除了经济意义上的货物、人员、资本流动和生产力要素全球和区域配置，以及促进国际的分工之外，还在“高政治”层面蕴涵着“文明”的推广与传播的意义。这种“文明”的推广与传播无论是以武力形式的强迫还是以软实力形式的吸引，都使得强者所制定的规则模式被广泛遵循。但是当对这些规则模式的认同下降时，在民族国家的固有利益受到侵害、民族国家的利益诉求得不到满足，以战争、对抗、博弈、

---

① [美]彼得·施魏策尔：《里根政府是如何搞垮苏联的》，殷雄译，新华出版社，2001年，第214页。

分裂等形式为表现的逆全球化就可能出现。

其次，全球化需要主要“驱动国”这一核心关键因素。主要“驱动国”应该在政治、军事、经济、货币、科技、文化影响力上具有相对压倒性优势。在其相对压倒性优势明显下降时，主要“驱动国”推动全球化的意愿也将下降，并试图修正既有的全球化模式，或者对主要的竞争对手采取政治、经济、科技博弈等手段以谋取国家利益。

再次，在全球化中，主要“驱动国”应该具有国际或至少是区域货币的典型“铸币权力”。主要“驱动国”“铸币权力”的消失甚至是减小是其退出历史舞台的重要标志。理论和实践均证明，全球化“驱动国”在全球生产体系中必须占据全球价值链高端，其能从全球生产体系中取得核心利益，并需要进行适度的“全球化补偿”。因此，全球化的“驱动国”应该是消费商品货物的需求进口国，以在全球生产体系中获取的核心收益和“铸币权力”为基础来维持一定规模的贸易逆差。例如，2019 年美国进口商品总额为 25684 亿美元，同年度中国进口商品总额为 20770 亿美元；其中，中国进口产品中除去能源、资源外，关键半导体零部件中间品进口比例较大，美国则以制成品消费为主。中国作为“生产性”角色嵌入在当下全球化体系中，目前中国对全球化“补偿”不如美国，且中国不享有国际货币“铸币权力”。但是美国对全球化“补偿”能力不足，则导致其维系既有全球化模式的意愿下降，因此美国开始“帝国战线收缩”和寻找外部“敌人”，并同时寻求联盟对抗——这也是历史惯常不变的基调。

最后，对全球化的“补偿”不足，不仅会影响既有的全球化维系模式，还会引发全球化中区域一体化的问题。例如，作为欧盟范围内生产力水平最高和产出最多的国家，德国通过高效的生产体系创造力在对其他所有欧盟国家的贸易中处于顺差地位，但德国没有提供货物消费的“驱动国补偿”，这引发了欧盟内部的经济治理失衡并降低了欧盟成员国对欧盟的政治认同。

综上所述，人类历史上历次成功的全球化模式的共同点应该放在历史唯物主义的动态进程视角下加以认识和理解。在不同的全球化进程中，全球体系的秩序维持往往由文明传播与推广、“驱动国”的综合相对优势、铸币权，以及全球化体系内的“反哺”循环机制四个方面的规律与机制共同维持。当其中某一个或某几个方面的规律机制在历史动态演进中出现衰落，就会在相应领域导致对全球化体系进程的反弹、反噬、崩解，以及区域一体化治理中由经济失衡引发的政治认同危机等负面进程。

第二章　国际政治经济格局的变化

第一节　世界格局的变化

新冠疫情的暴发与蔓延引发了全球性的公共卫生安全危机，更冲击着现行的世界秩序。传统的大国关系、世界经济和全球治理体系都面临全新调整。疫情既影响了主要国际行为体的实力对比，又影响了相关国家间的战略关系，从而推动着国际格局产生新的变化。

总体而言，新冠疫情主要从大国实力对比、大国间的战略关系、冲击多边主义与全球化、凸显非传统安全四个层面对国际格局产生影响。

第一，新冠疫情对大国实力对比产生了阶段性影响。新冠全球大流行（Pandemic）对世界经济形成很大冲击，由于这一冲击对世界各国的影响并不一致，从而对国际体系中的实力结构产生一定影响。2021 年 10 月，国际货币基金组织发布《世界经济展望》（World Economic Outlook）报告，全球经济复苏疲软，疫情导致不确定性风险上升且政策权衡更趋复杂。加上俄乌冲突加剧了对全球经济的影响,且伴随着滞涨风险,对于许多国家来说,经济衰退将难以避免。在疫情对所有国家都造成很大冲击的情况下,各国所受相对损失的大小成为一个有意义的指标。在主要国际行为体中,受损失相对较小的国家,客观上是相对获益者。在国际体系稳定的状态下,相对收益在国与国关系中并不是严重的问题。但在权力转移的背景下,处于相对衰落状态下的主导性大国,会对其与崛起国之间的相对收益变得更为在意。这在 20 世纪 80 年代末美国与日本的关系中已经有较为明确的体现。它在当前美国与中国的关系中表现得无疑更为突出。

在主要国际行为体中,中国受到新冠疫情的冲击尤为猛烈。但中国采取了严密的防控措施,在相对较短的时间内阻止了病毒的蔓延,转入对疫情的常态化防控,并在此基础上全面推进复工复产。与美国、欧洲国家相比,中国受疫情的影响和冲击并不算特别严重,中国对疫情的有力控制扩大了自身在不同政策手段中选择的空间。

疫情对美国经济的冲击十分猛烈,且这一冲击还在持续进行中。这突出表现在美国股市在 2020 年 3 月 9 日至 18 日的 10 天内出现 4 次熔断,以及自 3 月以来美国失业人口剧增。根据美国劳工部的数据,在 3 月 14 日之后的 6 个星期,美国每周首次申请失业救济的人数分别为 330.7 万、686.7 万、661.5 万、523.7 万、444.2 万、383.9 万。截至 2020 年 5 月 2 日,经过季节调整后的有保险失业人口(Insured Unemployment)达到 2283 万人,有保险的失业率达 15.7%。美国在抗疫过程中出现不少问题和失误,包括疾病预防与控制中心(CDC)研制的核酸试剂盒出错、抗疫急需的医疗物资不足、联邦政府和州一级政策紊乱、不同党派间相互指责和大量人口迅速出现生计困难等。这些问题暴露出美国作为世界最强大国家存在的诸多短板,显示出其经济金融体系的脆弱性,降低了国际社会对美国能力与可靠性的信心。

从相对收益的角度看,疫情似乎具有加快权力转移的效应。这种可能性强化了美国战略界的焦虑,使其无法心平气和地对中美两国的抗疫表现进行客观评价,使美国对华政策的零和思维变得更加强烈且更为公开化。

同时,新冠疫情对美国的国际形象和战略信誉产生了较大的负面影响,降低了美国在国际事务中的领导力。自 2020 年 3 月以来,美国在抗疫过程中表现出的诸多问题和失误,是人们事前很难想象到的。美国远超其他国家的感染人数和死亡人数,且在较长时间的努力后,仍未能有效阻止疫情的大规模蔓延,与世人对美国作为世界实力最强大、技术最先进国家的印象不符,破坏了美国在国际上的形象。美国在自身抗疫物资供应能力不足的情况下,甚至在世界很多地方"劫夺"抗疫物资,这也损害了其在国际社会的形象。美国政府不断试图把自身抗疫不力的责任推卸给中国、世界卫生组织等其他方的做法,在对国际抗疫合作产生负面影响的同时,也影响了其在国际上的信誉。

二战结束以来的七十多年间,美国长期是世界霸主。根据历史经验,当出现大规模疫情这样的全球性危机时,由美国出面领导世界抗疫,本是众望所归、理所当然的,但美国的表现完全不符合各国对它的预期。当前,对美国全球领导力伤害最大的是美国自己的做法,而不是来自任何其他国家的冲击。要在全球抗疫背景下发挥国际领导作用,不仅需要美国有这样的意愿,还需要其展现与此相应的实力,包括能为世界提供口罩、呼吸机、防护服等抗疫物资,提供较为有效的医疗方案和药品,展现美国医护人员的抗疫精神以鼓舞世界各国士气。此外,美国还应在国内快速有效地控制住疫情的蔓延,从而成为全球抗疫的表率。过去的历次全球性危机，往往是美国展现国际领导力的重要时刻。二战后，美国在国际社会中享有颇为稳固的全球领导地位，正是在这样的历史过程中逐渐形成的。

美国在应对新冠疫情这一全球性危机中领导力的下降，一方面体现在美国未能在联合国、二十国集团、七国集团等多边机制中积极推进国际合作，并通过相关合作切实扭转全球疫情不断恶化的走势；另一方面体现在包括美国盟国在内的世界各国很少向美国求助，基本上没有把美国作为自身抗疫最终和最可靠的依赖对象。即使像英国、加拿大、澳大利亚和日本这些与美国关系最密切的盟国，也未能从美国获得多少实质性的帮助。如果这些国家的疫情出现好转，也并不是与美国合作抗疫的成果。

第二，全球疫情对大国战略关系产生了颇为复杂的影响，其中体现最为明显的是中美关系继续恶化。在疫情背景下，美国依然不放松对中国的战略挤压。面对中美战略竞争，欧洲国家的心态变得更为复杂。自2017年以来，随着特朗普政府在“美国优先”旗号下对国际秩序发起一系列猛烈冲击，美欧关系的基础一再出现松动。疫情蔓延进一步扩大了美欧双方的分歧，降低了它们之间的信任与合作水平。与此同时，在国际体系实力对比总体向不利于西方国家方向发展的背景下，几乎所有西方国家对中国国际影响力的上升都变得高度敏感。面对疫情，西方国家宁愿承认抗疫的韩国模式、日本模式、新加坡模式或任何一种其他模式，也不愿承认抗疫的中国模式。这体现了当前阶段很多西方国家心态的矛盾性，他们一方面对美国的一些做法感到不满，另一方面没有做好中国在国际上发挥更大领导作用的心理准备。但中国在国内抗疫的效果，以及在抗疫国际合作中的表现，对西方很多人心理上的冲击依然客观存在。

第三，受疫情影响，多边主义发展受挫，国际组织的作用受到明显冲击，全球治理面临更大挑战，权力政治的作用进一步凸显。特朗普上台执政以后，在处理国际事务时明确以“美国优先”为指导原则，从根本上改变了美国政府看待国际规则的视角，不再把维护国际秩序的长期稳定作为美国对外政策的重要目标，而是把谋求美国的国家利益特别是明确可见的短期物质利益放在更优先的位置。为了更好地实现美国短期利益最大化，特朗普政府从根本上扭转了美国对国际组织与多边主义的态度。国际组织和多边机制对美国行为的约束力明显下降，既有国际规则受到特朗普政府的普遍冲击。在新冠疫情蔓延亟需国际合作且国际合作总体符合美国利益的情况下，特朗普政府依然对国际合作持十分消极的态度，不仅造成了美国国内疫情的几乎失控，也使与抗击疫情相关的最重要的国际组织——世界卫生组织在协调和组织各国协同抗疫方面的作用难以充分发挥。

在危机背景下，特朗普政府继续从高度零和的视角看待美国与他国的利益，导致国际组织日益成为大国激烈博弈的场所。虽然美国的做法不符合大多数国家的利益，但美国政府对国际组织所具有的冲击力不容低估。特朗普政府的做法明显增大了各国未来通过多边组织开展国际合作的难度，也使全球治理的发展前景不容乐观。此外，疫情明显强化了国家边界的重要性，使其成为控制疫情国际传播的关键前沿。很多国家开始重新思考国家边界的功能，重新认识国家主权的重要性。疫情带来的这一技术性变化，客观上起到了推动“国家主义”回归的效果，影响了全球化发展的势头和方向。

第四，疫情充分显示了非传统安全因素的重要性，这也会对世界各国包括主要国际行为体的安全观产生重要影响。全球疫情导致非传统安全议题的重要性首次压倒传统安全议题，这一现象会持续一个时期。传染病流行将在未来很长时期被视为一个潜在的国际安全隐患。非传统安全议题重要性的上升，意味着传统安全议题重要性的相对下降。非传统安全合作会成为未来国际安全合作中更重要的组成部分，并将推动国际安全合作理念的变化。

新冠疫情在世界各地快速蔓延，向各国充分展示了与此相关的非传统安全威胁的现实性和严峻性。它表明，维护国家安全不仅是各国军队、情报人员的领地，其他部门和人员对于国家安全也发挥着十分重要的作用。对于安全问题，各国需采取更为全面与综合的视角。新冠疫情向很多中小国家显示，它们面临的更紧迫威胁不是外国入侵、领土争端，而是传染病、恐怖主义、跨国犯罪、经济衰退和社会失序的风险等，传统的同盟方式并不足以应对这些更为现实的非传统安全威胁。这将使部分国家认识到同盟政治在应对安全问题上的局限性，反思其处理与大国关系的思路。

第二节　全球经济的变化及美国认知

截至2020年4月20日12时，全球共211个国家和地区暴发了新型冠状病毒肺炎疫情。除中国外，其他国家累计确诊2354094人，累计治愈604564人，累计死亡164976人。[①] 新冠疫情的传播力在印证全球化人员流动效应的同时，也严重影响着当今的全球化的经济构成表现。

① 其中死亡人数前十名的国家包括：美国40677人、意大利23660人、西班牙20453人、法国19718人、英国16060人、比利时5683人、伊朗5118人、德国4404人、荷兰3684人、瑞典1578人。

一、全球经济变化与全球债务杠杆率问题

根据2020年4月国际货币基金组织发布的《世界经济展望》报告指出，2022年5月18日，联合国发布《2022年中世界经济形势与展望》报告，将2022年全球经济增长预期由2022年1月发布的4%大幅下调至3.1%。此次下调经济增长预期主要是由于上半年全球粮食价格和大宗商品价格上涨，加剧通胀压力，进一步阻碍了脆弱的经济复苏势头。从发达经济体的情况来看，受俄罗斯能源供应影响最直接的欧盟今年经济增幅预计将仅为2.7%，远低于2022年1月预测的3.9%。美国2022年和2023年经济增长预期分别为2.6%和1.8%，这与2022年1月预测数据相比也大幅下调，主要原因是通胀水平居高不下，美联储货币紧缩政策较为激进，以及俄乌冲突外溢影响。发展中国家经济增长前景也有所减弱，报告预计今年发展中国家整体经济将增长4.1%，低于2021年6.7%的增幅。报告还警告，考虑到俄乌冲突进一步加剧和新冠疫情出现新波动的可能性，当前3.1%的经济增长预期在未来仍然面临较大的下调风险。

除了全球经济整体负增长之外，目前世界各国的债务（无论是公共债务，还是居民债务，特别是私人部门）的高杠杆率并没有得到有效的消除，这也是当前发达经济体与新兴市场国家面临的共同问题。实际上，当前新兴市场国家面临的债务风险并不比发达经济体小，新兴市场国家也可能引发债务违约风险，例如阿根廷目前已经陷入主权债务违约状态。在新冠疫情的影响下，新兴市场国家与发达经济体最大的差别风险在汇率方面，持续的货币贬值引发的债务风险在过往经济和金融危机均有典型

案例发生(见表2-1)。

2009年以来,各发达经济体的政府杠杆率明显抬升,截至2019年第三季度,发达经济体政府杠杆率平均值已达100%,其中日本已经超过200%,美国、英国、法国均在80%以上,即便是最保守的德国,也已经超过60%(见表2-2)。巨大的存量债务使得各国的投资和消费受到极大的挤压,谨慎保守的情绪日渐凸显。[①] 2019年全球商品贸易下降2.4%,随着商品贸易放缓,全球工业生产减弱,全球制造业采购经理人指数(PMI)跌至2012年以来的最低水平,而发达国家债务则持续上升(见表2-3)。

表2-1　新兴市场国家债务风险比较

国家	一季度汇率变化(%)	短期外债/国内生产总值(%)	短期外债/外储(倍)	经常账户余额/国内生产总值(%,过去3年均值)	私人部门杠杆率(%)	外贸总额/国内生产总值(%)
阿根廷	-7.10	19.50	2.23	-3.57	21.10	31.89
巴西	-22.50	4.30	0.23	-1.87	72.60	28.63
波兰	-8.40	9.40	0.49	-0.16	79.50	109.30
俄罗斯	-20.40	3.20	0.14	4.23	64.80	51.42
菲律宾	-0.60	4.80	0.22	-1.15	—	74.77
韩国	-5.20	8.20	0.34	4.26	195.00	84.47
马来西亚	-5.10	25.90	0.95	2.73	135.50	153.26
墨西哥	-19.60	5.20	0.39	-1.28	42.30	80.45

① 2019年9月,经合组织消费者信心指数降至四年来的最低水平100.18,详细数据参见https://data.oecd.org/leadind/consumer-confidence-index-cci.htm。

续表

国家	一季度汇率变化（%）	短期外债/国内生产总值（%）	短期外债/外储（倍）	经常账户余额/国内生产总值（%，过去3年均值）	私人部门杠杆率（%）	外贸总额/国内生产总值（%）
南非	-21.40	10.00	0.75	-3.04	74.80	65.27
泰国	-9.00	11.00	0.28	7.39	115.80	126.39
土耳其	-8.80	16.40	1.60	-2.12	80.20	60.01
乌克兰	-15.60	10.60	0.67	-2.12	—	102.91
印度	-5.30	4.00	0.25	-1.52	56.00	42.86
印尼	-15.10	4.20	0.38	-2.42	40.50	41.45
越南	-0.30	—	—	2.21	—	208.31
智利	-10.90	7.80	0.56	-3.25	153.10	58.42

数据来源：万得资讯（Wind）、CEIC、国际清算银行（BIS）、海通证券研究所。

表2-2　2000—2019年各发达经济体政府部门杠杆率

年份＼经济体	发达经济体	欧元区	法国	美国	英国	德国	日本
2000	68%	73%	60%	56%	39%	59%	107%
2001	62%	71%	59%	54%	37%	57%	111%
2002	64%	70%	57%	49%	36%	56%	117%
2003	73%	69%	58%	52%	35%	59%	123%
2004	77%	67%	60%	54%	37%	61%	132%
2005	75%	66%	61%	59%	38%	60%	145%
2006	71%	63%	60%	58%	41%	62%	157%
2007	68%	65%	62%	57%	42%	63%	153%
2008	64%	62%	68%	56%	40%	64%	162%

续表

年份＼经济体	发达经济体	欧元区	法国	美国	英国	德国	日本
2009	71%	61%	74%	62%	48%	61%	164%
2010	85%	78%	83%	65%	52%	65%	169%
2011	79%	79%	85%	73%	59%	67%	173%
2012	92%	77%	79%	77%	67%	74%	185%
2013	98%	85%	84%	84%	71%	76%	188%
2014	95%	83%	83%	86%	76%	70%	194%
2015	88%	87%	87%	88%	78%	67%	196%
2016	86%	84%	86%	83%	81%	63%	193%
2017	89%	82%	89%	85%	80%	56%	198%
2018	85%	81%	88%	89%	77%	54%	201%
2019	83%	80%	93%	91%	81%	50%	203%

表 2－3　全球政府部门杠杆率前 30 位国家

排名	国家	占国内生产总值的百分比	2018（十亿美元）	排名	国家	占国内生产总值的百分比	2018（十亿美元）
1	日本	236	4971	16	安哥拉	89	106
2	苏丹	186	41	17	巴西	87	1869
3	希腊	185	218	18	阿根廷	86	520
4	意大利	135	2084	19	英国	86	2855
5	葡萄牙	122	241	20	斯里兰卡	84	89
6	新加坡	110	364	21	克罗地亚	75	61
7	莫桑比克	107	15	22	赞比亚	75	27
8	美国	106	20544	23	奥地利	74	455
9	塞浦路斯	101	25	24	巴基斯坦	72	315
10	比利时	100	543	25	斯洛文尼亚	70	54

续表

排名	国家	占国内生产总值的百分比	2018（十亿美元）	排名	国家	占国内生产总值的百分比	2018（十亿美元）
11	法国	98	2778	26	匈牙利	70	158
12	西班牙	98	1419	27	印度	69	2719
13	埃及	93	251	28	摩洛哥	65	118
14	刚果	90	11	29	爱尔兰	64	382
15	加拿大	90	1713	30	也门	63	27

数据来源：IMF 2018 Estimate，World Bank GDP data，Tencent technology，https://www.ww01.net/en/archives/59752.

西方国家债务的增加，使全球化和全球产业分工的全球经济结构不断恶化。以美国为例，由于小布什政府的房地产刺激政策和持续攀升的反恐军费支出，美国的居民和政府部门杠杆持续攀升，并在2008年前后达到阶段性峰值。[①] 美国金融、保险、房地产和租赁业增加值占国内生产总值的比重于1986年首次超越制造业的增加值后继续攀升，并于2019年达到21%。而具有促进就业、产业升级、科技发展、劳动力素质提升等社会与国家战略功能的制造业[②]增加值占国内生产总值的比重却逐年递减，并于2019年跌至11%（见图2－1）。而以美国为代表的西方发达国家制造业的衰落，不仅引发了西方发达国家国内产业的失衡，也在暴发的新冠疫情中显现出了防疫物资供应链的短板问题，这引发了西方国家的反思。

---

① 2008年金融危机时美国政府债务为9.4万亿美元，占国内生产总值比重64%。

② Riis J. O.，Johansen J.，Waehrens B. V.，et al. "Strategic roles of manufacturing"，*Journal of Manufacturing Technology Management*，2007，18(8)：933－948.

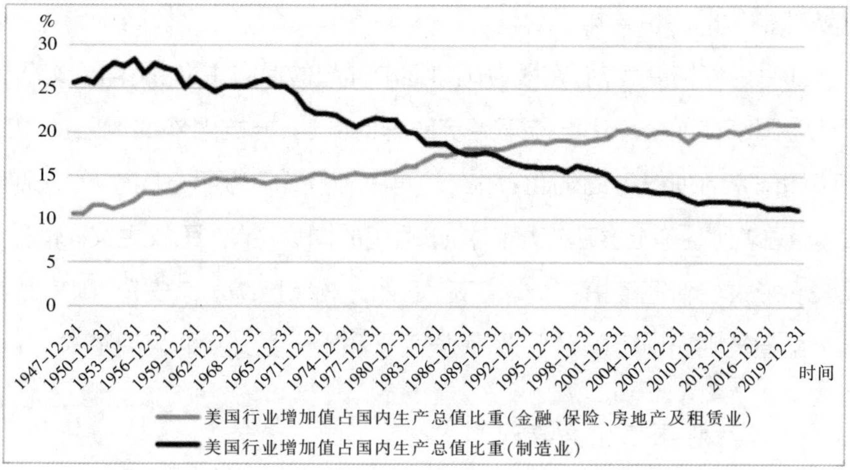

数据来源:美国商务部经济分析局,https://www.bea.gov/news/glance。

图 2-1　美国金融与制造业增加值占国内生产总值比重变化

二、逆全球化思潮的体系逻辑

当今逆全球化潮流下的国家主义、民族主义和本土主义呈现出一种“你中有我,我中有你”的复杂的共生嵌套关系。国家主义是关于国家主权、国家利益、国家安全和国民利益的政治概念,与个人主义和全球主义相对。国家主义的主要内容为:在主权国家内,个人与国家的关系要以国家为中轴;在国际社会中,处理对外关系以国家为中心。民族主义是指忠诚于本民族,为维护和扩大本民族的利益而斗争的思想观念。同时,由于民族同国家应融为一体的观念深入人心,“民族利益”同“国家利益”有时相互通用,因此民族主义又同国家主义密切相关。本土主义以国家主义、民族主义两种观念为前提,指的是主流人口对被其视为外来威胁的少数

“他者”群体的恐惧与排斥。

如果说疫情暴发前，在西方国家逐渐涌起的保守主义、民粹主义凸显了西方国家在逆全球化潮流下经济能力的减退、抵抗内外部风险能力的下降和国家治理能力的弱化；那么，“再工业化”成为西方国家围绕国家安全、国家利益等上层建筑层面初露端倪的国家主义、民族主义、本土主义表现形式。新冠疫情在全球蔓延后，西方国家围绕国家安全、国家利益等上层建筑则出现了国家主义、民族主义和本土主义新的表现形式。

（一）两种国家主义表现形式

先以迅速有力的抗疫措施保障人民生命健康安全，随后快速稳固经济社会发展的“举国”抗击新冠疫情模式，是中国特色社会主义在高效动员层面的具体体现。从2020年1月20日武汉封城到2020年4月8日武汉解封，尽管仍存在“境外输入”和“阴转阳”的疫情风险，近两个半月的疫情抗击也暴露出如公共卫生防控体系、应急响应机制、医疗领域科技创新、医疗供给与储备、干部专业化能力、野生动物市场监管等一系列问题，但总体而言，中国采取了强有力的防控措施，在较短时间内有力控制住了疫情，毕其功于一役，有效地彰显了中国国家治理体系和治理能力。

为保障人民生命健康安全，中国对人员流动和经济生活实施了合理的管控，降低了同世界的经济联系，牺牲了相当的经济利益。我国2020年第一季度国内生产总值衰退达6.8%；1—2月，中国倒闭企业24.7万家，其中批发零售、租赁和商务服务业倒闭企业数量分别为8.5万和4.1万家；进出口总值同比下降6.4%，贸易顺差减少80%。[1] 但是中国也是

① 数据来源：中华人民共和国海关总署。

最快组织复工复产、促进经济重新运转的国家。2020 年 3 月，随着国内疫情的缓解，中小微企业复工复产有序推进，营业收入呈现“跳跃式”增长，环比实现翻番，涨幅约 143%；在此期间，经济恢复指数也爬升至 41.1%，环比增长约 8%。[①]

作为医疗物资的生产大国，面对国内和国际疫情防控的需求，中国快速恢复了呼吸机、医用防护服、医用口罩等重点医疗物资的生产能力，并逐步实现了扩能扩产。中国相关企业克服疫情影响，在保障本国疫情防控需要的同时，积极为全球抗疫提供支持。根据天眼查和国家药品监督管理局数据，国内拥有呼吸机注册证的企业有 36 家，其中 24 家企业经营范围含“进出口”，占比近 70%。根据工信部的数据，目前我国有创呼吸机生产企业 21 家，其中 8 家的主要产品取得了欧盟强制性 CE 认证。[②] 另外，美国的原料药制造商绝大多数位于海外，其中 13%（230 家）位于中国。

目前，全球原料药市场已形成以中国、印度及西欧地区为主导的全球原料药产能供给格局。2019 年，中国原料药出口至 189 个国家和地区，出口量为 1011.85 万吨，同比增长 8.83%。[③] 由日本富士胶片控股生产的，被认为对治疗新型冠状肺炎有效的抗流感药“法匹拉韦”（商品名：

---

① 数据来源：清华大学五道口金融科技研究院。

② 国产呼吸机巨头迈瑞医疗表示，海外的呼吸机需求纷至沓来，“需求多到没法接”，现有订单已排至 6 月。鱼跃医疗公开表示，公司产能已经满负荷生产，订单排到了 5 月中旬。谊安医疗接收到来自意大利、英国、俄罗斯、塞尔维亚、乌克兰、蒙古等 35 个国家和地区的呼吸机紧急采购项目。此外，还有中国通用技术集团向意大利出口 800 多万只口罩；北京康铂医疗公司向日本驰援 3000 只额温仪；华大基因向全球 50 多个国家和地区出口新冠病毒检测试剂盒。《疯狂呼吸机：我国共 1002 家相关企业，因全球化核心零部件供应不足，产能不足全球的 1/5》，https://baijiahao.baidu.com/s?id=1663459242115221749&wfr=spider&for=pc。

③ 《全球原料药订单或向中国转移 原料药企出口受困于物流》，https://baijiahao.baidu.com/s?id=1663459242115221749&wfr=spider&for=pc。

Avigan),其有效成分中的7成为全部或部分从海外进口,按金额计算,从印度进口占30%、从韩国进口占26%、从中国进口占24%。面对严峻的形势,各国减免了防疫物资的关税,2020年3月5日,美国贸易代表办公室发布公告,对27家美国企业总计100多项进口自中国的医疗相关产品进行关税豁免,包括口罩、消毒湿巾、一次性医用手套、样本采集器皿等紧缺的医疗物资。

可以看出,中国特色社会主义在重大危机时刻,显现出其特有的超强动员能力和社会管制能力。虽然这种应对疫情的模式在短期内以牺牲经济发展(包括让相当数量和体量的企业倒闭)为代价,但中国所彰显的"人民至上、生命至上"的理念却为世界范围内"强国家主义"树立了样板和典范。

反观西方国家的表现,在疫情暴发之初,西方国家对本国防疫表示轻视,且认为严格的防疫措施会对经济发展和个体自由造成不利影响。因此,西方国家以保障经济运行和个人自由为优先考虑,仅对输入性病例进行了防御。西方国家应对疫情的状态与中国武汉暴发时西方各国的轻视态度表现较为雷同。例如,2020年2月下旬意大利持续3天的"橘子大战"活动依旧如期举行;在这次活动中,街上聚集了约1.5万人,狂欢者们互掷"橘子炮弹"。《华盛顿邮报》(*The Washington Post*)4月4日发表的长篇文章《新冠病毒肆虐之际,否认和功能失调困扰美国》,解读了美国为何会错过抗疫关键的70天:1月30日,美国卫生与公众服务部部长亚历克斯·阿扎(Alex Azar)曾提醒特朗普新冠病毒的危险性,但特朗普认为亚历克斯·阿扎是危言耸听;2月25日,特朗普返回白宫目睹美股大跌,指责美国疾病控制与预防中心国家免疫和呼吸系统疾病中心主任梅索尼耶博士对疫情的反应过度。[1] 英国前首相托尼·布莱尔4月20日在接受英国星空新闻电视台采访时表示，英国政府在应对新冠肺炎疫情初期反应“缓慢”；《星期日泰晤士报》（*The Sunday Times*）的一项调查称，在英国实行封锁之前的几周内，政府官员们错过了一系列减少病毒影响的机会，首相约翰逊先生没有参加英国新型冠状病毒暴发前的五次紧急会议。[2]

在疫情初期，西方国家，特别是执政者，认为若严格实施防控举措，会导致企业停工、学校停学、民众减少外出与消费，从而会对西方消费型经济造成负面影响。因此，许多西方国家的官方报道宣称，新冠肺炎与流感并无区别。除了对经济发展的担忧之外，西方的传统文化中认为戴口罩会被当作是病患而受到歧视，而且西方文明崇尚个体自由，严格的防疫和停工停课反而进一步激发民众的逆反和狂欢情绪，也是西方国家在疫情初期表现不力的原因。

不过，随着全球疫情持续蔓延，世界各国逐步认识到疫情的严重性，为尽量降低风险，各国开始采取措施保护自身国家利益：截至2020年4月15日，已有119个国家（地区）宣布进入紧急状态，193个国家或地区采取“封国”“封城”、宵禁、社交隔离等防控措施，“先抗疫、后稳经济”的观念开始逐步主导社会认知。疫情下“战疫”国家主义的表现形式，尽管在动员模式、组织模式存在差异——特别是美国这类的联邦制国家，还面

---

① Denial and dysfunction beset the United States as a novel coronavirus raged, https://www.washingtonpost.com/.

② Coronavirus: Tony Blair sees no end to lockdown without mass testing-as he calls UK responseslow, https://www.peakfm.co.uk/news/uk-news/coronavirus-tony-blair-sees-no-end-to-lockdown-without-mass-testing-as-he-calls-uk-response-slow/.

临联邦权力与州权力边界划分问题，但公共卫生领域，包括紧急状态适用之间的权力属性问题还是在世界各国引发国家主义的表现。

（二）民族主义表现形式

疫情暴发初期，部分国家起初的“隔岸观火”“落井下石”“趁火打劫”，甚至“污名化”中国是疫情下民族主义在全球的表现。疫情在中国暴发后，超过21个国家政府和联合国儿童基金会向中国捐助了疫情防控物资，对中国的疫情抗击提供了有力的支持。[①] 但是部分西方国家主导舆论在中国全力抗击国内疫情时恶语相向；在疫情全球蔓延后，这些国家的政治家为本国的抗疫不力寻找借口——指责中国应承担疫情全球扩散的责任，使得世界各国人民抗击新冠疫情的战争演化为大国之间的舆情战争与国家间的博弈[②]——这种舆情战争甚至在很大程度上影响了社会认知。

2020年1月28日，美国国际战略研究中心（Center for Strategic and International Studies，CSIS）在撰写的《崩溃边缘的中国》一文中宣称：“中国在疫情爆发的前几周反应迟钝，即使现在做得再多也为时已晚，有些人认为他们可能无法控制这种疾病。对于中国政府来说，这是一个焦虑、紧张，甚至令人屈辱的时刻，因为在超级（人口）大国地位下，中国政府面临

---

① 中国外交部发言人华春莹此前表示，截至2020年2月5日中午，韩国、日本、泰国、马来西亚、印尼、哈萨克斯坦、巴基斯坦、德国、英国、法国、意大利、匈牙利、白俄罗斯、土耳其、伊朗、阿联酋、阿尔及利亚、埃及、澳大利亚、新西兰、特立尼达和多巴哥共21个国家政府和联合国儿童基金会向中方捐助了疫情防控物资。

② Johns Hopkins Center for Health Security，Blame and Discrimination Attached to COVID-19-An FAQ for US Elected Leaders and Health Officials，https://www.centerforhealthsecurity.org/resources/COVID-19/COVID-19-fact-sheets/200205-nCoV-leadersAgainstStigma. pdf.

着超出其能力范围的公共卫生危机。在运输和供应链中断、卫生系统不堪重负、卫生人员和基本医疗商品严重短缺的情况下，它承担了巨大的负担，需要确保5700万受限居民获得食物和优质的卫生保健。而中国的初级卫生医疗体系薄弱，尤其是在中国的农村地区，其完全没有能力应对这种疾病。政治上的不满情绪将不可避免的激增，并通过社交媒体加剧，而政府试图控制这种社交媒体，但实际上是无法做到的。"[①]2月16日《华尔街日报》报道称，特朗普政府正考虑阻止通用电气子公司赛峰集团向中国交付LEAP-1C发动机，该发动机正被中国商飞用于研发中国的C919客机。[②] 2月17日，路透社报道特朗普政府正在考虑修改《外国直接产品规则》(Foreign Direct Product Rule)的监管规定，以阻止台积电等企业向华为提供海思芯片的代工。[③] 这些举动表明，美国在并未将新冠疫情视为全球共同公共卫生安全风险，而是借机对中国发起了舆论战争，并在实质上加大了对中国的挤压力度。

此外，美国总统特朗普和国务卿蓬佩奥等美方官员还多次散布所谓"新冠病毒源于中国武汉病毒研究所"的不实言论，称中国在疫情暴发前对现实情况进行了隐瞒、中国应为疫情扩散"承担责任"，并在推特平台上使用"中国病毒"的字眼形容新冠肺炎病毒。更甚者，美国、印度、以色列、法国、德国、澳大利亚、英国等多个国家的律师和司法组织还在组织以

① CSIS：China on the Edge，https：//www. csis. org/analysis/novel-coronavirus-outbreak.

② Trump Administration Considers Halting GE Venture's Engine Deliveries to China，https：//www. wsj. com/articles/trump-administration-considers-halting-ge-ventures-engine-deliveries-to-china-11581790083.

③ U. S. mulls cutting Huawei off from global chip suppliers，with TSMC in crosshairs，https：//www. reuters. com/article/us-usa-huawei-tech-tsmc/u-s-mulls-cutting-huawei-off-from-global-chip-suppliers-with-tsmc-in-crosshairs-idUSKBN20B1YO.

集体诉讼的方式起诉中国，要求中国针对本次新冠疫情进行赔偿，这些律师和司法组织总计要求的赔偿金额超过数十万亿美元。① 美国民调机构晨间咨询工作(Morning Consult)于3月20日发布了一份主题为“对美国的新冠疫情暴发应该怪谁”的统计报告。该统计报告显示，73%的受访民众认为是中国的责任，65%的民众认为是这个时候仍然不待在家里到处逛荡的人的责任，45%的人认为是美国疾病控制与预防中心的责任，43%的人认为是特朗普的责任，42%的人认为是州政府与地方政府的责任，34%的人认为是名义上的防控负责人副总统彭斯的责任(见图2-2)。

① 秦安:《警惕新冠“八国联军”，印美澳起诉中国赔偿的动向极为危险》，http://www.juzizhoutou.net/huanqiu/txzt/2020-04-08/5706.html。

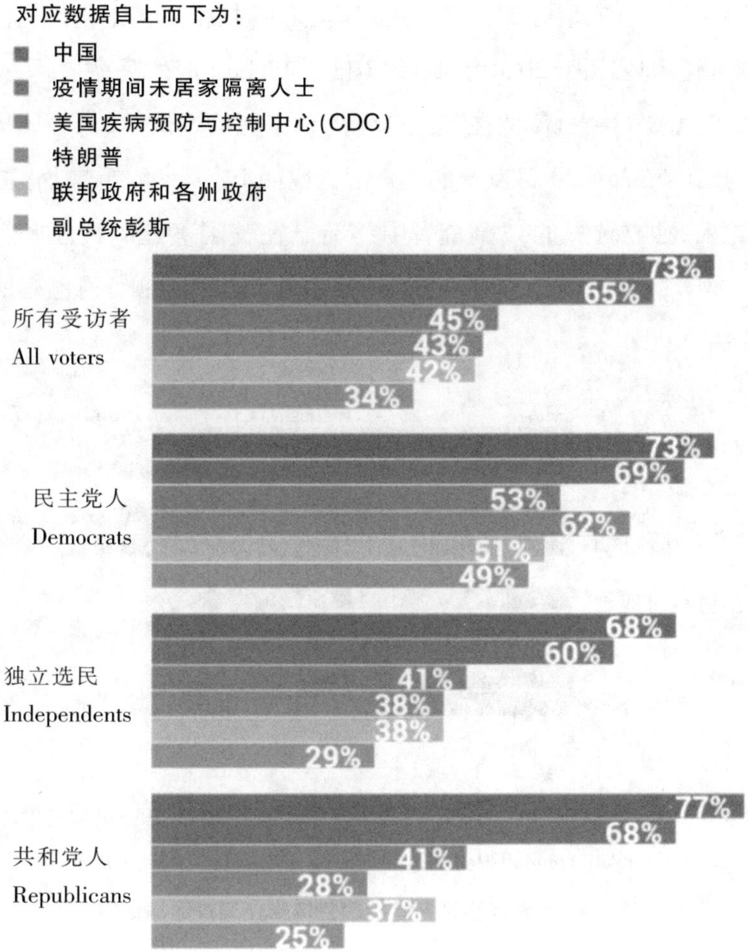

数据来源：Morning Consult，https://morningconsult. com/2020/03/20/coronavirus-social-distancing-poll/.

图 2-2　美国成年人多数将 COVID-19 的传播归咎于中国

随着美国国内疫情的加剧，美国寻找外部“替罪羊”的范围开始扩大。特朗普本人和其政府官员将世界卫生组织（World Health Organization，WHO，简称世卫组织）纳入攻击范围，其通过暂停向世卫组织提供资金支持、舆论攻击、展开调查等方式将美国国内抗击疫情不力的责任外部化。晨间咨询公司于2020年4月17日至19日完成的民调显示，在被调查者认为需要对新冠疫情在美国蔓延的负责任的选项，认为中国需要负责任的比例较3月20日发布的调查报告增加4%。具体而言，民主党人、共和党人、独立选民的被调查者中将新冠在美国蔓延的责任归咎于中国的比例均有所上升；将这一责任归咎于世卫组织的比例也有所增加(图2-3)。

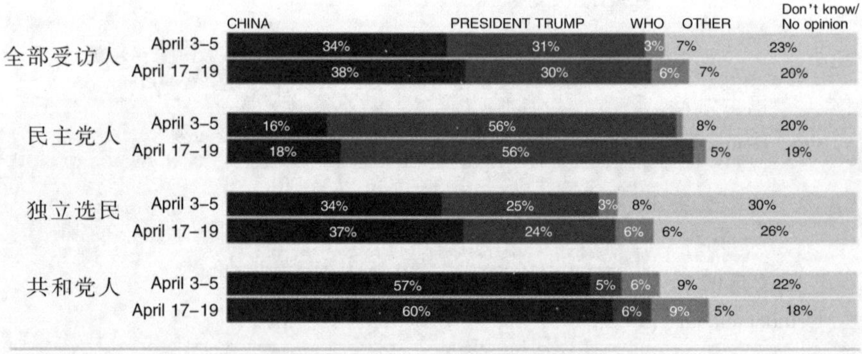

数据来源："Trump's Attacks on the World Health Organization Are Hurting Its Brand", https://morningconsult.com/2020/04/21/trump-attacks-who-china-coronavirus/.

图2-3　晨间咨询两轮美国疫情责任调查数据比较

（三）本土主义表现形式

本土主义本身是各国民众疫情期间出现的正常情绪反应，但舆论的混淆，特别是全球范围出现的"去中国化"的本土主义浪潮则源自于政治诱导。除了以上提及对中国的"禁运""状告""指责""制裁"之外，本土主义还表现出人员流动方面的“限制入境”以及经济贸易层面的“管制”和“产业转移”方式。而在许多国家,无论是其“人员流动”还是“经贸管控”,有出于疫情防范的正当考量,但很大程度上出自于这些国家对中国的排斥和责难。

在入境限制方面,截至 2020 年 2 月 16 日,全球有 134 个国家(地区)对中国公民的入境采取了限制,其中包括隔离、拒绝入境等强力的限制措施,也包括填报健康情况说明等较为宽松的限制措施。经贸管制方面,截至 4 月 15 日,共有 44 个国家(地区)对货物贸易(除医疗物资外)采取了管制措施。在产业转移方面,日本政府内阁会议在 4 月 7 日通过了一个新冠疫情紧急经济应对方案,提及鼓励国内投资和鼓励海外供应链多元化并提供了 2486 亿日元供应链改革专项资金。尽管该会议并未提及,但也能推断出其主要指向中国,因为日本有约一半的海外投资企业在中国,许多零部件对中国的依存度超过 70% 。[①] 4 月 9 日白宫经济顾问委员会主任拉里・库德洛也表示美国政府承诺承担美国企业从中国迁回美国所发生的所有成本,在当年进行 100% 的“费用化处理”,即政府少收企业部分的税。

根据目前的情况判断,日本和美国的产业链调整并不能在短时间内达到预期效果。从资金规模看,日本的供应链改革资金仅占日本直接对中国投资的 2% ,[②]因此日本设置供应链改革资金本身只是代表了一种转移和回迁的态度,但其实际效果有待观察。据日本贸易振兴机构

① 新型コロナウイルス感染症緊急経済対策 – 内閣府,https://www5.cao.go.jp/keizai1/keizaitaisaku/2020/20200407_taisaku.pdf.

② 【中国・潮流】日本企業の対中投資は回復するか,https://www.jetro.go.jp/biz/areareports/2019/d26a58cc685c0dcc.html.

(JETRO)相关的问卷调查,中国华南地区98%的日资企业已恢复生产,开工率达到100%的企业占41.4%,开工率为80%~100%的企业占42.3%。[①] 美国的产业链问题更为突出,因为美国不仅配套设施缺乏,制造业人才缺口也十分大,截至2019年8月,美国制造业职位空缺率高达3.6%,远高于金融危机前的水平。[②]

不过,有可能发生的是,在疫情引发的贸易管制、失业潮和逐步陡增的公共债务倒逼下,各国政府的国内生产能力将会有所提升。而且越南、菲律宾、印度尼西亚等东南亚国家作为成本优势明显的"新世界工厂"具备承接欧、日、美等地区产业转移的能力。疫情刚暴发时,由于中国国内大面积的停工,部分企业在中国国内的工厂延期开工的情况下,选择将部分产能转移至越南、菲律宾、印度尼西亚。例如,本田汽车CR-V刹车踏板供应商之一宣称,欲将其在武汉工厂的产能转移至菲律宾厂。又如,苹果的苹果手机代工厂和硕科技承担了大约苹果30%的组装订单,该公司高层透露,2020年春节过后将利用员工的正常离职现象削减规模,以顺势将产能转移至东南亚地区,其在大陆以外地区的产能扩充包括中国台湾、印度尼西亚等地;同时,该公司在印度、越南等地也可能会有投资计划。[③] 实际上,越南在2020年第一季度的国内生产总值增长率高达3.82%,这有可能会加大西方本土主义者分散化全球供应链的想法。

---

① 華南地区の操業・生産再開、日系企業に多くの課題が残る,https://www.jetro.go.jp/biznews/2020/02/60aa6534b33293c5.html.

② BLS,Historic U.S. Job Market Continues as African-American Unemployment Rate Hits New Low,https://www.whitehouse.gov/articles/historic-u-s-job-market-continues-african-american-unemployment-rate-hits-new-low/.

③ 半导体投资联盟:《封城导致员工自然离职,和硕或顺势将产能转移至东南亚》,https://baijiahao.baidu.com/s? id=1657485538734322964&wfr=spider&for=pc。

虽然从供应链的角度来看,美国构建制造业完整生产体系的能力已经大幅度下降,且美国也不具备充分的劳动力基础,但这并不妨碍美国民众在本土主义感知下回迁制造业。根据美国另一民调机构哈里斯咨询(Harris Poll)在2020年4月完成的一项调查来看(图2-4),71%的受调查者认为美国应从中国撤回制造业企业,69%的受调查者支持特朗普对中国的贸易政策。

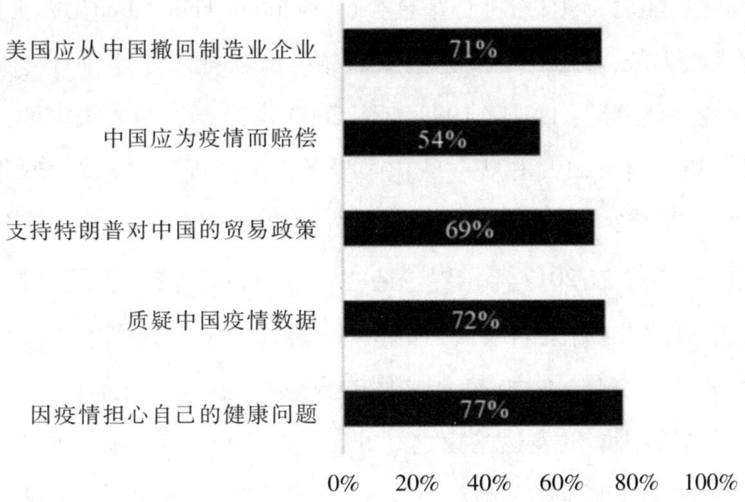

数据来源:"The Harris Poll COVID-19 Tracker",https://theharrispoll.com/the-harris-poll-covid19-tracker/.

图2-4　哈里斯咨询美国民众民意调查(2020年4月3—5日)

三、加速反全球化力量的各种凝聚与对中国负面认识增加

疫情前的反全球化和逆全球化思潮主要是表现在保守主义与民粹主

义的互动上，进而引发全球政治转向。然而来自保守主义对全球化的质疑并不是单纯地来自学术界或学术思想的鼓噪，而是有其深刻社会经济与政治基础，其突出地表现在全球化的经济结果分配上。

2014 年，世界银行经济首席经济学家布兰科·米兰诺维奇（Branko Milanovic）和卢森堡收入研究中心资深学者克里斯托弗·拉克那（Christoph Lakner）绘制的“大象曲线”（Elephant Curve）揭示了全球化下的收入分化问题。随后，英国的决心基金会（Resolution Foundation）发布了研究报告《考察大象：全球化与发达国家蓝领中产》，揭示了逆全球化经济基础层面的深刻动因：①观察 1988 年到 2009 年世界上主要国家的家庭收入，只有部分国家和人群从全球化中受益。总体而言，全球平均收入在 20 年里增长了 24%，其中中产阶级从全球化中受益最多，全球顶级富豪收入增长最快。在 2017 年世界创造的财富中，82% 流向了最富有的 1% 人群，没有任何财富流向最贫穷的 50% 人群。[①] ②发达国家中产阶级的收入并未陷入停滞。例如，美国居民收入总体上有增长；不过，不同阶层的收入差异较大。③发达国家之间的巨大分化意味着，这些国家需要针对中产收入问题制定相关政策。④制造业工作岗位确实在向发达国家之外的新兴经济体转移，发达国家产业空心化日趋显著（见图 2－5）。简言之，目前的全球化主要面临着贫富差距加大、发展转向、新旧全球治理体系调整三大系统性问题。

① To end the inequality crisis, we must build an economy for ordinary working people, not the rich and powerful, https://www.oxfam.org/en/research/reward-work-not-wealth.

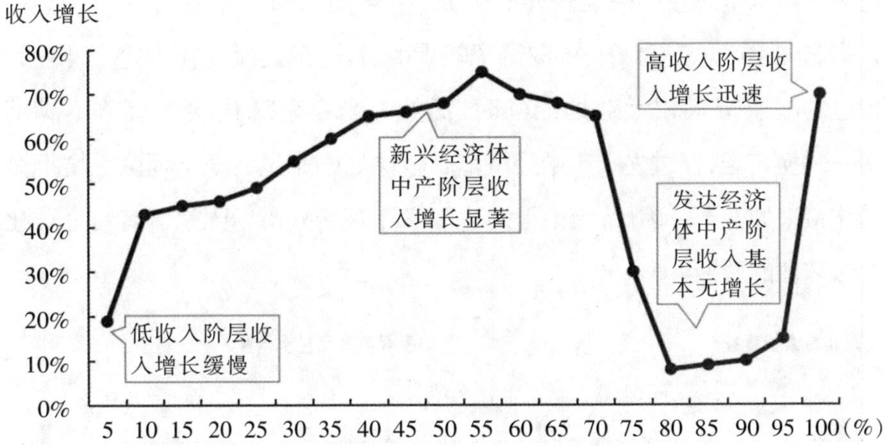

数据来源：Resolution Foundation，https://www.boc.cn/fimarkets/summarize/201911/t20191105_16981725.html.

图2－5　大象曲线

对此，民调机构益普索·莫里（Ipsos MORI）联合《经济学人》及世界银行进行了一项研究，其研究结果表明，在2019年56%的受访者认为全球化对本国有利，而在2013年这一数值只有49%。不过，认为全球化对本国有利的受访者大多数来自中国、印度、巴西等新兴市场国家，而美国、法国、意大利等西方发达国家的受访者对此的态度并不相同（见图2－6）。[①] 此外，

① 该研究于2013—2019年向33个国家/地区的22000名成年人（代表样本覆盖了世界三分之二的人口）询问了300多个问题，主要关于他们对世界、国家、社区和生活的态度，并编制了旨在反映全球化对各国人民影响的吊桥指数（人均国内生产总值变化与抗拒开放和变化人群的比例）。这些问题主要包括：你是否认为生活变得更简单；你是否认为世界上的人们比那些使他们与众不同的事物拥有更多的共同点；你是否认为过去人们面对的问题更少，他们过着幸福快乐的生活；你是否认为当今世界在变化太快了；你是否认为全球化对自己的国家有好处；你是否认为自己的国家有太多移民；你是否认为自己的国家正在发生的进步和变化使很多人落伍了；你是否担心技术进步正在破坏我们的生活等。

过去十年从全球化中受益较多的国家(中国、印度、印度尼西亚等)虽然在人均国内生产总值的增长上取得了较大的进步,但其民众在肯定全球化为自己的国家带来较大益处的同时,仍然对当今全球化秩序有着不满情绪——换言之,在过去十年中经济增长较快的国家也在一定程度上抗拒全球化带来的变革。因此,无论是发达国家还是新兴市场国家皆有对全球化的保守性的质疑。

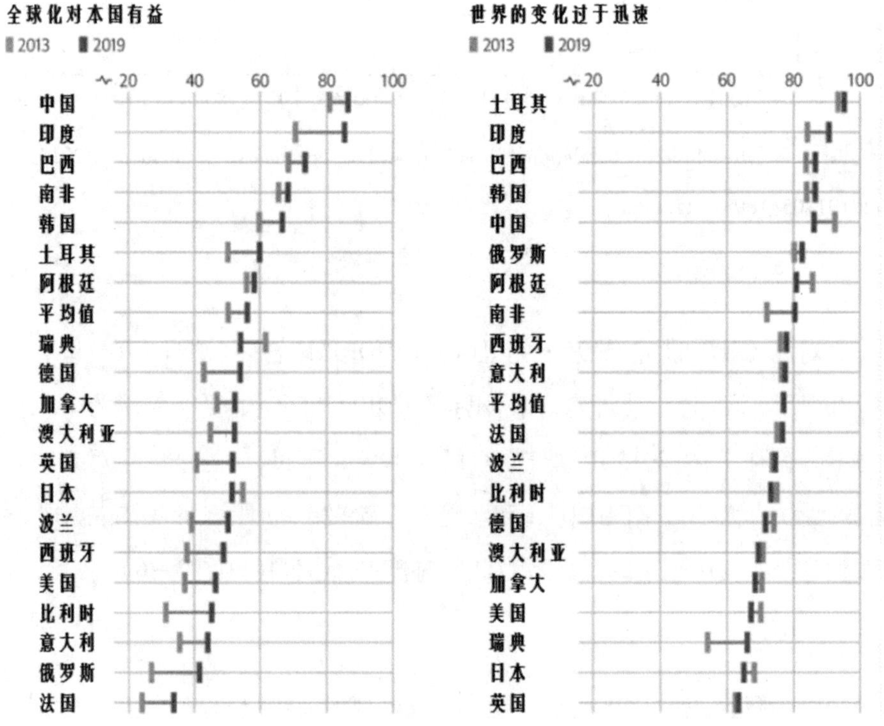

资料来源:Ipsos MORI,World Bank,The Economist,https://www.economist.com/graphic-detail/2020/02/27/countries-that-have-benefited-most-from-globalisation-are-the-most-fearful-of-change.

图2-6 各国民众对全球化是否对本国有益的看法,表示赞同的比例(单位:%)

疫情的暴发及其产生的经济社会影响,使美国这个具有保守主义传统国家的右翼力量再次找到了批判的对象。根据皮尤中心在 2020 年 3 月疫情期间在美国完成的一项调查(图 2 - 7),对中国持负面看法的受调查者高达 66%,而该数据在特朗普刚上台那年(2017 年)还只有 47%。回溯之前,可以看到 2008 年至 2011 年间中国在美国的正面支持率平均保持在 50% 左右。在哈里斯咨询关于"特朗普总统应对中国采取什么立场"的民调中(图 2 - 8),仅 17% 的被调查者认为应放宽对中国的立场,33% 的被调查者认为应保持不变,高达 50% 的被调查者认为应该对中国采取更加强硬的立场。而在此次疫情过后,美国民众对中国的态度变得更加负面。

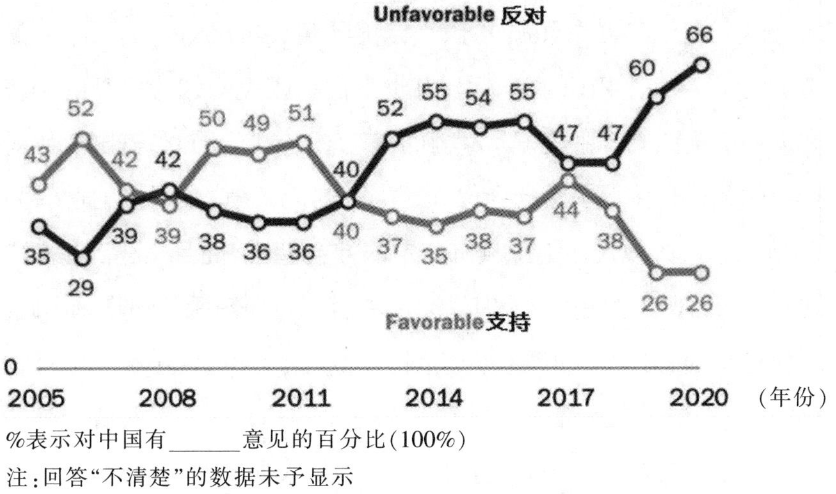

数据来源:"U. S. views of China Increasingly Negative Amid Coronavirus Outbreak", https://www.pewresearch.org/global/wp-content/uploads/sites/2/2020/04/PG_2020.04.1_U.S.-Views-China_FINAL.pdf.

图 2 - 7　在美国,对中国的负面看法继续增加

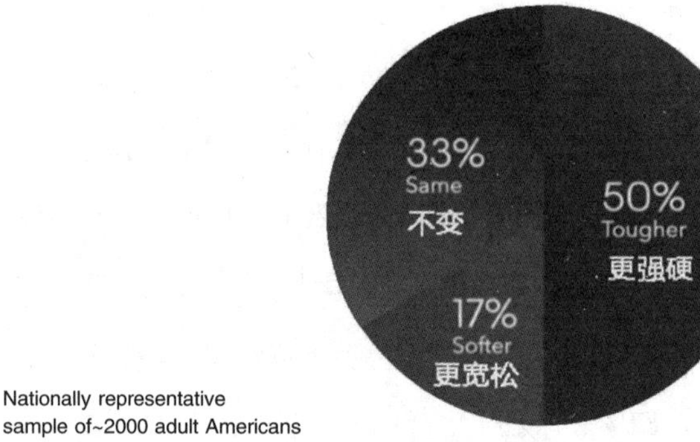

数据来源:https://newamericanpopulist. com/articles/poll-americans-back-trump-on-china-demand-corporates-pull-back.

图2-8 特朗普总统应该对中国采取更强硬的、更宽松还是不变的立场?

这一变化产生的原因,不仅来自美国精英阶层对中国国际力量权重增加的恐惧和对中国的主动遏制,也来自美国民众因为自身的经济状况和就业情况认同了中美贸易摩擦的“美方逻辑”。同时,美国媒体对公共舆论的塑造也使得美国社会保守、孤立、封闭的气氛明显加强。另外,塑造“假想敌”的模式在美国具有一定的社会基础,而且“上帝选民”“灯塔之国”的优越感也使美国及其民众无法容忍竞争对手的超越。因此,反全球化在美国有其特殊的“社会基因”。不同于欧洲大陆对于外来文化和移民的“种族主义民粹化”,“竞争”“进攻”“取胜”一直根植于美国文化的深层,对在竞争胜出的渴望深刻地嵌入在美国的文化底层记忆中,这种底层记忆一旦被“唤醒强化”,其产生的破坏力是可怕的。因此,疫情在美国引发的反全球化,是夹杂保守主义、民粹主义、国家主义、民族主义和本土主义的“思想乱炖”,每一种社会表现情绪蕴含的非理性因素影响均可能将政治、安全置于全球化带来的经济收益之上。

第三节　欧盟一体化检验

为应对愈来愈严重的新冠疫情，欧盟成员国财长会议于 2020 年 4 月 9 日达成协议，同意实施总额为 5400 亿欧元的一揽子抗疫救助计划。[①]这一计划在意大利、西班牙等国艰难抗疫一个多月之后才达成，此次欧盟滞缓的疫情防控工作和欧盟各成员国早期“自扫门前雪”的态度，无疑是继英国脱欧之后对欧洲一体化进程的又一次沉重打击。

一、欧盟的内部争论和补救举措

欧盟内部就“新冠债券”的发行计划存在着严重的争议。2020 年 3 月 25 日，以意大利、西班牙、法国为首的 9 个欧元区成员国提出发行“新冠债券”，[②]即在所有欧元区国家支持下共同发行债券，以为各国经济复苏提供资金。但这一倡议遭到了德国、荷兰、芬兰、奥地利的强烈反对。德国主张利用欧盟的欧洲稳定机制救援基金（ESM）向有需求的成员国提供低息贷款；荷兰表示现在和以后都会反对“新冠债券”，希望通过捐款来帮助疫情严重的南欧国家。对此，意大利则声称本国经济已濒临死亡，只有“新冠债券”能起死回生。意大利外长迪马约表示如果一个国家崩

① 《欧盟达成 5400 亿欧元抗疫救助措施 纸黄金纸白银双双下跌》，新浪网，http://finance.sina.com.cn/money/nmetal/hjzx/2020-04-10/doc-iirczymi5417563.shtml。

② 《从“新冠债券”被拒绝看“欧盟一体化”成色》，新浪网，http://news.sina.com.cn/o/2020-04-14/doc-iirczymi6150497.shtml。

溃,其他所有国家也都会崩溃。德国《每日镜报》评论意大利在暗示或与欧盟“同归于尽”。欧盟内部的利益分歧和结构性问题在这场疫情中暴露无遗。

2020 年 4 月初,欧盟终于就抗击新冠疫情开展行动。根据欧盟相关网站的报道,欧盟为对抗新冠疫情主要做了以下 10 件事:一是减缓病毒传播,禁止“非必要旅行”入境;二是提供医疗设备,建设第一批“拯救欧洲”(RescEU)医疗设备库存,如呼吸机和防护口罩;三是促进研究,欧盟的“地平线 2020”计划将资助欧洲 18 个研究项目和 149 个团队,帮助研发 COVID－19 的疫苗;四是确保欧盟经济复苏,欧盟委员会为欧盟 2021 年至 2027 年的长期预算提出新建议,包括经济刺激计划;五是遣返欧盟公民,基于欧盟民事保护机制,超 20000 名欧洲人因疫情滞留在外;六是促进欧洲团结,允许成员国向欧盟团结基金请求财政援助,2020 年提供 8 亿欧元的资金;七是支持经济,欧央行提供 7500 亿欧元购债计划;八是保护就业,欧委会提出国家支持的短时工作(SURE)概念;九是维护互联网,要求网飞(Netflix)、脸谱网(Facebook)和油管网(YouTube)降低流质量,避免网络超载;十是保护环境和航空公司,帮助航空公司适应较低需求。①

尽管在欧盟及其成员国的诸多网站上随处可见为欧盟成员国为抗击新冠肺炎团结、互助的行为,比如德国向意大利捐赠医疗设备、卢森堡接受法国的重症监护患者、捷克向意大利和西班牙捐赠防护服。但是这些捐赠行为多是有余力的欧盟成员国独自向疫情严重欧盟国家提供援助,

① “10 things the EU is doing to fight the coronavirus”,European Parliament,https://www.europarl.europa.eu/news/en/headlines/priorities/eu-response-to-coronavirus/20200327STO76004/10-things-the-eu-is-doing-to-fight-the-coronavirus.

并不是在欧盟的框架和欧委会的领导下的捐赠行为。仔细分析欧盟至今为抗疫所做的工作,可以简单概括为“宣布”“将要”提供医疗设备和资金援助,而这些对意大利、西班牙等国来说并无太大实质性意义。而意大利、西班牙等国坚持的“新冠债券”,本质上是欧盟成员国共担债务,基本没有实现的可能。另外,7500 亿欧元的购债计划将信用评级较低、已被剔除的希腊债券也纳入其中,相较于不惜一切代价降息至零利率的美联储,长期实行量化宽松政策的欧央行恐怕已经弹尽粮绝。至于欧盟其他的工作(提出短时工作的概念、要求维护互联网、帮助航空公司),这些对欧盟成员国抗击疫情的意义也并不大。

2020 年 4 月 15 日欧盟提出了取消限制性措施路线图,[①]欧盟制定全面恢复路线图的目标是实现建设更具韧性、更可持续和更公平的欧洲。欧盟理事会将进一步指导“复苏基金”方案(Recovery Fund),以及其与跨年度财政预算框架(Multiannual Financial Framework)的关系。从中长期来看,欧盟需在以下四个方面采取集体行动:

一是全面运行且充满活力的单一市场。恢复并继续深化单一市场尤为重要,这是欧盟繁荣和韧性的关键要素。必须重建被破坏的价值链和供应链。在重启经济和现代化建设过程中,绿色和数字化双核驱动扮演中心和首要角色。投资清洁和数字技术及产能,秉持循环经济理念,有助于创造就业和经济增长,也有助于欧盟在全球在经济竞赛中充分发挥抢跑者先机,使供应链多元化,并减少对外部的依赖。实行具有牵引作用的产业政策,支持中小企业和初创企业,有效审查外国投资以实现战略自

---

① 《欧盟提出取消限制性措施路线图 强调相互协调循序渐进》,新华网,http://www.xinhuanet.com/2020-04/16/c_1125861661.htm。

主。新冠疫情表明欧洲急迫需要在生产战略物资、投资战略价值链等方面减少对第三国过度依赖。建设更有韧性的基础设施(尤其是医疗卫生领域),来应对不可预料的场景。为方便企业融资,金融部门必须发挥更重要作用,建设欧盟银行业联盟(Banking Union)和资本市场联盟(Capital Markets Union)。通过包括数字化平台等在内的手段鼓励建立创新伙伴关系,以释放金融活力。欧盟需要这些联盟来防止企业走向破产。

二是"史无前例"的投资努力。欧盟需要类似马歇尔计划这样的投资来刺激经济并促进经济现代化;为此,需要欧盟及其成员国层面的公共投资和私营部门投资的双轮驱动。同时,投资目标应指向绿色和数字化转型、循环经济,以及实现欧盟团结和共同农业政策等领域。在这方面,欧盟经济绿色投资转型计划非常重要。新冠疫情引发的危机也显示数字产业在经济运行中的潜力,因此投资数字经济领域是经济重启和恢复计划的关键组成部分。

三是全球行动。新冠疫情大暴发具有全球性,欧盟不能独自行事。作为国际社会的重要一员,欧盟有特别的责任:在尊重多边主义和基于规制的国际秩序的基础上,欧盟将与联合国、世界贸易组织、二十国集团和七国集团的伙伴们一起,形成全球应对方案。在这样的背景下,重启贸易流动和供应路线尤为重要。

四是完善而运行正常的治理体系。完善而运行正常的治理体系是应对危机和实现经济重启的关键条件。欧盟必须从危机中吸取教训。欧盟及其成员国需要在实现最高效率和完全尊重辅助性原则(the principle of subsidiarity)的要求下共同运作。欧盟必须更加高效有为,这要求欧盟提升履行日常行政职能的能力和应对危机的协调能力。欧盟的核心原则和价值观应置于应对策略的中心地位。对法治和人的尊严的尊重是实现社会强劲、活力和包容恢复的最好方式。当然，欧盟也需要在总结应对新冠疫情危机中获得经验的同时反思欧盟的规则和运行方式。[①]

2020 年 4 月 23 日，欧盟领导人视频会议讨论了应对新冠病毒大流行的下一步举措，欧盟委员会计划设立一个“复苏基金”，以贷款和捐款结合的方式推动经济复苏。不过，欧盟成员国在如何为复苏基金融资上分歧巨大：例如，意大利、西班牙等受灾严重国认同赠款方式，但是德国、荷兰依然反对任何形式的联合债务工具。[②]

二、欧洲各国的自救行为

（一）意大利

作为新冠疫情的重灾区，意大利在 2020 年 1 月 31 日开启了为期 6 个月的紧急状态以应对疫情。3 月 10 日起意大利进入全国封城状态，这种状态延长至 5 月 3 日。虽然意大利是西欧国家中最早针对疫情实施强力管控的国家之一，但也未能中断新冠病毒在其境内的流行。此前，意大利政府将应对新冠疫情的拨款从 75 亿欧元增加到 250 亿欧元，但是这一巨额拨款很有可能使意大利的财政赤字超出欧盟规定的上限。意大利还变更了失业救济金规则，使其无条件适用于所有人。占意大利国内生产总值 13% 的旅游业在此期间基本看不到任何收入，意大利政府后续将不

---

① “A ROADMAP FOR RECOVERY Towards a more resilient, sustainable and fair Europe”, https://www.consilium.europa.eu/media/43384/roadmap-for-recovery-final-21-04-2020.pdf.

② 《欧盟酝酿史上最大“复苏基金”，计划未定分歧已现》，新浪财经，https://baijiahao.baidu.com/s?id=1664856488297370150&wfr=spider&for=pc。

得不再进行融资。

由于国内疫情严重，意大利多次求助于欧盟。在2020年2月底，意大利与欧洲疾控中心（ECDC）协调欧盟内部边境保持开放的举措落空，意大利向欧委会提出启动欧盟民事保障机制但未被通过，甚至意大利订购的口罩也被他国"截胡"。意大利为刺激经济主张发行"新冠债券"的倡议也遭到了德国、荷兰的强烈反对。在付出17万人确诊、2万多人死亡的惨痛代价后，意大利的防控工作逐渐步入正轨。意大利大规模运用核酸检测、血清检测和追踪接触者多种方式控制疫情，并且推出追踪接触者的手机软件。①

（二）英国

英国的疫情形势依然严峻，包括英国王储查尔斯、首相鲍里斯·约翰逊（Boris Johnson）、卫生大臣马修·汉考克（Mattew Hancock）在内的众多皇室成员和政府官员相继感染新冠肺炎。此前，英国首相科学顾问帕特里克·瓦伦斯（Patrick Vallance）的"让4000万英国人接触新冠病毒以达到60%的人群感染、在全国形成群体免疫效果"的说法引发了强烈的国际舆论。英国政府的这种"群体免疫治疗法"以推迟大流行高峰的策略致使英国死亡一万多人，而治愈仅一千多人，治愈率为全欧最低。

在不作为的"群体免疫治疗法"失败后，英国开始积极采取抗疫措施。英国政府进行大规模检测、颁布封城禁令、社会疏远等措施也初步奏效，英国政府还宣布将"封城"禁令延长至2020年5月7日。根据英国最

① 《意大利抗疫官员：保障民众健康与恢复经济并行不悖》，新华网，http://www.xinhuanet.com/2020-04/19/c_1125875330.htm。

权威的民意调查机构“舆观”(YouGov),91%的受访者表示支持政府延长封锁措施,61%的受访者认为政府在应对疫情方面的信息公开且真实,67%的受访者认为英国政府对疫情应对措施很好,英国民众对其政府的满意率也上升到48%。[①] 英国政府还颁布脱欧后的首份预算案,其中包括300亿英镑紧急财政刺激计划和向国家医疗服务体系(NHS)注资等。英格兰银行也紧急降息,将利率从0.75%下调至0.25%,还释放数十亿英镑的额外贷款额度帮助企业渡过难关。[②]

(三)德国

在此次疫情中,德国因新冠肺炎死亡率较低而受到认可,治愈人数比例也位于欧洲各国前列,德国国内的新冠肺炎感染率也在明显走低。罗伯特·科赫研究所(Robert Koch Institute)所长威勒表示,德国新冠病毒感染率下降至0.7,德国国内抗疫取得“非常好的中期成果”[③]。根据智库“深度认知”(Deep Knowledge Group)对多个国家抗疫情况的比较,在新冠肺炎治疗效率排名中,德国位居第一,[④]可见德国政府在抗疫新冠疫情中的优秀表现。

德国政府为抗击疫情颁布了一系列措施扶持经济。首先是向企业提供短时工作津贴。因疫情而缺少订单或雇员无法上班的企业,只要影响

---

① 《英国或将延长封锁措施,民调显示九成民众认同》,https://news.dayoo.com/world/202004/10/139998_53279693.htm;《外国政要应对疫情“大考”:有人支持率飙升,有人“悬了”》,https://3g.163.com/news/article/F8BQ0OQF0550AXN7.html。

② 《拨款、降息、暂缓还贷:多国紧急施策以应对疫情对经济的冲击》,澎湃新闻,https://baijiahao.baidu.com/s?id=1661030731312137361&wfr=spider&for=pc。

③ 《德国传染率降至0.7,专家:非常好的中期结果》,观察者网,https://baijiahao.baidu.com/s?id=1664273389829588476&wfr=spider&for=pc。

④ 数据来源:https://www.dkv.global/covid。

到 10% 的员工，该企业就可申请短时工作津贴。雇主只需要按照员工实际的工作量支付工资，员工原薪资的其余部分由联邦劳工局按照这部分工资税后金额的 60% 进行补偿（有子女的员工补偿比例为 67%）。如果企业让员工短期工作，联邦劳工局帮雇主承担全部的社会福利保险，联邦劳工局有 225 亿欧元备用资金专门提供这一补贴。除了短期工作津贴之外，还有对企业的资金援助，即高达 500 亿欧元的“新冠防护甲”政策。该政策为雇员 5 人以下的企业准备 9000 欧元的紧急补助金，10 人和 50 人以下的公司分别能获得 15000 和 25000 欧元的补助金。此外，德国预计在今后十年内进行总额高达 1400 亿欧元的投资。①

（四）中东欧国家

由于早期的封锁和隔离，中东欧国家的疫情比南欧要轻很多，但因为医疗资源、防护设备、医疗人才的匮乏，中东欧的防控也还面临着挑战。受疫情影响，处在以德国为核心区域价值链上的中东欧国家经济状况也不容乐观，这些国家的制造业和出口贸易遭受了巨大经济损失。为此，中东欧国家陆续出台了相关的政策。

匈牙利于 2020 年 3 月通过《新冠疫情法案》，允许政府在不经国会同意的情况下无限期延长紧急状态；不过，此法案强化了欧尔班政府的权力，加剧匈牙利国内的政治纷争，也损害了匈牙利和欧盟的关系。希腊银

① Coronavirus-what is the current situation in Germany?, https://www.allenovery.com/en-gb/germany/news-and-insights/publications/coronavirus-current-situation-in-germany; COVID-19-Measures of the German Federal Government, the Federal States and the European Union, https://www.lexology.com/library/detail.aspx?g=f63112c5-f17f-422a-923a-f1901ed9b326;《德国联邦政府公布应对疫情影响一揽子经济政策措施》，新浪网，http://finance.sina.com.cn/stock/relnews/us/2020-03-16/doc-iimxxstf9329793.shtml。

行开设特别账户接受捐款,利用欧委会的担保基金设立 70 亿欧元的企业运用基金,并对违规出门人员进行高额罚款。斯洛文尼亚通过价值 30 亿欧元的财政计划后,并讨论第二个财政法案以刺激就业、投资。波兰通过了《防控新冠疫情及其他传染病特别措施法》。罗马尼亚从世界银行获得 4 亿欧元贷款用于疫情防控。塞尔维亚接受中国和俄罗斯的物资和人员援助,并积极筹建方舱医院收治患者。克罗地亚、爱沙尼亚、保加利亚、斯洛伐克、波黑、黑山等国积极订购医疗防护用品。

三、欧盟的情况

(一)欧洲媒体报道和政治叙事

疫情的影响下欧洲一体化是否会衰退?针对这一问题,首先可以观察欧洲媒体的报道、政客的话术。《金融时报》刊登了《欧盟正在失去意大利吗?》[①]的报道,前欧洲理事会主席唐纳德·图斯克(Donald Tusk)认为,与欧元危机相比,欧洲今天的局势更值得担忧。德国《明镜》杂志称,在新冠疫情中,意大利等国感到被德国抛弃,对德国的愤怒正在爆发,已经掀起"反德国潮",甚至"反欧盟潮"。[②] 2020 年 3 月 13 日法国总统马克龙称,欧盟必须阻止因疫情封锁边境导致的民族主义情绪,呼吁欧盟各

---

① "Coronavirus: Is Europe losing Italy?", Financial Times, https://www.ft.com/content/f21cf708-759e-11ea-ad98-044200cb277f.

② 《德媒:感到被德国抛弃,意大利等国出现"反德国潮"》,环球网,https://baijiahao.baidu.com/s?id=1663342086258658163&wfr=spider&for=pc。

国不要向“新冠民族主义”低头。[①] 4 月 2 日欧盟委员会主席冯德莱恩就欧盟应对新冠肺炎不力向意大利道歉,并对疫情初期欧盟各成员国各自为政感到遗憾。[②] 4 月 6 日德国总理默克尔表示欧盟正面临成立以来的最大考验。[③] 此外,欧盟首席科学家莫罗·费拉里(Mauro Ferrari)因对欧盟体系失去信心而宣布辞职,他谴责了欧盟在疫情中的不力表现:包括欧盟成员国之间缺乏医疗政策协调、财政支持政策屡屡受阻、多国单方面封锁边境、科研合作形同虚设,等等。[④]

(二)民意调查数据

除欧洲媒体的报道和政治叙事之外,民意调查是最能直接显示欧洲民众态度的方式。2018 年的一份民意调查显示,自 2011 年以来意大利对布鲁塞尔信心的急剧下降,当时 56% 的被调查者表示对欧盟没有信心,意大利人对欧盟的信心下降了近一半,从 2011 年指数 100 中的 70 点降至 2018 年的 38 点。[⑤] 由于欧盟对此次疫情糟糕的应对,意大利人对欧盟的看法更加恶化。Dire 新闻社在 2020 年 3 月进行的调查显示,88% 的意大利受访者认为欧洲没有在危机中支持意大利,“意大利是欧洲的弃儿”;67% 的意大利受访者认为意大利作为欧盟成员国是不利的,而在

---

① 《“新冠民族主义”抬头,欧洲一体化进程面临新挑战》,东方网,http://pinglun. eastday. com/p/20200316/u1ai20419565. html。

② 《欧委会主席向意大利致歉:对不起,危机之初各国只顾自己》,澎湃新闻,https://www. thepaper. cn/newsDetail_forward_6821075。

③ 《疫情之中的欧洲各国如何答卷》,党建网,http://www. wenming. cn/djw/djw2016sy/djw2016gjgc/202004/t20200409_5519136. shtml。

④ “EU science chief resigns with blast at coronavirus response”, Financial Times, https://www. ft. com/content/f94725c8-e038-4841-a5f6-2e046ae78e95.

⑤ “Italians fall out of love with the EU-but will they ever leave?”, telegraph. co. uk, https://www. telegraph. co. uk/news/2018/06/04/italians-fall-love-eu-will-ever-leave/.

2018 年 11 月这一数据仅为 47%。[①] 泰克尼研究所(Tecne Institute)民意调查显示,意大利人对欧盟的批评和不满越来越多,有 49% 的意大利人希望退出欧盟。[②] 2020 年 4 月初的民调还显示意大利两大民粹主义政党——马蒂奥·萨尔维尼(Matteo Salvini)的联盟党(League)和焦尔吉娅·梅洛尼(Giorgia Meloni)的兄弟党(Fratelli d'Italia)得票率超过 40%,[③]这意味着欧盟内部关于"新冠债券"的争议加剧了意大利的政治分裂,引起了民粹主义势力的上升。

与意大利及其他欧盟成员国对欧盟的失望、愤怒相对,各国民众对本国政府的信任和支持都在提升。[④] 意大利总理朱塞佩·孔戴(Giuseppe Conte)总体支持率飙升至 71%(+27%),奥地利总理荷兰总理巴斯蒂安·库尔兹(Sebastian Kurz)升至 77%(+33%),荷兰总理马克·鲁特(Mark Rutte)升至 75%(+30%),丹麦总理梅特·弗雷德里克森(Mette Frederiksen)升至 79%(+40%),德国总理默克尔(Angela Merkel)上升至 79%(+11%),连法国总统伊曼纽尔·马克龙(Emmanuel Macron)的支持率也飙升至 51%(+15%)。[⑤] 而欧盟成员国各国民众对其国家政府和领导人的信任增强、对国家和民族的认同增强,都会削弱欧盟作为一个区

---

① "Italy's response to the virus is starting to reshape its politics.", ecfr. eu, https://www.ecfr.eu/article/commentary_whatever_it_takes_italy_and_covid_19_crisis.

② "Poll shows almost half Italians want leave EU", Tecnè, https://www.breitbart.com/europe/2020/04/14/poll-shows-almost-half-italians-want-leave-eu/.

③ "How the European Union Lost Italy to the Radical Right", fairobserver, https://www.fairobserver.com/region/europe/hans-georg-betz-italy-euroskepticism-radical-right-matteo-salvini-giorgia-meloni-covid-19-news-19011/.

④ 具体可参见"Coronavirus sees approval-rating soar for EU leaders", Euobserver, https://euobserver.com/opinion/147994。

⑤ "Coronavirus sees approval-rating soar for EU leaders", Euobserver, https://euobserver.com/opinion/147994.

域一体化组织的影响力和统一性。疫情初期欧盟各国争抢乃至“截胡”医用物资、封锁边境、互相指责推诿等乱象，已经暴露了欧盟内部面临的问题。一项独家民意调查，当被问及“这场大流行是否会终结欧盟”，69%（5006 人）的被调查者表示会，仅 5%（387 人）的被调查者表示新冠疫情不太可能导致欧盟垮台，还有 26%（1933 人）的被调查者不确定此次危机将如何影响欧盟的未来。①

四、欧盟对中国的态度及疫情后的制造业回流

据不完全统计，在此次疫情中，中国向意大利、西班牙、塞尔维亚、法国、德国、希腊、波兰、荷兰、英国、捷克、丹麦、挪威、斯洛伐克、斯洛文尼亚、保加利亚、克罗地亚、匈牙利、卢森堡等 19 个欧盟国家提供了援助及抗疫物资支持。欧洲各界对中国的帮助表示了感谢，在一项民意调查中，52% 的意大利被调查者视中国为朋友，这一数字 2020 年 1 月仅为 10%。② 欧盟委员会主席冯德莱恩、意大利外长迪马约、塞尔维亚总统武契奇、捷克总统泽曼等也公开表示了对中国帮助的感谢。

但是中国的援助也招致了一些猜疑和不满。欧盟外交与安全政策高级代表博雷利认为，中国的援助带有强烈的地缘政治色彩，中国的援助是为了扩大在欧洲的影响力。③ 还有些欧盟外交官指责中国破坏了欧盟的

---

① “EU warning: Bloc’s future'NOT looking good´after leaders lock horns over rescue package”, express. co. uk, https://www. express. co. uk/news/world/1266815/eu-news-future-of-eu-coronavirus-crisis-leaders-fail-to-agree-rescue-package.

② 《欧盟“塑料兄弟”同甘不共苦，意大利过半民众感激中国“最强援助”》，中国经济网，https://baijiahao. baidu. com/s? id = 1663547027937473467&wfr = spider&for = pc。

③ 《中国援助会破坏欧盟内部团结？想多了！》，今日中国，https://baijiahao. baidu. com/s? id = 1663423666260322204&wfr = spider&for = pc。

团结。英国外交大臣多米尼克·拉布(Dominic Raab)称中国应就“病毒源头”给国际社会一个明确答复,并表示疫情过后英中关系不可能一如往常。英国前外交大臣威廉·黑格(William Hague)提议英国应该利用华为向中国展示更加强硬的态度。[①] 德国电信巨头 T – Mobile 出于所谓安全的借口终止了与华为的合作,此前该公司与华为签署了超 41 亿元的 5G 采购合同,目前已被单方面作废并预计 5 年内淘汰所有华为设备。从本质上来看,欧盟及其成员国的这些反应均是为欧盟及其成员国的抗疫不力而转移视线。

与此同时,新冠疫情造成的物资大批量短缺、大规模生产停滞、民众就业困难等问题,本质上是疫情割断了供应链和产业链。全球化发展到今天,全球供应链和价值链已经较为成熟,但是疫情已经打破了全球供应链的连贯性。一方面是药品、口罩、防护服、呼吸机的极度短缺,另一方面是各国政府鼓励制造业迁回本国。未来,供应链会更加趋于在一国国内,即便成本上升利润下降,也要增强国内供应链的弹性、独立性和稳定性。2020 年 4 月 8 日德国内阁修订了《对外贸易法》,该修订旨在增加收购德国公司的难度。德国联邦经济部长彼得·奥特迈尔(Peter Altmaier)称,此次修订的目标是“我们可以比以前更安全地保护关键基础设施”,并“更好地保证重要地区的供应”。而修正案的触发因素之一是中国投资者对奥格斯堡机器人制造商库卡(Kuka)的收购。[②] 西方制造业的“外包回流”现象其实早在 2015 年就被人关注到,此次疫情危机让西方看到如

① 《英国延长封城令 3 周,外交大臣嚷嚷着要中国回答“病毒源头”》,观察者网,https://www.guancha.cn/internation/2020_04_17_547258.shtml。

② “Auβenwirtschaftsgesetz Mehr Schutz vor Firmen-übernahmen”,tagesschau.de,https://www.tagesschau.de/wirtschaft/bundesregierung-awg-101.html.

医疗物品等高度依赖中国的风险，预估疫情过后欧盟成员国的部分流水线将会撤离中国并限制中国对其的收购和并购。

可以料想，此次新冠疫情过后，逆全球化趋势将会在欧洲进一步蔓延。欧盟成员国民众对自己国家和领导人的认同和信任增强，对欧洲一体化产生质疑。预估在欧洲，国家主义、民族主义、民粹主义将进一步崛起，多边主义也将被削弱，欧盟一体化进程将会衰退。

第四节　全球化趋势变化场景分析及中国的对策

通过分析可以推断，新冠疫情必将导致全球政治经济格局出现重大的结构性变化。尽管在疫情结束之前，对后疫情时代长时段的国际政治经济格局的精准预测比较困难，但是在“发生改变”这一共同的基调认识下，还是可以依据全球化的要素组合和政治推动模式对全球化场景模式变化的模拟分析，并提出适合中国自身发展诉求的战略对策。

一、全球化趋势变化场景模拟

（一）既有模式全球化在全球经济治理改善中修正并延续

这种场景的判断是假定，新冠疫情对全球经贸产生了巨大的冲击，但疫情过后全球政治经济生活将在“暂停后复位”，新冠疫情本身对全球化而言是“价值中立”的，不会从根本上瓦解全球化的进程——尽管新冠疫情会对传统经贸等领域产生冲击，同时加强生命科学研究、药物研发、公共卫生治理、危机管控、国际医疗援助等领域的交流合作。不过，这种场景假设，新冠疫情在很大程度上将增强对更加健康、完善、清晰、合理的人类命运共同体理念的呼吁。相反，这种场景认为，真正从根本上威胁全球化进程的是大国之间基于恶意竞争的“经济战”，这才可能在贸易停滞的情况下，将大国竞争转向争夺产业价值链主导权的博弈，并引起全球化的衰退。

针对于此，机械工程领域的“差速器”概念有利于为寻找大国竞争良性轨道提供启发。首先，应用于车辆与运输机械中的“差速器”在功能机制上使得单元之间以不同速率运行的同时，能够保证体系的结构稳定而不发生“脱钩”。在其中发挥关键作用的结构要素是一种被称为“行星齿轮”的核心部件，而这个“行星齿轮”在“差速器”中发挥的作用，正是当下全球产业价值链在国际经贸活动中所起到的枢纽作用。

因此，当前的全球化逆潮不能被简单地认为是全球化本身的失败，而应该看到其运行的前提假设发生了根本性改变，即自由贸易的持续运转先后被政治外力、社会外力所动摇。其中反映出的是此前全球化进程中的结构性缺陷，即对全球价值链宏观治理与协调机制的缺失。这正是对当前全球经济治理的“差速器”机制加以完善的努力方向。虽然目前对全球价值链进行宏观治理的讨论与方案较少，但是要让世界经济可持续稳定运行，国际社会亟须加强对价值链治理时代已经来临的认识，并将思维从传统的价值链升级竞争模式转变为价值链竞争与合作共存、协调与管控并重的治理思维。

在上述全球化场景模拟中，一个最大的困惑和难题是，既有的全球化“差速器”机制，在全球政治层面是联合国、二十国集团、七国集团，在区域政治层面是欧盟、“东盟 10 + 3”；除此之外还有作为全球政治主导国家、的美国的各种复杂嵌套式互动,包括区域和双边层面互动。在过去几年的全球政治互动过程中,可以明显地发现传统上作为全球化推动力的美国对全球化的经济结果的不满,进而美国主动和被动地放弃了其承担的“行星齿轮”作用,进而导致全球层面的二十国集团峰会陷入“无主题和缺乏主题”时代。简言之,大国政治互信的下降和全球化主要“驱动国”美国的战略退却,使得“差速器”机制失灵。

在全球经济上,全球化本身是按照全球自由市场机制进行的竞争性分配,其结果不能保证分配体系的公平化,更缺乏全球范围内的“财政转移”机制,且新冠疫情促使相当多的国家发现了产业链全球配置的“短板效应”,部分产业的本土化和区域化符合后疫情时代民族国家的政治社会诉求,而当经济利益和资本利益让位于民族利益和国家利益时,全球化所要求的全球资本优化国际分工的基础就会发生动摇。由此,当既有的“差速器”机制失灵,美国作为传统的“行星齿轮”不再愿意“补偿”更多的全球化损失时,中国是否能够全面地承担“行星齿轮”的职责?这首先是要求中国综合国力的全面超越,并从全球制造国向全球消费国完成转变,而目前来看,这个过程还相当漫长。

(二)“零国集团无驱动国”全球化模式场景

“零国集团”(G0)的概念最早由政治学家布雷默和戈登所创造,也是布雷默所著的《零国集团时代:谁是新世界格局的赢家和输家》一书的主题。而零国集团提出的背景是,当政治学们目睹了七国集团在全球影响力的下降,特别是经济规模份额的比重下降,而由美国外交学者佐立克等人提出的中美“两国集团(G2)”共治世界的可能性缺乏情况下,国际政治权力真空可能导致的没有任何一个国家或国家集团有能力、有意愿在经济和政治议程上推动一个真正的全球性议程。到目前而言，在全球经济与政治议程上，连"全球发展"这个主题的内容都在被异化理解，全球气候变暖尽管在欧洲还有政治场景呼应，并可以作为欧盟议题加以政治凝聚，但在全球范围内，由于美国特朗普政府的退出，气候变暖的国际议题影响力也在下降。发展中国家由于在全球化中缺失了既有的经济社会"补偿"，开始更多地关心本国事务而放弃对共同议题的关注，国际关系由全球多边互动向区域多边和双边互动加速转化。

虽然"零国集团无驱动国"全球化模式可能在形式表现上更符合中国倡导的模式，即全球治理应该建立在承认多样性和相互尊重的基础上，更加开放、包容，任何单一国家不应该谋求主导，在形式上能够更充分体现民族国家平等原则。但这个模式即使在政治上可行(即美国愿意主动退出旧有国际体系的国际政治主导权)，也依然会受到全球资本与民族国家之间张力的影响。理论上，经济全球化要求资本、技术、劳动力满足充分流动下的国际分工能够带来更多的经济福祉，但这种福祉如果没有民族国家的"税收转移"，那么经济福祉只会向更少数资本垄断者集中，因此"资本无国界、资本家有祖国"的矛盾如何解决？这是"零国集团无驱动国"全球化带来的最大难题，即全球经济治理交由资本自由流动配置完成，民族国家角色缺位，或者被边缘化，而这种离开政治支撑的"经济全球化"其带来的后果是无法预测的。同时，必须看到，无论是1994年北美自由贸易协定(NAFTA)达成，还是20世纪90年代欧洲从欧共体向欧盟过渡，其最大的推动力量是民族国家的政治共识。因此，无政治驱动力和政治主导力的全球化，在人类历史上不曾发生，且疫情后，世界范围内国家主义和民族主义的强化会进一步使得民族国家在公共卫生安全领域、经济和技术主权控制领域进行强化管理，而"零国集团无驱动国"全球化模式，在很大程度上可能退回一战前期的民族国家全产业链竞争模式，每个民族国家均希望在“无主时代”取得优势和胜出，这反而不利于经济全球化。

进而从现实的力量对比角度而言，“零国集团无驱动国”全球化其理想状态是国家之间力量对比均衡，犹如一战和二战前夕所表现的国际力量均衡性一般。但是目前美国依然是世界综合实力最强的国家，其拥有的国际货币“铸币权”在目前没有一个国家可以替代。如果美国选择极端性“门罗主义”做法，全面退出旧有国际体系，其最大的威胁并不是对世卫组织资金断供那么简单，以极端例子而言，如果召开联合国大会，美国只要不发签证，事实上联合国机制便名存实亡了。因此，学者们可以在经济运行模式上推崇“零国集团无驱动国模式”，但从国际社会历史结构而言，全球化的驱动不仅是来自经济，其更重要的是国际政治作为上层建筑对全球化经济基础的推动，而这本身是马克思主义政治经济学的精髓。

（三）“多中心－半联盟”的对抗与合作模式

这种全球化场景本身可以分成两种模式：一种模式是“西方联盟”集体对抗中国全球政治经济力量崛起模式，而另一种则是“多中心－半联盟”模式。前一种模式是过去时代“冷战”的翻版。而旧时代“冷战”的基本出发点是以意识形态为分野的“全球阶级斗争冷战”，其强大的内在意识形态对立，不仅来自西方阵营对社会主义意识形态在政治、经济、社会、文化领域的全面攻击，同时最重要的是来自对经济治理和经济所有权为基础的对抗。这种对抗是以消灭对手为目标的阶级性博弈，是截然分明的价值观对抗，没有妥协和退缩的余地。因此，其在政治鼓动和联盟阵营博弈中只有“朋友和敌人”之区别，很少有中间地带，且国际社会的民众认同也是经过宣传洗礼被自我认定化的。而后一种模式的产生，本身就是当今时代全球化自身的产物。“多中心驱动”全球化模式的出现，是对前二次全球化主导力量集中和单一的一种修正，既继承了全球冷战的地缘政治遗产，同时也是美国自身秉承“无疆域帝国”理念推动全球化的一种结果体现。

而就当下全球政治经济结构格局和力量对比而言，如果美国要追求第一种“西方联盟”对抗中国模式，其难点在于：一是其执政者的国际政治认知观念，二是时间的流逝已经使得“意识形态斗争”这个 19 到 20 世纪流行的政治话题显得陈旧与过时。基于全球经济一体化已经产生的利益，仅在亚洲，日本、韩国在考虑自身经济利益时就未必与美国深度捆绑，而新一代全球政治家对于冷战的记忆已经逐渐淡化，使得“集体联盟”对抗形式模式的概率大为下降。因此，只要在中国不主动塑造国际意识形态并产生阶级性对抗的前提下，西方国家可能因为自身“经济主权”和“技术主权”对中国形成“技术控制联盟”，但不会产生贸易切断和全面经济和贸易切断的围堵行为，或者是说，这种“联合行为”的产生是基于自身利益，而不是旧式冷战时代不计经济和社会成本的全面对抗。

与此相对应的是第二种“多中心－半联盟”互动博弈模式，这种模式不排除与不排斥西方国家集团为了控制中国国际政治经济力量快速发展，而采用“联合”的方式对中国进行各种方式的控制。但这种方式既不是“脸皮撕破”方式，也不是敌对的不来往状态。由于经济链与产业链的联系，“多中心模式”下的西方国家会采取“半联盟”形式对中国进行先进技术获得的封锁和控制，包括将部分产业链不计经济成本进行本土化，但不会完全切断普通商品的全球性交易和断绝全部人员交往。在“多中心互动博弈”模式下，美国、欧盟、日本、韩国，包括东盟自身都会在某个领域和层面扮演“中心者”，或者是“杠杆支点者”。多中心模式既不破坏现有的国际经济秩序，能够在维护美国作为全球化“主驱动国”的模式下获得各自更大的利益，并同时能够满足美国维护全球霸权的根本利益。而疫情暴发和全球蔓延后，这种“多中心－半联盟”形成的概率居大，它跟“零国集团无驱动国”模式的差异是，承认了多中心的国际权力分散，承认半联盟遏制中国现实的必然存在，但同时也承认了美国作为当下全球化驱动力量的不可或缺，而这依然满足“经济缺陷式”全球化的维系。

（四）中国主导区域全球化的模式

可以肯定的是，无论在政治、军事、经济、金融、科技和文化影响力的各个方面进行综合衡量，中国目前只能是在“走近世界舞台中心”的过程中，其还没有足够的综合国力推动一场自身主导、他人跟从的全球化，且从全球化的经济结果考量，中国是美式全球化进程和过程中的受益者，如果条件许可，从理性角度而言，中国应该努力维护全球化既有的局面并将其继续延续。因此，必须认识到，中国过去改革开放四十多年取得的进步在相当程度上是中国充分融入全球化形成的，坚持改革开放融入世界经济体系循环既是中国参与全球化所得，同时也是中国推动全球化的历史使命。

但是疫情的暴发使得国际局势出现了难以预测的转向，中国在既有全球化体系中，倡导了“一带一路”建设，希望通过全球性和区域性公共产品提供与构建，将中国生产能力与制成品产能与世界更便捷的对接。虽然中国倡导的“一带一路”建设取得了积极的进展，但是从全球价值链体系来看，共建“一带一路”国家目前在全球价值链体系中或是处于资源和能源供应的价值链上游，或是在全球价值链低端加工端，其在全球价值链的规模和位置不高，且作为资源原料性国家，目前饱受疫情影响的全球需求不足的困扰。仅以国际油价在疫情期间的暴跌而言，原油生产国，其出口获得财政收入较疫情前就下跌一半，以俄罗斯为例，其财政按现阶段未调整的平衡点是45美元/桶，而目前的国际油价则需要动用外汇储备来弥补财政缺口。而全球需求不足，可能是疫情后较长时间的国际经济常态，这对于“一带一路沿线国家”中的大部分资源型国家是非常痛苦的。因此，“一带一路”建设的对应国家，多数是全球价值链边缘国和可替代国，并没有切入全球价值链核心体系，在这种状态下，以中国为核心驱动一场需求缺乏的全球化既不现实，更不可为。

相对务实的是，考虑疫情前全球化模式下区域价值链的构造与产业集中已经成为一个全球价值链调整下的产业安排模式，且仅中日韩三者的国内生产总值产值加总就超越美国与欧盟，如果在考虑到东盟有近5.2%的全球生产总值总量，那么“东盟10+3”框架下的生产总值占全球总额的30%左右，贸易总额占全球40%以上。因此，依靠亚洲区域价值链的塑造推动全球化下的区域一体化，对于中国显然是现实和可行的。而中国主导全球层面的全球化既缺乏经济现实性，也缺乏全球范围内政治和价值观认同可行性。因此，所谓“主导全球化”的说法，必须要考虑价值链基础，缺乏价值链基础的战略推动并不符合马克思“经济基础决定上层建筑”的政治经济学本质逻辑，而苏联以意识形态为出发点的“国际统一战线和革命输出”模式，不仅耗尽了苏联的国内经济产出，且也没有对全球生产体系产生任何撼动性影响。中国必须牢记这个教训，并在“一带一路”建设的经济循环和价值链构建中重视区域生产体系能力，以使中国经济有强大的区域循环能力。而目前亚洲区域价值链的构建可能是疫情后对于中国最现实和经济的考量，对此必须有高度的战略认识。

二、中国的主要战略对策

(一)要以非常规思维应对美国的经济“战略先手”

在疫情导致的“经济冻结”下,暴露了传统货币政策手段的“有限性”和“无效性”问题。财政宽松政策成为各国的政策优选,其中以拥有全球货币终极“铸币权”的美国进行大规模财政刺激最为典型。目前,美国银行杠杆率可控,资本市场健康,美国公司手头拥有财政刺激的大量现金,可以进行全球产业和技术链重整和资产收购。而中国目前的宏观经济政策依然固守在20世纪90年代欧盟《稳定增长公约》划定的财政赤字(国内生产总值的3%)框架中,这并不能应对当下全球零利率国债时代的全球财政宽松环境。因此,中国应以“锚定美国货币锚”为基础,以“特别国债”方式,通过积极的财政政策刺激社会需求,而不是继续关注供给端。

(二)要充分重视中国国内市场容量与消费潜力的发挥

除了美国公司税收减免带来的“拉弗效应”(Laffer Effect)外,美国经济在特朗普执政时期表现亮眼的重要原因是资本市场繁荣带来的财富效应,进而带动就业,形成了良性的消费经济循环。根据美国相关的学术实证研究,美国股票市场每上涨1美元即可创造0.46美元的社会消费,这对于消费占比80%的美国经济是极端重要的。根据麦肯锡的数据研究,2017年至2018年间中国约有76%的国内生产总值增长来自国内消费,净贸易额对国内生产总值增长的贡献额实际已经为负。资本市场活跃产生的“流动性财富效应”对中国消费刺激将是明显的，因此中国资本市场应该在控制场外杠杆下保持适度的活跃度，这将比“政府消费券”更能够有效刺激中国内需消费和带动就业，并将在当下的复工复产形势下形成“供给－消费”的正向循环。

（三）加快进口技术替代全面准备和加快国产技术生态体系建设

面对后疫情时代国际政治经济形势的变化及中国产业再造升级的需要，以自主可控技术、建立中国技术生态对维护中国技术链的安全要求至关重要。当前，中国面临相当部分的“卡脖子”关键技术。其中，信息技术软件技术体系至为关键——而美国控制全球技术链的核心就是以软件为主导的。虽然中国近些年在“智能化”制造领域有相当的突破，但无论基础软件和应用技术软件技术依然被其他国家所控制，一旦某一关键点的软件技术被全面禁用，产业链“断链”将不可避免。对此，必须进行全面系统性评估，加快国产技术生态体系建设。

（四）高度重视亚洲市场空间

当前，中国、日本、韩国三个国家的国内生产总值加起来约占全球生产总值的24%，超过美国的23%和欧洲的20%，本身可以形成独立循环的大市场。将东盟考虑在内，亚洲区域的贸易占全球贸易份额的58%以上。如果在“10＋3”框架内进行高水平一体化运作，完全可以形成以产业链、技术链、市场需求为基础的亚洲“内生市场”循环，其规模乘数效应将大于美墨加三国和欧盟的市场空间。中国要认识到亚洲的市场与生产网络对中国的战略价值，高度重视日本、韩国的产业链和技术链对“中国制造”支撑，适度收缩和聚焦“一带一路”建设的重心，将战略资源重点放在亚洲，采用在非核心问题上让步、在核心问题淡化与模糊推后处理的方式，全面巩固与加强“亚洲防线”。

（五）实施区域价值链体系重置重构战略

根据麦肯锡全球研究院编制的“中国－世界经济依存度指数”，2000—2017年，中国对世界的依存度在下降，而世界对中国经济的依存度上升。引发这一不平衡变化的关键因素是中国作为全球和亚洲价值链中心的确立。从全球区域细分数据显示分析，地理位置临近中国、资源贸易占比较高的国家对中国经济的依存度更高。例如，从对华出口占国内产值比上来看，韩国、马来西亚、新加坡、越南为11%，菲律宾为8%；而在对华进口占国内消费比上，韩国为6%、马来西亚为11%、菲律宾为14%、新加坡为18%、越南为13%。而西方发达经济体中对华进出口比值最高不超过5%。从贸易数据角度看，美国与中国的贸易联系紧密度并不高，中国与亚洲的贸易联系远比美国与欧洲的贸易联系紧密。因此，无论是从区域价值链要求的市场紧密度、供应链配套的地理方便性等角度来看，还是从亚洲市场的规模容量和发展前景角度来看，亚洲区域价值链的建设具有客观的经济基础条件。对此，需要从战略角度聚焦亚洲区域价值链重置和重构，并与亚洲技术来源国日本、韩国加大协同力度，加快中日韩自贸协定谈判步伐。

第三章　全球价值链结构的调整及发展趋势

全球价值链是经济全球化进程的重要载体和必然结果，全球价值链强调生产的全球性分工，各个经济体根据自身要素禀赋和比较优势的差异，占据全球生产网络的不同位置并从事不同的生产；同时，随着分工体系在全球范围内的开展，更多生产资料需要跨国流通，因此以序列生产为目标的中间产品逐渐成为国际贸易的主要部分。然而全球分工并非一成不变的固定模式，随着要素成本、最终需求的改变，以及各国生产能力与技术水平的相对变化，全球价值链会随之调整，尽管这种全球价值链调整本质上属于全球性生产力和生产关系的正常变革范畴；不过，2020 年突如其来的新冠疫情，客观上对这种调整和变革起到了加速作用。

2020 年，随着新冠疫情在全球持续蔓延与扩散，基于全球分工和国际贸易的全球价值链本身也遭受巨大冲击。在疫情、全球价值链前期结构性变化趋势、新技术革命和非经济因素的综合影响下，全球价值链呈现出与以往不同的变化性和对应的复杂性。①

根据国际组织2019年在疫情暴发前联合发布的权威报告，全球价值链中“中国供应枢纽”的形成，已经成为全球价值链结构变化中最重要结果和影响因素。从全球价值链的结构性的相互联系来看，中国不仅已经成为传统贸易和简单全球价值链网络的重要枢纽，而且与美国、德国、日本等其他区域枢纽国，以及俄罗斯、巴西、印度等新兴国家建立了更紧密的价值链联系。从全球价值链相互作用影响来看，虽然以中国为代表“亚洲工厂”产出和全球价值链贸易持续增加，但疫情前2017年的权威数据显示，复杂全球价值链的增长快于全球平均国内生产总值，且美国和德国仍然是复杂全球价值链网络中最重要的枢纽。② 因此，疫情前全球价值链的长时段结构性变化的特征表明，全球价值链在以产业链层级和关键技术控制进行的梯次全球分工模式下，虽然出现了典型的区域和区域枢纽中心国的结构性变化，但在复杂全球价值链中，全球高收入国家依然占据主导地位。

---

① 全球价值链作为新-新-新贸易理论范式，其对于古典贸易理论的重构自20世纪80年代起就一直在持续中。全球价值链范式中对于经济体系分离现象、产业链纵向整合、国家间附加值分配等问题的深入探讨，已经使得全球价值链不仅可以作为理论工具，同时也可以作为实证工具对于复杂的国际政治经济问题展开有数据支撑和有解释力分析。关于全球价值链对经济发展的影响分析研究可见，[美]杜大伟、[巴西]若泽·吉勒尔梅·莱斯、王直主编：《全球价值链发展报告2017》，社会科学文献出版社，2018年。

② 世界贸易组织等国际组织发布的2019年全球价值链发展报告，以实证数据支撑的全球价值链拓扑结构变化分析表明，以2000年和2017年全球供应枢纽区域中心国的变化来看，2000年全球传统贸易网络三大中心分别是美国、德国和日本，而到了2017年北美和欧洲的网络拓扑结构几乎没有显著变化，但是在亚洲发生了巨大的变化，中国取代了日本，成为贸易增加值出口的全球第二大供应枢纽，并以枢纽的作用链接高收入经济体与新兴市场国家。研究报告同时还发现，就复杂全球价值链网络演变来看，从2000年到2017年的长时段变化中，贸易本身更加集中于区域贸易伙伴之间，区域枢纽之间并未有重要的直接联系。具体分析可见WTO、IDE-JETRO、OECD、UIBE、WORLD BANK：《全球价值链发展报告（2019）》，对外经济贸易大学出版社，2019年，第9～54页。

然而从疫情引发的全球价值链结构调整新要素来看，突如其来的疫情导致全球供应链断裂与公共医疗卫生供应短缺，使得全球各国开始进一步审视供应链的安全性和供应可及性。另外，在非经济因素中，由于美国继续主动加大与全球供应链关键角色中国的全方位战略博弈、欧洲强化“经济主权”与“战略自主”的战略转向、印太区域大国为提高供应链安全性进行的调整等地缘政治影响力量的嵌入，使得全球价值链本身出现了更加显著的结构性变化。这些结构性演化表现为全球价值链整体规模萎缩、本土化和区域化加强、数字化转型加速，以及世界主要大国对中国实施价值链拆解四大显著特征。[①] 与此同时，全球价值链变化带来的风险与挑战将影响到未来的全球国际政治经济格局。

第一节　全球价值链的发展演变及受疫情的影响

一、新冠疫情前的全球价值链发展演变

冷战结束后，随着东西方世界意识形态对抗的减弱，全球性分工和统一的国际市场逐渐形成，这就是今天全球价值链的起源，也是本轮经济全球化的开端。冷战结束后三十余年的全球价值链发展可以大致分为三个阶段：第一阶段为20世纪90年代，这是全球价值链的“形成时期”。在这一阶段，苏联、东欧地区及部分亚非地区开始融入以美国、欧盟为核心的

① 余南平：《欧洲强化经济主权与全球价值链的重构》，《欧洲研究》，2021年第1期。

西方生产分工体系,全球价值链的雏形基本形成。第二阶段大致为 2001 年至 2011 年的十年间,这是全球价值链的“扩张时期”。在这一阶段,以中国为首的新兴经济体在全球价值链中的生产规模迅速上升,这些新兴经济体无论是在经济总量,还是在国际贸易占比等指标中,都获得了较快的增长。而这一时期的传统发达国家,则出现了对外产业转移、国内产业“空心化”等问题,爆发了金融危机等困境,发展动力出现明显不足。第三阶段为 2011 年至今,这一阶段全球价值链的“调整时期”。在这一阶段,全球价值链的调整表现在以下三个方面:

首先,国际贸易的结构性调整。国际贸易一直以来都被视为全球经济增长的引擎,然而近年来这个引擎却面临着“熄火”的风险。根据世界贸易组织 2019 年贸易报告显示,全球贸易的增长速度正在放缓:2018 年的全球贸易量增幅为 3.0%,较 2017 年回落 1.6 个百分点;2019 年的增幅将进一步回落至 2.6% 左右。[①] 全球贸易增长速度下滑的一个重要原因是支撑国家间贸易往来的全球供应链的逐渐本土化,也就是说,随着各国国内产业体系的完善,国内生产供应和市场需求日益增强,国际供应链和海外市场不断被蚕食,企业把一些进出口业务转为满足内需的方向上。与此同时,国际贸易环境也面临着日益严峻的贸易摩擦的威胁,传统的自由主义国际贸易体系受到了来自贸易保护和民粹主义的双重影响,国家间出现了互增关税、技术断供、重修贸易规则等行为,维系各国共同利益的全球贸易机制面临着解构的风险。在全球供应链本土化和国际贸易摩

① WTO: World Trade: Statistical Review 2019. 历史数据显示,2001—2008 年,全球贸易增速平均数为全球国内生产总值增速的 1 倍,平均在 7.5%,而 2008 年全球金融爆发后至今时段,全球贸易增速仅与全球国内生产总值增速持平,个别年份全球贸易增速甚至略低于全球国内生产总值增速,这表明全球经济增长主要动力已经开始转为全球国内需求为主,全球价值链出现“固化”的态势。

擦日益严峻的情况下,全球商品的“贸易强度(即商品出口在产出中的比例)”已经出现下降。据统计,2007—2017年,全球出口总额在商品总产出中的占比从28.1%降至22.5%,[①]即随着全球生产水平的提升,产品的对外出口的比值却在降低,海外市场对商品生产的吸引力日益下降,完善国内供应链和开发内需逐渐成为世界各国政策的发力点。

其次,全球产业结构的调整。在全球价值链的“形成”和“扩张”两个时期中,劳动力成本开始成为影响企业选择生产所在地的重要因素,因此还也形成了规模庞大的“劳动套利型贸易”,而其中又以提供生产劳动密集型商品和低端服务的行业最为典型,这也促使劳动力成本低廉的国家迅速融入全球价值链。但是近年来全球价值链的知识密集度明显提高,生产越来越依赖高技能劳动力。2000—2017年,全球价值链中包括研发投入、品牌和知识产权投资等无形资产投资在总营收中的占比从5.5%增长到13.1%。[②] 作为对比,基于劳动成本套利的贸易份额一直在下滑,尤其是劳动密集型商品的生产其全球贸易占比从2005年的55%下滑到2017年的43%左右。[③]这一变化反映在全球价值链中的表现为劳动密集型产业所占比重正在下降,而技术密集型产业则得到了越来越多的重视。全球产业结构调整背后的原因是全球价值链“研发”端收益的增加。研发是全球生产得以运行的动力,其包括理念、设计、技术,以及标准制定等一系列环节,位于生产流程的最前端。同时,研发端所获得的增加值收益相对

①③　Mckinsey Global Institute, Globalization in Transition: The Future of World Trade and Value Chains. January 2019.

②　World Bank Database: https://data. worldbank. org. cn/indicator/TX. VAL. TECH. MF. ZS? view = chart.

较高，处于全球价值链的高端位置，并对全球价值链塑造具有引导作用。因此，研发端所涉及的技术密集型产业、知识密集型产业及资本密集型产业，在本次全球价值链结构性调整中受重视程度明显增强，成为国家间竞争的主要领域。

最后，新技术革命对全球价值链的重塑。科学技术对全球产业分工、生产布局的影响是深远的，科学技术是生产力扩大的动力来源。近年来，随着人工智能"奇点"的到来及第五代移动通信技术、新材料、数字经济等领域技术的突破，"新技术革命"对全球产业结构调整作用日渐凸显，这种调整作用主要体现在两个方面：一方面是新技术革命对传统产业的冲击甚至替代。技术革命在人类历史上曾多次发生，历史上的技术革命产生的影响基本上都是对人类"体力"劳动的解放，实现了以机器替代人力。本次新技术革命之"新"，主要体现在其对人类"脑力"活动的解放。本次新技术革命实现机器的自我学习、自我思考，在更大范围实现了人类劳动代替，实现"智能化"的生产。这也就预示着，在新技术革命的趋势下，智能技术对传统劳动行业的代替效果会更加强烈，相关行业的运行方式将会被新技术所重新诠释。另一方面是新技术革命产生新的价值链和新的分工体系。新技术本身并不能产生价值链，但是新技术在现实中与具体产业的结合把技术转化为应用，能够产生新的社会价值，并促进新的价值链的出现。在当前的新技术革命背景之下，已经出现了新的产业链，其中较为成熟的有"数字经济"价值链、"智能汽车"价值链、"互联网医疗"价值链等，这些价值链已经初具规模。此外，移动支付、智慧城市等领域也出现了形成价值链的趋势。可以说，在新技术革命的带动下，全球价值链体系将会更加多样化且技术进一步融合化，而其中以数字经济为主导的价值链体系重构将是未来全球价值链调整与重塑的主要方向。

总体来看，所谓经济“逆全球化”的说法，其本质是全球价值链调整引发的结构性变化，这是涵盖产业、贸易和技术的全方位调整，这些调整将引起全球生产力的“爆发式”增长，并引起全球生产关系的调整。与此同时，全球价值链调整本身也受到全球政治的影响，而其结果也超出了经济领域，全球价值链调整将引起国际政治层面国际权力竞争的加剧，新兴经济体与传统发达国家围绕全球价值链规模和位置的博弈日益白热化。在社会层面，传统产业受到冲击引起的民粹主义崛起问题，已经成为今天全球政治社会发展的一大不稳定因素。因此，全球价值链的调整本身在疫情暴发前就已经出现了内在的结构性调整，其调整的动力来自产业、技术与国际政治等多个方面。

二、疫情影响下的全球价值链结构性调整与趋势

根据2020年4月国际货币基金组织发布的《世界经济展望》报告显示，2020年全球经济预计将因疫情急剧下降3%，比2008—2009年金融危机期间下降的更为剧烈。报告的基线情景假设疫情将在2020年下半年消退，而基于这一假设，如果各国出台恰当的支持措施经济活动恢复，全球经济预计在2021年将增长5.8%。不过，在2020年除了如中国、印度等个别亚洲国家外，其他国家或将都是负增长。[①] 基于本次疫情对全球经济的冲击，作为全球经济的主要组成部分，全球价值链也必然受到疫情的不利影响。而新冠疫情的外部冲击效应与全球价值链自身发展演变

① IMF：World Economic Outlook，April 2020，https://www.imf.org/zh/Publications/WEO/Issues/2020/04/14/weo-april-2020.

的结构性调整相互叠加，将引发全球价值链工序缩短、供应链抗风险治理能力挑战，以及催生产业价值链新形态等方面的深刻调整。

首先，新冠疫情可能加速生产供应链的本土化趋势，导致全球价值链的海外工序缩短。疫情暴发前，世界主要发达国家已经开始强调“经济与技术主权”，并开始关注本国的国内产业体系，生产供应链的本土化和区域化已经成为全球价值链结构性调整的一大表现。而新冠疫情的暴发将使各国更加重视有关国家安全和国计民生的产业链，以确保相关产业能够实现自主可控和供应的安全便捷——这无疑会推动各国将海外生产环节向本土转移，加速供应链本土化的趋势，并最终导致全球价值链的长度缩短，而涉及跨国分工行业的萎缩程度将更加明显。在新冠疫情的影响下，以口罩、防护服、呼吸机为代表的医疗物资产业链的重要性被显著提升。各国对这些医疗物资的需求迅速扩大，而在医疗物资行业的背后，涉及熔喷布、电磁阀、压力传感器等一系列上游供应链和物流运输、员工培训、场地供应等一系列生产性服务。目前，前述这种庞大的供应链体系是不少国家不具备的，而对这些供应链重构的成本也较高；同时，对人口较小的国家而言，在国内构建这样的全产业链不具有经济学上的“成本优势”。但是疫情使得各国将医疗物资视为“国家安全”组成部分，因此可能导致相关产业的“国家安全化”；进而各国将会不计经济成本地在国内构建这样的产业链——这也是疫情导致的全球价值链的个别产业本土化倾向加强和区域性加强的重要原因。而与此相对，这些产业链的海外分工将会萎缩。

其次，疫情凸显了全球价值链的抗风险问题，将推动世界各国重视全球价值链“治理”能力。全球价值链强调全球性的分工，产业链上的任何一个国家的任何一个产业均是全球价值链不可或缺的环节。突如其来的新冠疫情,导致部分国家的工厂停工停产,由此造成了整个产业链的供应不畅,甚至产生了全产业链瘫痪的风险,这就暴露了既有全球价值链自身抗风险能力脆弱的问题。那些深度参与全球产业分工、海外收入占比较高的行业,受本次新冠疫情影响尤为严重。因此,保障产业链与供应链安全是未来全球价值链治理的一大方向。全球价值链治理的核心思想在于提升供应链的弹性,实现供应链的多样化、区域化、数字化。为应对全球价值链的抗风险问题,可以从以下两方面入手:一方面,对本国的供应链上下游的产能进行分析,对供应链的核心企业开展安全诊断,对关键性薄弱性环节,要采取备链计划、柔性转产、多源供应等措施,确保供应链稳定。另一方面,要对全球价值链进行数字化变革,推动智能生产、自动化工厂,保障产业链的无接触式交付和无间断式供货。可以说,这次新冠疫情暴露了全球价值链既有的集中和长距问题,这将增加各国政府对全球价值链治理的重视。

最后,疫情与新技术革命相互叠加,催生了网络云平台、在线服务、数据中心等新式产业链。新技术革命是全球价值链结构性调整的一个主要方面,第五代移动通信技术、区块链技术、物联网系统等新技术的出现将对人类传统的生产和生活方式产生革命性的影响。疫情的暴发及产生的广泛性影响,可能使得传统的接触式生产生活方式出现改变。在这一背景下,以“非接触式经济”和“宅经济”为代表的远程教育、网络办工、线上购物等新兴行业迅速崛起,其背后则涵盖了上游技术的开发和下游消费端的完整技术与产业链支撑。这种新型产业链将通过网络实现了平台搭建、端口对接的效果,避免了过去的人与人的接触。除此以外,在线医疗、健康保健、绿色环保等产业也有望与新技术革命实现融合,从而开辟更多的新式产业链。除了新冠疫情本身之外,政府的大力推动也是前述新技术革命产生影响的重要因素。在制造业、服务业受到极大冲击的背景下，政府必须要寻找经济发展的增长点，而以新技术革命为代表的新兴产业，由于其自身固有的优势，既可以满足疫情期间国家经济发展的需要，也满足了各个国家产业升级、提升全球价值链位置的需求。因此，在政府的引导和推动下下，疫情叠加的新技术革命的趋势，将会在全球价值链体系下产生一系列新兴产业，这些新兴产业有望引领全球价值链的未来发展方向。

综上所述，可以归纳出以下四点：首先，全球价值链在疫情暴发之前就出现了结构性调整，其调整的动力既来自产业与技术自身变革，也夹杂了国际政治力量的博弈。全球贸易萎缩与劳动力成本套利下降，包括新技术革命对全球价值链重塑的影响是长期的，其本身会引发全球生产力与生产关系的调整。

其次，疫情将推动全球价值链的区域化、本土化，部分产业链的布局将不再单纯地从经济成本的角度来考虑，而是被置于“国家安全”领域考虑，政治性上升将导致全球价值链经济性下降。

再次，疫情引发了全球价值链“治理”问题，完善本国核心产业的供应链将是世界主要国家的重要考量。即使其不一定完全出自于政治因素，但也符合后疫情时代西方发达国家经济社会诉求，而无论如何，这都将促使全球价值链区域化和产业链完整化。

最后，新技术革命将在后疫情时代触发生产和生活方式的变革，新产业的价值链塑造将影响下一代全球价值链，世界各国必将以政府为主导推动新技术革命应用而加强和巩固自身在全球价值链中的规模与优势。

第二节　全球价值链整体规模萎缩

自2008年金融危机之后，国际贸易增长乏力，全球价值链扩张放缓，而2020年的新冠疫情更是加剧了全球价值链扩张的放缓，甚至可能导致全球价值链整体规模的萎缩和倒退。由于经济合作与发展组织的增加值贸易数据库（TiVA）、全球供应链数据库（Eora）等尚未更新全球价值链的最新数据，观察和分析疫情下全球总体贸易量、全球主要经济体之间的贸易情况等数据，在工具和方法上就成为了推断疫情时代全球价值链结构变化可以选择的手段。

根据世界贸易组织的最新数据，为遏制疫情采取的措施影响了世界各地的经济活跃。2020年第一季度全球商品贸易量同比下降了3%，第二季度商品贸易量同比下降19.7%，较上季度下跌14.3%，商品价值下降21%。最新的数据显示，全球贸易收缩幅度超过了金融危机期间（2008年第三季度至2009年第一季度）有下降纪录的10.2%，其中降幅最大的是欧洲（-21%）和北美地区（-20%），而亚洲受影响相对稍小（-7%）。第二季度全球服务贸易同比下降达到了破纪录的30%，其中旅游、航空等行业受到疫情冲击最为严重。除了计算机服务扩张外，全球所有地区的大多数服务行业的服务贸易均呈下降态势，而计算机行业之所以例外，主要是归因于全球企业，包括个人需求向远程和线上的模式转变，特别是企业对数字化服务需求的增长。[①] 来自经济合作与发展组织的数据则显示,2020 年第二季度大多数二十国集团国家的实际国内生产总值出现前所未有的下降,平均降幅达到创纪录的 -6.9%,远高于金融危机最严重时期2009 年第一季度的 -1.6%。[②] 更为重要的是,全球外国直接投资这一能够反映资本活跃度和未来经济产出的先行指标,在 2020 年上半年的全球流量同比下降 49%,其中欧洲和美国的降幅最大。欧洲经济体资金流入急剧减少,甚至降为负值,而北美的外国直接投资同比下降 56%,仅为 680 亿美元。中国 2020 年上半年流入外资为 760 亿美元,同比也下降4%。受全球各地疫情封锁限制措施的不断反复和无限期影响,大批已有的全球投资项目放缓或暂停,全球经济衰退的前景促使全球跨国公司重新评估新项目,造成新建项目数量降低 37%,跨境并购降低 15%,跨境投资项目融资额交易下滑 25%。[③]

进一步观察世界主要经济体——美国、中国、欧盟及近年来经济表现优异的越南,疫情期间的出口总额和进口总额同比增长数据可以看到,根据 CEIC 数据库提供的相关数据,2020 年 3 月之后,中国的疫情得到有效防控,各主要经济部门恢复生产,出口总额同比增长不断攀升,从 2020 年 3 月的同比 -6% 增长到 6 月的 0.57%,再到 9 月的同比 7.53%。中国的进口总额也在上半年的持续下降后触底反弹,自 6 月同比 -9.53% 逐渐上升到 9 月的 1.53%。而越南在经历第二季度的对外贸易下跌6.87%

① 相关数据来自世贸组织的统计,具体可见 https://www.wto.org/english/news_e/pres20_e/pr858_e.htm。

② OECD 的统计分析数据可见 https://www.scoop.co.nz/stories/BU2009/S00274/unprecedented-falls-in-gdp-in-most-g20-economies-in-second-quarter-of-2020.htm。

③ 联合国贸发会议(UNCTAD)的统计数据,具体可见 https://unctad.org/news/global-foreign-direct-investment-falls-49-first-half-2020。

后，第三季度的进出口总额都迅速增加，出口同比增速10.61%，进口同比增速3.74%，均超过中国。欧盟和美国的进口总额同比增速则持续为负数，出口总额更是下降严重，第二季度甚至均出现同比下降20%~30%。观察2020—2021年全球疫情的防控态势，欧洲和北美地区的疫情防控局势依然紧张，相继出现多次感染人数大规模飙升，欧洲的英国、德国、意大利等国甚至再次封锁全国，加上全球新冠疫苗效果的各种不确定性，因此可以预计亚洲地区的外贸情况将逐渐好转，而欧美地区的对外贸易进出口情况仍不容乐观。

毫无疑问，新冠疫情加剧了全球贸易的萎缩态势。第二季度全球商品贸易和服务贸易的同比分别下降19.7%和30%，上半年外国直接投资同比下降49%，全球主要经济体的国内生产总值表现也比金融危机时期更加糟糕。与此相对应，在基于国际贸易和全球分工的全球价值链中，各国产生的增加值必定会出现不同程度的下降。此前，全球价值链在全球化背景下的迅猛扩张和发展主要得益于劳动密集型企业的贸易拉动式增长，而目前新技术革命本身带来的自动化技术、3D打印、人工智能等新技术的发展和应用，已经逐渐缩短了生产和消费者之间的距离，在技术进步中逐步减少了对国内外劳动力的需求和中间生产的环节。尤其是从全球政治气氛对于全球价值链的负面影响角度看，在逆全球化趋势下，全球各大国之间的贸易冲突和保护主义抬头，不仅经贸政策充满变数，而且世界贸易组织这一多边贸易机制的功能性作用也在下降。所以新冠疫情的冲击，将继续导致全球价值链中各种中间产品的生产和组装配件等过程减少，链接全球经济基础的全球价值链将不再呈现欣欣向荣的全球扩张和发展态势，而是出现相当程度的萎缩，并可能带来未来不可预估的影响。①

第三节　全球价值链本土化增强

新冠疫情造成的卫生防疫物资大批量短缺、大规模生产停滞、民众就业困难等问题，本质上是疫情突发割断了全球供应链和产业链。迅猛发展的全球化从20世纪90年代发展到今天，全球供应链已经较为成熟，而全球价值链结构虽然在进行结构性变化，但总体定位已经形成，不同国家依靠各自的比较优势和技术能力分别参与到全球生产的不同阶段。但是突发的新冠疫情打破了全球供应链的连贯性和体系性：一方面，与抗疫相关的药品、口罩、防护服、呼吸机等物品的供应“断链”；另一方面，各国政府为了提升自身防护能力，加紧了产能的本土化部署，强化了本土经济主权和经济安全性。因此，未来全球价值链和供应链的发展方向会更加趋于国内本土化，而本地供应商的加入可能会导致商品成本的上升和全球产出利润下降。但是在疫情冲击下，世界各国对产业链和供应链的安全性的考量要高于经济性，经济自主高于全球化收益，力求增强国内供应链的弹性、独立性、稳定性、安全性。而在西方国家，这更具有当今政治结构和政治博弈本身所要求的内在逻辑。

① 除了传统意义上全球跨境贸易与投资下降经济因素带来的全球价值链萎缩外，全球性金融危机冲击带来的全球价值链萎缩已经在2008年后得到数据的持续验证，另外从非经济因素角度看，大国主动性战略博弈对全球价值链的破坏性影响也不可忽视，典型的如美国对于中国华为等科技公司的技术出口管控措施，在很大程度上扭曲了全球价值链，并削弱与破坏了全球价值链的稳定与扩张。

一、欧洲方面

欧盟委员会主席冯德莱恩在疫情之前上任时就表示,欧洲应致力于实现开放的战略自主,以平衡欧洲对供应弹性的需求,同时也表示欧洲将始终倡导多边、自由和基于价值的贸易。这种定位本身是基于全球地缘政治力量平衡、更好地发挥欧盟“软力量”与“经济优势”的政治经济战略考量,其中政治力量博弈因素大于以往的经济因素。疫情的突发使得欧洲的政治家们开始更关心公共卫生危机本身带来的经济安全问题。

2020 年 5 月,欧盟贸易委员霍根在荷兰参议院讲话时提到,为应对疫情带来的经济危机,欧盟已经提出“开放战略自主”的战略方针,需要在自由开放市场和欧洲本土经济保护之间权衡。为了应对新冠疫情带来的欧洲经济“急刹车”,在马克龙和默克尔的牵头推动下,欧盟委员会最终推出了 7500 亿欧元的经济复兴计划,其中大部分资金用于本土经济能力的维护和支持,欧盟已经明显关注了经济安全性问题。

此外,在疫情之前,许多欧洲国家已经开始对中国企业在欧洲的项目进行审查。在 2019 年 4 月 9 日的中欧峰会宣言中,欧方就明确提到知识产权保护和执法的国际标准很重要,也非常需要对这些领域进行监管。①而就在全球疫情较为严重期间,德国政府于 2020 年 4 月 8 日修订了《对外贸易和支付法》,以防止德国企业在疫情危机下被外资收购。德国联邦经济部长彼得·阿特迈尔在柏林内阁会议后称,该法案的目标是“我们可

① 相关文件可见:https://www.consilium.europa.eu/media/39020/euchina-joint-statement-9april2019.pdf。

以比以前更安全地保护关键基础设施”,并“更好地保证重要地区的供应”。①

总之,在疫情触动下,欧洲国家主要从两个方面加强对本土经济和安全的维护:第一是看重和加强技术把控,第二是注重经济战略安全。例如,在电动汽车的电池领域,传统欧洲国家特别是德国,已经掌握了电动汽车制造的核心技术并保持全球领先水平,但是电动汽车的电池配件却严重依赖于中日韩等亚洲国家。2020 年 2 月,德国和法国制定了超级电池工厂蓝图,计划在欧洲共同推动总投资达 50 亿欧元的产业链完整配套计划,这可以被视为一个维护欧洲经济安全的典型动作。此外,在医疗卫生行业,作为德国最主要的口罩制造商之一的达赫(Dach)公司疫情期间在中国的生产和公司运营受到严重打击,为此,该公司启用并逐渐加大了在德国和欧洲其他国家的产能。2020 年 8 月底,法国总统马克龙在参加法国制药业标杆性企业之一的西昆士(Seqens)公司制药工厂揭幕仪式时宣布,法国将投入 150 欧元辅助医药产业回迁欧洲和技术创新,这凸显了法国的经济和产业安全战略考量。

二、美国方面

白宫国家经济委员会主任拉里·库德洛(Larry Kudlow)2020 年 4 月初呼吁在中国的美国公司回流,回迁成本全部由政府买单,包括厂房、设

① 有关新闻报道可见:https://www.tagesschau.de/wirtschaft/bundesregierung-awg-101.html。

备、知识产权、基建、装修等所有费用。[①] 在对美国银行组织的全球基金经理调查中,约67%的被调查者认为,本土化或转移供应链将是后疫情世界中最主要的结构性转变。调查还预计,美国和欧洲的公司要搬迁在中国的供应链,将面临1万亿美元的新增成本。[②] 除了政治动因外,自动化、数字化、机器人技术提升也是跨国公司可以将产品生产本土化的原因。这意味着他们可以有效地将供应链迁移到更接近消费者的地方,可以大幅降低综合成本,从而具有商业意义。

为了推动这一战略进程的完成,2020年9月美国著名智库战略与国际问题研究中心(CSIS)也提出两党合作消除全球供应链风险的五点行动计划[③],以在供应和采购方面最大限度地减少对中国的依赖。行动计划中的建议包括:①通过协调合作建立共识,如利用世贸组织和七国集团发展国家贸易和供应链的核心原则;②强调采购、生产和运输的多样化;③发展新国家替代品的能力,将在中国的生产逐渐转移到印度－太平洋地区;④投资以促进贸易便利化,这些发展中国家正成为去中国风险的全球供应链体系中的替代参与者;⑤利用开发资金减轻企业过渡成本。由此可以看到,美国的供应链"安全问题"不只是一个经济安全和应对公共卫生安全问题,还更大程度上嵌入了美国式的"国家战略安全"逻辑。美国要在战略上实现最大限度上约束中国供应链在全球价值链中的扩张,并维护美国全球"经济霸权"的稳定。

---

① 拉里·库德洛的讲话可见:https://www.forbes.com/sites/kenrapoza/2020/04/10/kudlow-pay-the-moving-costs-of-american-companies-leaving-china/?sh=526ed3bb13c6。

② 相关分析报道可见:https://www.cnbc.com/2020/08/18/bofa-us-european-firms-face-1-trillion-to-relocate-china-supply-chains.html。

③ 美国著名国际战略智库的报告可见:https://csis-website-prod.s3.amazonaws.com/s3fs-public/publication/200904_Ramanujam_GlobalSupply_v4.pdf。

三、日本方面

日本政府为应对疫情对经济的消极影响，紧急推出了108万亿日元的抗疫经济救助计划，其中的"供应链改革计划"则计划拨款2300亿日元协助日本制造商将生产从中国迁出，协助日本企业建立"更具弹性的供应链"。有2200亿日元预算将用于补助日本企业将生产迁回本土，235亿日元将用于协助日本企业将生产转移到其他国家和地区，主要是在亚洲的东盟国家落地，以实现供应链本土化和海外供应链多元化。[①] 但是由于日本2020年第二季度经济产出仍因疫情冲击同比下挫了28.1%，日本的产业全面回迁计划并未得到落实。

从日本供应链的调整最新情况来看，日本同澳大利亚、印度于2020年9月1日共同提出的"弹性供应链计划"（SCRI）提案，表明疫情下的全球经济格局和供应链结构可能已经发生了某种深刻变化。日本将主要基于亚太地缘战略因素来重组跨境生产网络和贸易关系，而不是传统的成本和效率考虑。2020年10月29日，日本有报道称，出于经济安全考虑，日本政府将采取行动将中国排除在无人机供应链之外，同时，还将未来的关注点集中在信息技术、供应链、网络安全和知识产权上。新冠疫情引发的全球范围内大规模停工、停产表明，全球化过程中几十年来建立在经济效率原则上的全球价值链体系具有某种脆弱性，无法有效应对新冠疫情

---

① 相关报道可见："Japan to Fund Firms to Shift Production Out of China"，https://www.bloomberg.com/news/articles/2020-04-08/japan-to-fund-firms-to-shift-production-out-of-china#:~:text=Japan%20has%20earmarked%20%242.2%20billion%20of%20its%20record, disrupts%20supply%20chains%20between%20the%20major%20trading%20partners。

造成的巨大冲击。日本等国恢复经济常态的第一步就是优先调整供应链的方向,并使其"更具弹性"。

因此,未来日本的对外供应链政策取向可能是会选择迎合美国的重建"清洁可靠供应链"联盟,并依靠日本、澳大利亚、印度三方共同提出的"弹性供应链计划"的"第三种力量",包括搭载在英日自贸协定的列车,通过中日韩自由贸易协定,乃至更大范围内依靠亚洲的区域全面经济伙伴关系协定(RCEP)架构,进行多方位协同。其中,前两项应该是疫情时代日本供应链调整的主要方向,这种调整无疑将强化全球价值链本土优先性和全球供应链分散性。

第四节　全球价值链区域化加强

在疫情环境下,全球价值链的另一个重要特征是区域化明显加强,特别是东亚和东南亚地区、北美地区的区域贸易额增长较为明显与突出。观察中国和美国这世界两大主要经济体在疫情期间的贸易情况可以看到,自 2020 年 3 月中国全面复工复产开始,日本、韩国、越南出口到中国的贸易总额稳定上升,日韩出口到中国的贸易额基本每月维持在 300 亿美元左右,越南为 100 亿美元左右。疫情期间这些国家从中国进口的总额也一直平稳,韩国从中国的月进口额为 230 亿 ~ 270 亿美元之间,日本为 350 亿 ~ 430 亿美元,越南在 200 亿美元左右,这些数据和 2019 年的规模几乎持平。与此相反,受综合因素影响,美国出口到中国的总额自 2019 年 10 月开始一直下降,从 280 亿美元跌落至 2020 年 3 月的 220 亿美元,直到中国复工复产后才有缓慢回升,但仍低于日本和韩国的水平,更远少于欧盟和东盟。同样,美国从中国的进口额波动也较大,到 2020 年二季度才有所回升,6 月达到了 1092 亿美元。但在北美区域价值链下的墨西哥、加拿大出口到美国的贸易额却波动不大。即使是全球疫情最糟糕的 2020 年 3 月,墨加两国出口到美国的数额分别为 874 亿和 768 亿美元。考虑到加拿大、墨西哥是从美国进口商品的主要贸易伙伴,第二季度虽受疫情影响有所下降,但仍高于中国等东亚国家,出现了修订后的美墨加协定下的新北美区域价值链融合。可以看到,以修订后的美墨加协定为基础,北美地区的区域贸易和区域价值链即便在疫情期间也表现良好,区域经济凝聚力和整合力不断增强,没有出现类似中美双边贸易波动巨大的情况。同样,疫情期间中国和日本、韩国、东盟国家的进出口贸易也非常稳定并出现结构性的加强,表明在亚洲地区,特别是东亚和东南亚的区域内部贸易已经是构建亚洲区域价值链的重要因素。随着区域全面经济伙伴关系协定的正式签署和实施,东亚和东南亚地区的贸易依存度及产业链紧密度还会进一步上升,经济上更加密不可分而呈现价值链向区域化构造方向演进的特征。

目前,在全球化过程中已经确定形成欧洲、亚洲、美洲三大区域价值链,其中欧洲以德国为中心、亚洲以中国为中心、美洲以美国为中心。近年来,全球价值链的一个重要趋势是增值贸易更加集中在区域范围内和区域内部贸易伙伴之间。在全球化过程中,各国因生产要素禀赋存在差异,在生产网络中发挥不同的作用,并形成复杂的全球性生产网络。生产网络越复杂,中间产品的跨境交易越集中,就越可以节约物流成本,企业更加倾向于在接近消费市场的地区开展生产,产业聚集优势和区域产业链由此产生。目前的贸易与投资流向特征显示,地理位置在各国零散的生产和供应中依然至关重要,这也是区域贸易协定、双边及多边贸易协定数量众多的重要原因。商品贸易的区域化属性正在增强，特别是亚洲和北美大陆两个市场表现尤为突出。根据麦肯锡研究院的研究报告，疫情之前全球商品产值和贸易额的绝对值都在增长，但是跨境贸易在全球商品总产出的比重却在下降。2007—2017 年，出口总额占商品生产价值链总产出的比例从 28.1% 下降到 22.5%，特别是在 2018 年后由于中美贸易摩擦升级，全球市场总体需求明显下降。[①] 而 2020 年新冠疫情已经对人们消费方式和思维理念产生了明显的影响，因此世界各国将倾向于刺激国内消费，跨境商品贸易比重依然会持续下降，但这个过程可能给区域价值链自我加强提供了特殊的发展机遇。

第五节 全球价值链数字化转型加快

随着新技术的创新出现并飞速发展，第四次工业革命（亦称“工业 4.0”）时代已经悄然到来。工业自动化、人工智能、3D 打印、第五代移动通信技术等越来越广泛的运用，正在不断改变和重塑世界各地的生产模式和制造过程。这些新技术在发达国家和发展中国家生产中的采用，通常通过全球价值链来进行和体现的，如发达国家的先进企业进行数字化改造的同时，也在为发展中国家的供应商们传播新技术。第四次工业革命将给世界各国创造新的发展机遇，提升其在全球价值链的位置和参

① 麦肯锡全球研究院《变革中的全球化：贸易与价值链的未来图景》报告，https://www.mckinsey.com/~/media/McKinsey/Featured%20Insights/Innovation/Globalization%20in%20transition%20The%20future%20of%20trade%20and%20value%20chains/MGI-Globalization%20in%20transition-The-future-of-trade-and-value-chains-Full-report.ashx。

与度。从产业实践角度看,数字技术应用可以大幅度降低距离对工作的影响,提高生产效率,最大程度降低生产成本,包括昂贵的劳动力和物流运输成本。因此,世界各国在疫情前就已经在加紧部署数字化经济转型。

2018 年 9 月,美国发布了 15 年来第一个新的“国家网络战略”,其提出将“通过培育充满活力和弹性的数字经济,促进美国的繁荣”。其具体包括:优先采取行动建立适应性、安全性的技术市场;优先创新;投资下一代基础设施;促进跨境数据的自由流通;保持美国在新兴技术的领导地位;推进全生命周期的网络安全。① 疫情期间,美国国务院又批准成立了美国国际数字经济与电信咨询委员会(IDET)。该委员会将针对数字经济、数字连接性、新兴数字技术的经济方面、电信及通信和信息政策(包括与美国有关的事务),向国务院提供咨询和战略规划建议。② 事实上,早在 1998 年美国商务部发布的《浮现中的数字经济》就已揭开了美国数字经济的大幕。2010 年美国商务部就提出“数字国家”(Digital Nation)概念;2015 年美国成立数字经济咨询委员会(DEBA),为数字经济的时代增长和机遇提出建议。2015 年 11 月,美国发布的《数字经济议程》提出了四个目标:在世界范围内促进免费开放的互联网;促进在线信任;确保职工、家庭和公司的同行;促进创新。美国贸易代表办公室(USTR)2016 年 7 月成立数字贸易工作组(DTWG),以快速识别数字贸易壁垒,制定相应政策规则,把数字贸易的主要障碍作为《国家贸易评估报告》的重要内

---

① 美国《国家网络战略》的详细文件可见 https://www.whitehouse.gov/wp-content/uploads/2018/09/National-Cyber-Strategy.pdf。

② “Charter of the United States International Digital Economy and Telecommunication Advisory Committee”, U.S. State Department, https://www.state.gov/charter-of-the-united-states-international-digital-economy-and-telecommunication-advisory-committee/.

容。2019 年 2 月,美国总统特朗普签署第 13859 号行政命令,启动“美国人工智能计划”。2020 年 2 月,美国白宫科技政策办公室发布《美国人工智能计划年度报告》,强调投资人工智能研发、共享人工智能资源、消除人工智能创新障碍、培养人工智能研发人才、改善人工智能创新的国际环境、使用可信任的人工智能等。随后,美国各种数字经济发展战略的出台和相关专业部门的成立,表明美国对数字化经济转型的坚定决心和超前意识。

根据美国经济分析局(BEA)的最新估算,2018 年数字经济占当年美国国内生产总值(205802 亿美元)的 9.0%(18493 亿美元)。与美国传统行业相比,数字经济仅次于美国制造业,占当期美国国内生产总值的 11.3%(23212 亿美元)。从 2006—2018 年,美国数字经济的实际增加值每年平均增长 6.8%,而整体经济增长 1.7%。仅 2018 年数字经济就提供了 880 万个工作岗位,占美国总就业人数(1.547 亿个工作岗位)的 5.7%。①

而从疫情下的美国数字经济发展表现来看,由于美国经济模式在数字化中转型较早,更多的行业在疫情下已经转为云上办公和实现线上产能结构调整,其结果是研发型企业的产出流程已经基于数字化。这也是为什么疫情在美国非常严重,但 2020 年科技新品创新却叠出,包括苹果手机可以按计划推出的重要原因。

2019 年欧盟设立一项新的金额达 92 亿欧元资助计划——“数字欧洲计划”(Digital Europe Programme),以确保欧洲应对各种数字挑战时具

---

① “New Digital Economy Estimates”, BEA, https://www.bea.gov/system/files/2020-08/New-Digital-Economy-Estimates-August-2020.pdf.

备所需的技能和基础设施。“数字欧洲计划”将为以下五个关键领域的项目提供资金:超级计算(27 亿欧元)、人工智能(25 亿欧元)、网络安全(20 亿欧元)、先进的数字技能(7 亿欧元),以及确保数字技术在整个经济和社会中的广泛使用(13 亿欧元)。“数字欧洲”也将和其他支持欧洲数字化转型的计划相辅相成,如“地平线欧洲”和“欧洲互联设施”的数字化建设。“数字欧洲计划”作为欧盟进一步发展“数字单一市场”(Digital Single Market)战略的一部分,有望创造 400 万个就业机会,每年将创造 4150 亿欧元以推动欧盟经济发展,同时提高欧盟的国际竞争力。

虽然疫情突发对欧盟经济产生了巨大的冲击,但 2020 年 2 月 19 日欧盟委员会还是发布了三份“塑造欧洲数字未来”战略文件,即《人工智能白皮书》《欧洲数据战略》和《数字未来报告》,以加速推动欧洲数字化转型。欧盟委员会表示,恰当地使用数字技术将使企业和民众多方面受益。

未来五年在数字化转型方面欧盟将聚焦三个目标:让技术为人民服务、公平和有竞争力的经济环境、开放民主可持续发展的社会。欧盟提出在 2025 年前需完成几个重要目标,包括将欧盟所有家庭网速至少提升至 100M/s,并保证企业、学校、医院和其他公共机构的网速更快;实现欧盟居民网络基础知识普及率达到 70%(目前为 57%);至少培养 50 万名信息技术领域专家;提供信息技术和数字化以降低 10% 温室气体排放,创建零排放的环保型数据中心及信息通信基础设施,大力扶持相关技术企业。①

---

① 有关欧盟的“数字欧洲”建设规划与实施进展可见 https://www.consilium.europa.eu/en/press/press-releases/2019/03/13/digital-europe-programme-coreper-confirms-common-understanding-reached-with-parliament/。

在疫情中,“数字欧洲计划”发布了应对新冠疫情的建议方案,包括响应(短期)、恢复(中期)和重塑(长期)措施,目标是维护欧洲数字生态系统,使社会和经济通过增强数字基础设施和技能,在应对未来的危机时更具弹性。短期行动是紧急增加流动性并为中小企业提供财务支持、确保重要的信息与通信技术产品和维护人员的自由流动;中期措施包括利用欧洲健康数据和冠状病毒联系人跟踪应用程序的功能,同时尊重隐私,鼓励安全的远程工作解决方案,如在数据隐私和网络安全方面提供指导和支持;长期行动是将数字化转型置于下一个欧盟预算的中心,将拟议的刺激方案与《欧洲绿色协议》相结合,加速在整个大陆推出高容量和安全的网络。[①] 由此可以看到,疫情的出现与蔓延,以及中国通过数字经济有效抗击疫情的实践效果,增强了欧盟经济体进行数字化转型的决心。

上海社会科学院发布的《2019 全球数字经济竞争力发展报告》,以 2018 年全球数字经济相关的国家、城市和企业数据为基础,全面评价全球数字经济国家、城市和企业的竞争力,勾勒出全球数字经济竞争发展的全景。[②] 在国家竞争力层面全球排名前三的是美国、新加坡、中国,同时中美之间的数字经济竞争力差距在逐年缩小,紧随其后的是英国、芬兰、荷兰、德国等欧盟国家,以及日本、韩国两个东亚国家。

2019 年福布斯发布的全球数字经济 100 强榜,从多个角度对全球数字经济领域的企业进行评估,展现了数字经济在人工智能、云计算等领域

---

① 数字欧洲对于疫情的具体应对计划可见 https://www. digitaleurope. org/resources/respond-recover-reinvent-the-digital-sectors-recommendations-to-tackle-the-effects-of-covid-19/。

② 《〈2019 全球数字经济竞争力发展报告〉:美国新加坡中国揽前三!》,新浪网,https://t. cj. sina. com. cn/articles/view/6775740358/193dd97c600100naj4?from=tech。

的发展潜力。[①] 在榜单中，美国有38家企业上榜，中国仅次于美国有14家企业上榜。美国企业苹果位列第一、微软第二，而欧洲虽然有德国电信股份公司、思爱普、西班牙电话公司、法国电信公司等电信服务供应商上榜，但不仅数量较少且排名靠后。综合而言，美国的数字经济实力和发展潜力至今仍是全球领先，中国的数字经济发展也在大步向前。

联合国贸易和发展会议《2019年全球数字经济发展报告》[②]表示，一个全新的“数据价值链”已经形成，构建数字平台的企业在数据驱动型经济中占有巨大优势。全球七大“超级平台”——微软、苹果、亚马逊、谷歌、脸书、腾讯和阿里巴巴，占有全球前70个数字平台总市值的三分之二，这些大平台不断成长并主导了关键的细分市场。中美两国就占了区块链技术所有相关专利的75%、全球物联网支出的50%、云计算市场的75%，全球前70个最大数字平台公司市值的90%。显然，在全球比较下，欧盟在数字经济的浪潮中已经明显处于落后位置。

理论上，新技术革命势必会大幅提升劳动生产力，对世界各国在不同行业中的分工及创造的增值产生影响，进而表现出在全球价值链中的参与度和地位上的变化，这是国际生产关系变化的一个基础观察视角。反过来，全球价值链上世界各国的位置和角色转变，又会对生产力发挥能动的反作用，导致各国更加积极地开展新技术的竞争，包括加快数字化经济转型。疫情作为一种外生因素，在特殊的环境下“触发”了全球价值链的数字化的加速转型，并将长期引导后疫情时代的全球价值链变革，同时全

① 《2019福布斯全球数字经济100强出炉：中国14家企业上榜（附榜单）》，https://baijiahao.baidu.com/s?id=1647547706043134178&wfr=spider&for=pc。

② “Digital Economy Report 2019”，https://unctad.org/en/PublicationsLibrary/der2019_en.pdf.

球数字价值链和价值链数字化也会成为国家经济安全的重要组成部分。

第六节　世界大国主动实施对中国进行价值链拆解战略

疫情的突发并未阻止并缓和美国的全球战略行动。2020年以来，美国加速了通过贸易和科技两个途径重构世界产业链格局的步伐，力图在全球价值链和产业链中推动“去中国化”。美国正在利用既有印太战略框架下“四方安全对话+”的平台机制进行全方位布局，意在打造地缘政治结构上的“亚洲北约”安全框架的同时，努力重塑以亚洲生产网络为基础的“可信赖供应链”联盟，并促成生产网络体系从中国的逐步转移，实现对中国进行主动的战略和市场切割。作为“四方安全对话+”的主导国，美国在疫情期间行动得尤为迅速。根据路透社报道，在全球新冠疫情大流行之后，美国以全球供应链过于依赖中国为由，为重组和调整全球供应链做出了更进一步努力。在报道中，一位美国官员表示，美国正在推动建立一个由“可信赖的伙伴”组成的多边联盟，名为“经济繁荣网络”（Economic Prosperity Network），该联盟将致力于制定从数字商务、能源、基础设施到贸易、教育、商业等领域的共同标准。[①] 美国国务卿迈克·蓬佩奥（Mike Pompeo）也谈及，美国政府正在与澳大利亚、印度、日本、新西兰、韩国和越南加强合作，以“推动全球经济向前发展”和“重组和保障供应链安全，防止贸易中断再次发生”。这些行动可以清楚地解释为服务于

① 具体报道可见 https://www.reuters.com/article/us-health-coronavirus-usa-china-idUSKBN22G0BZ。

美国的全球“经济霸权”维护目标和地缘政治博弈战略。

与此相呼应的是，日本抗疫经济救助计划中的“供应链改革计划”拨款22亿美元以帮助日本企业回归本土，进行供应链重建。2020年4月印度开始与寻求离开中国的1000多家美国、日本、韩国企业接触并谈判，积极准备承接这些企业转移的产业链。韩国在2020年5月讨论的下半年经济政策方向中提出了扩大企业回归方案。韩国计划通过优先分配首都圈用地、增加补贴、降低税费等方式，吸引对外投资的韩企回归韩国。2020年5月12日，印度总理莫迪在政府会议上表示，新冠病毒大流行最大的启示就是，印度需要自给自足，满足国内大部分需求，印度需要在全球供应链中占据一席之地，并在全球供应链中发挥重要作用。越南则坚信以美国为首的贸易网络可以加强越南在全球供应链中的地位。由于越南近年来的经济表现异常突出，其在病毒大流行期间的经济表现也受到了全球各方的关注。越南在2020年前近九个月的国内生产总值保持了全球罕见的2.12%的正增长，使得全球投资者对越南的信心显著增强。同时，2020年8月1日起越南欧盟自由贸易协定正式生效，欧盟随即取消了越南85%产品的进口关税，未来双边99%的货物将享受零关税，几乎完全取消贸易壁垒，这将大幅提升越南融入全球经济的强度。与此同时，越南一直在积极承接欧美日等地从中国迁出的产业和工厂，力求更深入地参与全球供应链和价值链，创造更多增加值，占据更好位置。

2020年9月4日，美、日、欧等方面相关代表在中国台湾举办了“重组供应链：促进理念相近伙伴间之韧性”论坛，这不仅预示着亚洲新一轮产业链和供应链重新组合和调整的开始，同时还预示着美国主导的对中国“战略脱钩”，将以破坏和瓦解既有全球和地区价值链的新的隐蔽形式展开。印度、日本、澳大利亚作为当今印太地区“第三种力量”，在美国主动行动之前，已经就启动了"弹性供应链倡议"，企图建立替代方案来减少对中国供应链的依赖。该倡议计划提出一个双重目标计划：吸引外国直接投资，使印度太平洋成为"强大的经济团体"；同时在伙伴国家之间建立供应链的相互补充关系。这个计划先以现有的双边供应链网络体系为基础（如"印日工业竞争力合作伙伴关系"），随后还将向东盟等国家逐渐开放。一旦印太框架下印日澳"弹性供应链倡议"正式实施，并将东盟等国家吸纳加入，中国将面临来自美国主导的"4＋N"战略联盟、印日澳弹性供应链等多重力量的叠加压力影响，而对应的全球和亚洲区域性价值链届时也肯定会出现新的结构性调整。①

第七节　后疫情时代全球价值链面对的风险与挑战

全球价值链实证数据分析显示，在2008年全球金融危机爆发十年后，世界范围内全球价值链参与度尚未恢复到金融危机前的水平，即使全球价值链活动在高收入国家比中等收入国家恢复得快，但也出现非常复杂的结构性差异变化。② 同时应该看到是，导致中高收入国家的全球价值链参与率降低的因素是复杂的。全球价值链中的跨境共同生产只是促进全球更多国家参与工业化劳动分工的一种要素，而类似像中国这样产业升级的国家，其在逐步完善国内供应链和国内价值链的过程中，事实上

① 有关印日澳三方供应链弹性计划可见报道：https://www.scmp.com/economy/global-economy/article/3098310/india-japan-australia-keen-boost-supply-chain-security。

② 具体数据分析可见WTO、IDE-JETRO、OECD、UIBE、WORLD BANK：《全球价值链发展报告（2019）》，对外经济贸易大学出版社，2019年，第13～16页。

也会对全球价值链的重心与参与度会带来实质性影响。虽然新冠疫情的暴发,包括已经出现的全球价值链变化端倪,已经在产业的战略方向和产业链底层触发了全球价值链的可能变化,实质性的变化可能还需要更长的时间段给予观察和验证。但是在新冠疫情影响下,全球价值链的结构性变化究竟面对何种分析与挑战,却值得学术界进行前瞻性分析与把握。

首先,疫情推动世界政治经济理念和经济安全观认识的改变是现实和长远的。在疫情下,包括后疫情时代,世界主要经济体均会以“经济主权”视角下对产业链和技术链的“安全因素”进行战略思考,将“安全”置于“成本”之上进行自身产业链的再调整和再配置。这不仅将颠覆既有的全球化经济的基本逻辑和前提假设,同时,全球政治与安全因素的强化可能将推动全球博弈中新的“次级联盟”出现,而这种新的“次级联盟”并不会像以往的各种国际组织一样,按全球优化资源配置方式来推动全球未来潜在产出和需求的共同增长。相反,其极大的可能是以破坏性和瓦解方式对既有的全球价值链进行拆解和结构性重组,而这将会带来更多的全球经济不稳定性、高强度政治博弈和可能的冲突对抗。

其次,全球价值链的区域结构性力量对比变化会产生的区域价值链“力量圈”博弈问题。在既有的全球价值链分工中,亚洲区域价值链贸易增加值虽然在持续增长,但是在复杂全球价值链领域,却一直由欧洲的德国、北美的美国主导,并产生了简单全球价值链与复杂全球价值链非对称扩张问题。然而随着全球抗疫进展中亚洲产业链与供应链的率先复苏,包括由于欧美应对疫情不力导致疫情反复而产生的供应端向亚洲集中,特别是中国明确提出了产业链、供应链自主可控的未来生态能力的释放,包括简单和复杂价值链的构造有可能发生快速地向亚洲本土区域化集中。同时在制度优化层面上，亚洲区域全面经济伙伴关系协定的签署本身又为亚洲区域价值链的进一步深化整合创造了制度基础。因此，在多种力量共同作用下，亚洲区域价值链是以自身技术、市场、产业力量进行区域性整固，还是以“脱嵌”的方式漂离原有的全球价值链，进而引发全球区域价值链构造颠覆式变化，包括引发对应的国际政治经济权力变化，并可能出现域外大国强行通过政治力量加大博弈和对抗，造成全球价值链内在自然变化的扭曲？其隐含风险不可小觑。[①]

再次，疫情前和疫情期间，世界各国对中国制造品和中间产品生产的高度依赖，已经让欧美等国心生担忧，而疫情又突然放大了传统全球价值链的脆弱性。疫情引发的思维方式变化，使得处于供应链过度依赖的国家有意识和无意识主动地开始对中国的价值链和产业链进行拆解和重组。而中国作为全球和亚洲区域价值链的核心和枢纽，以及全球价值链重要参与国和上游国，更是受到以美国为首的大国战略调整的冲击和影响。由于全球大国将加大经济安全和经济权力博弈，视国家经济安全、产业链安全、供应链安全和全球经济权力高于全球性经济利益，甚至不惜以短期内牺牲经济利益的方式来维护自身长期的产业链和供应链安全，增强本国在全球价值链上的位置和参与度，以提升本国的全球经济权力和强化自身“经济安全”和“经济自主”，而这将对既有的全球价值链组合模式和全球化经济扩张逻辑构成严重的挑战。

最后，全球价值链数字化转型带来的新问题。科技革命在给人类社会带来广泛福祉的同时，也会给全球与国家治理带来新问题，全球价值链

① 有关全球价值链和价值链枢纽与国际政治经济权力的关系研究分析可见，余南平、黄郑亮：《全球与区域中的国际权力变化与转移——以德国全球价值链的研究为视角》，《欧洲研究》，2019 年第 2 期。

数字化转型也不例外。全球价值链的数字化转型使得全球价值链本身的效率、弹性与延伸性得到了极大的扩展，同时扩大的电子支付与电子商务也有利于更多的中小企业快速地融入全球价值链，并带来更多的社会就业。然而理论上的可能并不等同于产业生态实践。中小企业通过数字经济融入全球价值链的活动中已经出现的显性问题是，中小企业在整体数字技术使用和能力建设方面明显落后于大公司，同时还不得不面对数字经济平台天然具有的聚集和流量集中规模优势，进而导致的平台数字化公司产生“技术型、市场型”垄断问题，而这对全球价值链的多元化和扩张显然是负面的。对此，虽然世界各国已经开始重视“新型垄断”问题，并开始以国内司法力量进行干预，但目前不仅欧洲和美国之间跨大西洋间的博弈而未有明确结果，还由于全球数字经济治理制度框架和共识的缺乏，全球数字经济价值链在割裂、无监管的模式下进行自我塑造。“数字经济垄断”和“不对称发展”问题对未来对全球经济治理带来的隐忧，以及“数字鸿沟”向“数据鸿沟”进一步扩大导致的风险正在显现。

第四章　美国权力安全与全球价值链重塑的互动

第一节　金融危机中的全球价值链经验：结构韧性与灵活性

根据经合组织2011年的定义，“全球冲击”是指“具有至少覆盖两个大洲的严重破坏性后果且快速爆发的事件”。[①] 2008年全球金融危机作为一场全球经济冲击，表明了虽然全球化本身并不是造成负面冲击的原因，却可能作为一种非常有效的传播机制。尽管危机中全球化进程受挫但并未停止，其结果显示出此前全球化运行逻辑中的结构性失衡，即主要

① OECD Reviews of Risk Management Policies Future Global Shocks IMPROVING RISK GOVERNANCE. http://www.oecd.org/governance/48256382.pdf. OECD (2013), Interconnected Economies: Benefiting from Global Value Chains, OECD Publishing. p. 242. http://dx.doi.org/10.1787/9789264189560-en.

依靠发达经济体消费需求驱动的全球价值链导致的经济一体化和经济体之间相互依赖性关系的增强，使得整体系统具有更大的脆弱性。全球价值链体系也表现出两种重构形式和两种相应的属性，即全球价值链迁移中的结构韧性和全球价值链整合中的灵活性。

在上一轮全球化中，发达国家和发展中国家面临各自不同的利弊：发达国家享受了微笑曲线两端的高附加值收入及全球价值链的主导地位，同时不可避免地面临“由于制造业就业被离岸外包至低技术、低收入国家而导致的经济空心化问题”；而发展中国家虽然迅速地融入全球价值链并实现了出口、外汇收入、就业等方面的快速增长，却又担心自身所从事的分工产业类型是否能保证本国的可持续性发展，“以及是否会被锁定在全球价值链微笑曲线的底部”。[①] 由此可见，在上一轮全球化初期和鼎盛时期，发达国家与发展中国家更多地看到了各自获得的优势；但在金融危机冲击及其后的艰难恢复中，利好的激情冷静过后，在当前全球化出现逆潮中各自又更多地看到全球化及参与全球价值链对自身的负面影响。

促使发展中国家与新兴经济体更有效地参与全球价值链并为此制定政策、调整企业发展和布局策略，是上一轮全球金融危机后发达国家对于对冲衰退、摆脱困境、开启复苏进程的必要方案。这也在“金砖四国”(2009)和“新钻十一国”(2006)概念相继提出之后，国际市场在危机恢复期密集创造出“灵猫六国”(2009)、“金砖国家”(2010)、“薄荷四国”(2011)和“迷雾四国”(2011)等指代不同新兴经济体组合概念的深层动因。

---

① International Bank for Reconstruction and Development, The World Bank, Global Value Chain Development Report 2017: Measuring and Analyzing the Impact of GVCs on Economic Development, p. 54. https://www.wto.org/english/res_e/booksp_e/gvcs_report_2017.pdf.

从结果来看,2008 年全球金融危机并未使全球化发生整体逆转,但催生并强化了全球经济的两个长期趋势,即新兴经济体在国际经济中的作用日益凸显和以此为基础的全球价值链的整合重构,这又构成了全球价值链结构韧性与灵活性的基本来源。同时,这也从侧面证明了经济与市场层面的冲击仍然可以通过经济与市场加以消化,即国际生产和消费仍然是全球性的,全球价值链活动在面对冲击发生的从北向南的迁移与重构,使南方的作用得到明显增强,向南方市场的转移和南南贸易的增长为进入和升级全球价值链创造了更多的可能性。但在此过程中,发展中国家之间的不均衡也进一步增加了,并可能在未来产生更多的不稳定和潜在危机。例如,最不发达国家或仍然被隔离于全球价值链体系之外,或被固化在价值链的底端;而在资源与销售方面有渠道、在生产方面有工艺和产能的国家则可以进行选择性迁移。

对于发达国家而言,以美国为例,其价值链结构除了迁移外,还经历了整合性重构,即以沃尔玛等大型零售商为主导的需求驱动型价值链,比福特、惠普等品牌制造商和科技公司引领的生产驱动型价值链经历了更大程度的整合。其原因在于,与劳动密集型行业相比,技术、资本和技能密集型价值链的活动更难在特定国家地点转移和扩大规模。[①] 正如根据已有数据测算的美国生产价值链长度,从 2009—2013 年的危机恢复期保持 1.1 左右,而 2014—2015 年则回落至 2008 年危机中的 0.8 水平。[②]

综上所述,一方面,全球价值链本身在全球金融危机引发的迁移中体

---

① Olivier Cattaneo, Gary Gereffi, Cornelia Staritz, Global Value Chains in a Postcrisis World: A Development Perspective, Washington, DC, 2010. p. 16. https://onlinelibrary.wiley.com/doi/abs/10.1111/j.1564-9121.2011.00122.x.

② 王若兰:《中美两国生产价值链长度的测算与研究》,《信息系统工程》,2018 年第 12 期。

现出了较强的结构韧性，并已成为世界经济的长期结构性特征。另一方面，有相当大部分对全球价值链的研究，是作为增强国际经济贸易经营管理灵活性与稳定性的研究成果而产生的，①由此可见，全球价值链的学理性质又具有天然的灵活性属性。

第二节 新冠疫情新冲击与全球价值链视角下的权力与相互依赖

一、新冠疫情作为真正的全球性危机对价值链的阻断

世界贸易组织预计2020年世界贸易将因新冠肺炎的影响下降13%~32%。全球供应链也将在大流行后发生永久性的改变，英国国际战略研究所(International Institute for Strategic Studies, IISS)指出，新冠疫情将塑造新的消费习惯、对冲风险的商业战略和政府应急措施，导致国际贸易和供应链出现前所未有的混乱。② 不过，中国仍将作为关键参与者，且西方国家与中国完全脱钩在经济甚至政治上都是不可行的。

美国方面，根据约翰霍普金斯大学冠状病毒资源中心(Coronavirus Resource Center)的实时统计数据，自2020年1月22日出现首个确诊病

---

① Sanjay Dhir, Sushil, Singapore, Global Value Chain: Flexibility And Sustainability, Springer, 2018. Perfaca vii. https://www.researchgate.net/publication/323665805_Global_Value_Chains_Flexibility_and_Sustainability_Springer_Verlag_Singapore.

② David Ramirez, COVID-19: Global trade and supply chains after the pandemic, https://www.iiss.org/blogs/research-paper/2020/08/covid-19-trade-and-supply-chains.

例以来，美国新增确诊病例在趋势上呈现明显的三次波峰，2020 年 4 月确诊人数达到约 30 万，8 月达到约 70 万，截至 11 月初为 948.67 万例，占全球确诊人数（4810.73 万）的 19.2%。美国确诊人数最多的州依次为德克萨斯（95.98 万例）、加利福尼亚（95.19 万例）、佛罗里达（82.11 万例）、纽约（51.58 万例）、伊利诺伊（44.38 万例）。美国共计 27 个州确诊人数超过 10 万，在全球确诊病例最集中且超过 10 万人的 75 个地区中占比 36%。其中美国新冠肺炎死亡人数为 23.37 万人，国内死亡率2.46%，占全球死亡人数（122.55 万人）的 19.1%。[①]

受新冠疫情影响，自 2020 年第二季度开始，美国各类经济增长指标及主要经常项目交易均出现下降甚至断崖式下跌。根据联合国贸易和发展会议（NUCTAD）数据库统计，美国 2020 年前两季度经济增长率分别为 -1.4%、-25.1%，[②]部分企业产能受限或完全停产，跨境人员流动受到限制。货物出口减少至 2889 亿美元，降幅 28.4%，主要反映在以石油及其产品为主的工业用品及原材料；资本商品，主要是以民用飞机、发动机和零部件为主的资本商品和以乘用车及发动机、零部件为主的交通设备等领域；货物进口减少至 5082 亿美元，降幅 14.63%，同样以汽车交通设备和石化原材料为主。服务出口下降至 1558 亿美元，降幅 22.91%；服务进口下降至 1013 亿美元，降幅 25.9%，服务进出口的减少主要反映在个人旅行和航空客运方面。[③] 资本方面，美国净国际投资头寸（海外金融资产和负债之间的差额）第一季度末为 -12.16 万亿美元，至 2020 年第

① https://coronavirus.jhu.edu/map.html.

② http://unctadstat.unctad.org/wds/ReportFolders/reportFolders.aspx? sCS_ChosenLang = en.

③ https://www.bea.gov/news/2020/us-international-transactions-second-quarter-2020.

二季度末为 -13.05 万亿美元。[①] 相比之下，经济复苏缓慢、脆弱且不平衡，2020 年底美国有 620 万至 870 万工人从暂时失业过渡到永久失业，从而使得疫情影响下的美国经济进入 “K”型复苏模式，即金融市场的增长主要惠及最富有的 10% 的群体，他们拥有美国股市 84% 的份额，并且这 10% 的群体可以在家或在网上工作，因而面临的失业和受疫情影响的机会有限；相比之下，底层 50% 的人拥有的金融资产很少，往往从事薪水较低且需要更多身体接触的工作，其中许多人已经失业，同时对新冠肺炎具有更高的易感性。[②]

然而新冠疫情虽然严重阻断了传统贸易形式，但真正能够切断价值链合作体系的则是大国在疫情刺激下的发酵与激变的基于“冷战”意识形态的战略遏制思维。毕竟在疫情发生之前的金融危机冲击下，全球化进程中获利不均的国家和民粹主义势力都对全球价值链合作模式发起了持久的质疑与挑战，但在全球层面价值链体系没有严重受阻。而在疫情冲击下，美国等西方国家从最初对疫情防控措施的忽视、轻视演变为对他国的敌视，通过推卸责任来展示自身受害者和抗疫正义形象的做法使得多元、开放的国家合作防疫形式成为不可能；各国主观上采取单边主义和民族主义做法，而不是进行协调，使得各国针对疫情产生的原因、传播的方式、防控的措施，以及疫情下的国际责任与合作等问题发起了一场“叙事”之争。此外，现代社会航空、铁路、公路、船舶等集中客运、货运形式，使得这些交通枢纽的对外开放将持续面临成为疫情传播的“起爆点”的

① https://www.bea.gov/news/2020/us-international-investment-position-second-quarter-2020.

② Hung Tran, Economic and financial risks after the pandemic, Atlantic Council, Sep 29, 2020. https://www.atlanticcouncil.org/blogs/new-atlanticist/economic-and-financial-risks-after-the-pandemic/.

管控风险,而由于疫情传播的集中性和爆发性特点使其在可预见的未来,乃至国际社会普遍复产复工后,仍对全球价值链体系发生持久性的抑制作用。

2008 年全球金融危机以发达国家经贸需求衰退为表现形式,而新冠疫情造成的全球价值链的阻断则体现在生产停滞上。疫情还引起了产业间差异性、国家间差异性和爆发时间的差异性,进而造成地缘上的基于国际贸易商品结构的依赖关系和依赖程度的变迁与重构。一些发展中经济体可以提高它们在全球贸易中所占的份额,同时可能实现战略性产品在组织生产与出口销售上的本地化和区域化,这一重构对终端消费者带来更高代价的同时,也引发了在全球价值链体系中处于相对下游的中间品需求国用于生产的投入品物资,以及用于内部消费的战略性物资出现供给安全问题。因此,在当前疫情下的全球价值链变动中所出现的特征,无论是“断供”“脱钩”抑或“重构”,从危机的角度来讲,都不同于以往全球化或金融危机,其既不是单纯的周期性危机也不是单纯的结构性危机,而是自然不可抗力因素催化下的国际政治战略主导的价值链体系在全球范围内的广泛、深度重构,以往的周期性与结构性特征反而在这一过程中作为部分结果得以呈现。

具体而言,在常规市场因素引发的经济危机中,往往由于某种结构上的失衡酝酿成周期性,即结构性与周期性是相伴相生的关系,体现为供给和需求关系中存在的短缺或过剩,这种错配在数量上的累积在某个时点上达到临界值后被诱发成裂变式传播的经济或金融危机。而新冠疫情所引发的冲击则体现为供给和需求在“质”的方面直接被物理性切断,从而对全球正常经贸结构进行了硬性“错配”,强制开启了一种不可抗力下的经济周期。

二、全球价值链中的相互依赖关系与权力逻辑

根据经济合作与发展组织发布的《全球价值链报告(2017)》的综合研究,在不考虑政治等外部干预因素的情况下,经济体之间的双边贸易模式主要由贸易成本与双方相对经济规模来决定。其中,作为关键贸易形式的贸易协定在浅层主要受关税及市场准入措施影响,而在深层则主要受投资、竞争政策、产品合规性等因素的影响。[①] 基于这一逻辑,可以认为,全球价值链关联和贸易协定二者的深度之间存在着双向互动关系,且总体而言呈反向相关,即关税水平降低除了以往作为贸易便利化程度的衡量指标以外,也在相当程度上反映着双边价值链关联度的深化趋势,反之亦然。美国母公司的海外附属企业对美国的出口每增加 10%,对应着 4% 的免关税准入优惠幅度的上升,[②]这也证实了贸易协定中的关税水平及其变动与全球价值链的参与合作深度有着紧密的互动关联作用。美国开启对中国关税战、对欧盟提升钢铝关税、维持韩国关税原有水平的延期,并降低国内企业出口关税,以及将制造业税率降至 15% 等措施,对美国所参与的全球价值链结构的影响,都将具体地反应在美国与各国的经济贸易关系的变动中。即增强美国公司主导的产业供应链系统在上述国家进行布局,同时阶段性稀释且弱化上述国家企业主导的产业供应链系统在美国的布局。

---

① International Bank for Reconstruction and Development/The World Bank, Global Value Chain Development Report 2017: Measuring and Analyzing the Impact of GVCs on Economic Development, p. 97,178. https://www.wto.org/english/res_e/booksp_e/gvcs_report_2017.pdf.

② Ibid, p. 179.

一直以来，相互依赖关系被放在新自由制度主义的理论框架下作为全球化的附属产物或属性加以研究，“权力”的概念在政治学范畴内主要体现为发挥某种强制性的意愿与能力，在社会学范畴则体现为特定的属性关系，而相互依赖关系中的权力实现机制是通过敏感性与脆弱性两种属性。实际上，当前国际相互依赖最直观的体现就是全球价值链体系的组织形式及其结构和机理。由此，全球价值链的上下游关联与产业辐射为权力赋予了一种超越传统点对点或垂直条线形式的网络属性，也正是基于这种网络属性，使全球价值链视野中的权力在两个层面上划分成了四种类型：作为结果性权力的“主导权”与“参与权”，以及作为行为性权力的“控制权”与“动议权”（表 4－1）。其中，主导权与参与权是全球价值链分工过程所产生的关系性结果，而控制权与动议权则是基于前述的关系性结果的策略性行为。

表 4－1 权力在全球价值链相互依赖关系中的两个层面、四种分类

结果层面	行为层面
主导权	控制权
参与权	动议权

现实中，基于产业价值链主导关系的控制权实现路径是，在资本与技术密集度越高的行业中，以复杂全球价值链活动形式的增长越显著，即此类行业的价值链体系越向下游延伸，其单一环节所辐射的产业也越多，网络效应呈指数级增长，而行为体之间的敏感度将直接随着网络关联度的增加而提高。这意味着，全球价值链的复杂程度决定了国家间合作中相互嵌入、相互依赖的深度；处于价值链相对高端位置的国家通过在产业价

值链体系中拥有主导权的企业所形成的集群网络，掌握了对价值链关联（包括产业链、供应链）的组织、控制能力。具体而言，美国通过全球500强企业中需求驱动型价值链的主导性企业（沃尔玛等），以及生产驱动型价值链主导性企业（福特等），对其他经济体的产业结构和海外市场的需求结构发挥撬动性影响。例如，美墨加协定中通过提高原产地成分比重，对企业供应链上游的中间品采购来源的国别结构加以控制。

进一步的，美国通过策略性工具能够发挥控制性影响的全球价值链主导性企业具有广泛的规模效应，即能够占据全球产业链主导地位或拥有完备供应链系统的大型跨国企业多数来自美国（表4－2）。据此可以认为，不同产业价值链中占据主导地位的美国企业群体构建了相对广泛而完善的全球价值链相互依赖网络，强化了全球市场对美国企业的中间品供应与消费品采购订单的敏感性与脆弱性，从而实现美国战略与政治政策对全球价值链体系发挥撬动作用的控制权。

表4－2　高德纳（Gartner）2018—2020年全球供应链10强企业排名①

排名	2018年（美国6家）	2019年（美国8家）	2020年（美国5家）
1	联合利华（英）	高露洁（美）	思科系统（美）
2	印地纺集团（西班牙）	印地纺集团（西班牙）	高露洁（美）
3	思科系统（美）	雀巢（瑞士）	强生公司（美）
4	高露洁（美）	百事可乐（美）	施耐德电气（德）

① https://www.gartner.com/en/newsroom/press-releases/2018－05－17-gartner-announces-rankings-of-the-2018-supply-chain-top-25，https://www.gartner.com/en/newsroom/press-releases/2019－05－16-gartner-announces-rankings-of-the-2019-supply-chain-t，https://www.gartner.com/en/newsroom/press-releases/2020－05－20-gartner-announces-rankings-of-the-2020-supply-chain-top-25.

续表

排名	2018 年(美国 6 家)	2019 年(美国 8 家)	2020 年(美国 5 家)
5	英特尔(美)	思科系统(美)	雀巢(瑞士)
6	耐克(美)	英特尔(美)	百事可乐(美)
7	雀巢(瑞士)	惠普(美)	阿里巴巴(中)
8	百事可乐(美)	强生公司(美)	英特尔(美)
9	H&M(瑞典连锁服饰品牌)	星巴克(美)	印地纺集团(西班牙)
10	星巴克(美)	耐克(美)	欧莱雅(法)

另一方面,全球价值链视角下相互依赖关系所赋予的国际权力还体现在对价值链活动的参与紧密度,以及由此获得的基于产业价值链"份额"的所谓"动议权"。这种类型的权力,是指未能占据价值链主导地位的经济体通过对国际贸易的参与来嵌入价值链分工体系,当参与和嵌入的行为达到相当体量后,这种以全球市场份额为表现形式的规模效应就能够赋予参与主体对价值链的分工体系结构发起改革或完善性倡议,并对价值链的利润分配结构进行议价。这种价值链权力类型的实现机理,主要是指中国在改革开放进程中对全球价值链体系的参与和嵌入进程。

现实中,全球价值链按照横向范围,可以划分为区域内全球价值链和区域间全球价值链两种。北美经济一体化进程从北美自由贸易协定到美墨加协定的转变属于区域内全球价值链活动;而中国对以美国或日本、德国为中心的全球价值链嵌入与升级的历史过程则属于区域间全球价值链活动。新冠疫情暴发之前的二十年里,全球价值链活动在北美与欧洲表现为区域内减弱、区域间增强,其中以对亚洲的区域间产业链、供应链的互嵌性联系为主,这就促成了价值链活动在亚洲表现为区域内和区域间的双重增强。尽管美国和德国仍是复杂全球价值链网络中最重要的枢纽,但中国在传统贸易和简单全球价值链网络中扮演着越来越重要的供需枢纽角色。①

中国作为全球价值链枢纽的作用在历史上长期被忽视,而只被视为"世界工厂"中的制造者角色。实际上,中国在全球价值链中的重要性远比巨大产能给世人带来的震撼更加深远,事关全球南北经济沟通。正是中国巨大的中间品制造与贸易使发达国家的高端产业链地位得以维系,也使广大发展中国家得以参与到全球价值链中来。可以设想,中国角色的缺失将使得全产业微笑曲线弧度陡增,这意味着南北方国家之间贫富差距的拉大,甚至可能使全球价值链在20至21世纪交替的前后10年中发生相当程度的断裂。② 这就在全球价值链角度解释了中国在21世纪第二个十年中国际权力与地位获得显著提升的原因。"一带一路"和亚投行等建设的提出恰恰是中国入世后,在广泛参与和嵌入全球价值链分工基础上对西方发达国家主导、广大发展中国家依附的传统价值链失衡结构发起动议权的合理行为,是全球价值链体系中权力结构的客观发展机理,而非所谓的战略"威胁"与"挑衅"。

在新冠疫情冲击下,国际相互依赖关系随着产业链、供应链的整合、迁移等重构形式而发生深刻的调整。这一问题的意义在于,一方面,对微观企业主体而言,在外部客观环境造成的冲击无法回避的情况下,企业只能通过寻求自身在规模结构、组织方式、管理模式,最重要的是技术范式

① Global Value Chain Development Report 2019: Technological Innovation, Supply Chain Trade and Workers in a Globalized World, April 2019. p. 1. https://www.worldbank.org/en/topic/trade/publication/global-value-chain-development-report-2019.

② 李括:《"并治"结构下深化价值链合作是中美避免"修氏陷阱"的有效路径》,中美印象网,2020年1月1日。http://cn3.uscnpm.org/model_item.html?action=view&table=article&id=20347。

的改进来谋求生存。重新设计供应链体系以使其在疫情过后更加安全可控成为必然选择，而价值链的安全性、可控性、反脆弱性将取代以往单纯对低成本和高附加值的追求，成为供应链管理的主要目标。另一方面，对主权国家而言，其特定产业在全球价值链中的位势概念将变得日益重要，即该产业在全球市场的范围覆盖度、份额占有率，以及不可替代性等指标的综合反映。位势越高则其国际市场对该国该产业的依赖程度越深，同时对该产业变动的敏感性与脆弱性也越强；这意味着该国能够获得的国际市场权力越大，从而可能带来的潜在市场冲击也越强烈，具有依赖性的国家与产业的不安全感和危机感也越明显。这一逻辑的存在致使各国政府将禁不住冲击，通过将一些激励措施与关税提高结合起来，诱导战略性产业的本土化。

第三节　疫情下美国基于权力安全对全球价值链的重塑战略

全球价值链在国际区域间的重构，证明了中国通过对全球价值链的参与“份额”获得了相应动议权的提升，另一方面也凸显了美国等西方国家对中国产业链、供应链的依赖和因此而存在的脆弱性，特别是对于疫情下、大国博弈中，以及科技竞争中具有战略性的商品的依赖。此类商品从研发、生产到贸易、消费，原本并非新冠疫情所引发的新问题，而是随着 2018 年美国与中国出现关税贸易摩擦以来就成为重点攻防领域，新冠疫情加速了美国特朗普政府提高供应链可靠性的反应。双边层面，美国最初将对华经贸竞争与自身的战略性商品自给程度、国内经济增长与就业恢复、制造业回流等目标相结合。区域与全球层面,美国于 2020 年 4 月宣布启动“经济繁荣网络”(Economic Prosperity Network)计划,寻求在后疫情时期会同国际盟友重组全球价值链,以减轻对中国的依赖,该计划将涵盖澳大利亚、日本、新西兰、韩国和越南作为美国在亚洲的主要盟友和合作伙伴。① 本节内容从权力对相互依赖关系的型塑作用角度出发,考察疫情下美国出于其国际权力安全的考量,利用“控制权”层面的战略竞争与政策调整,实现对全球价值链相互依赖关系的重塑。

特朗普上任伊始就大刀阔斧地改革美国对外经贸战略与政策,使原有的国际自由贸易面临重大挑战。新古典经济学理论认为,税收作为一种打入市场的“楔子”对基于完全竞争的市场均衡进行干预和扭曲,而关税将在全球价值链的布局与变动中发挥同样的作用。美国商务部于 2018 年 5 月 31 日宣布对加拿大、墨西哥、欧盟的钢、铝分别加征 25% 和 10% 的关税,并引起欧盟随后相应的报复性措施。同年 10 月,美国 - 菲律宾农业贸易与投资框架协议谈判后的联合声明中表示,菲方将认真考虑美国对进口的菲律宾农产品征收的关税延期的要求,并提交国内审议议程。② 同样,对美韩自贸协定重谈的结果规定,自 2019 年 1 月 1 日起,将原定于 2021 年到期的美国进口韩国卡车 25% 关税率延长至 2041 年,即美韩自贸协定生效后的第 30 年。③ 此外,在降低国际贸易的技术性壁垒方面,美国集中针对技术标准的增减加以谈判,例如,对菲律宾的汽车产业和厄瓜多尔的玩具产业,美国

---

① David Ramirez, COVID-19: Global trade and supply chains after the pandemic, https://www.iiss.org/blogs/research-paper/2020/08/covid-19-trade-and-supply-chains.

② https://ustr.gov/about-us/policy-offices/press-office/fact-sheets/2019/march/fact-sheet-2019-national-trade-estimat-2.

③ 2019 Trade Policy Agenda and 2018 Annual Report of the President of the United States on the Trade Agreements Program, p. 5. https://ustr.gov/sites/default/files/2019_Trade_Policy_Agenda_and_2018_Annual_Report.pdf.

要求其增加双边贸易中与美国相一致的技术标准；而对韩国的证件卡片识别设备行业则要求其去除对美国企业具有门槛效应的标准与条件。[①] 而在广泛增设关税的同时，美国对全球价值链的重塑从双边、区域乃至全球层面，都围绕着对华“经贸战”的核心任务，整体效果欲达到对华价值链从“脱钩”（decoupling）到“拆解”（unpicking）的目的。[②]

2021 年 6 月 8 日，拜登政府发布了供应链审查报告。该报告审查了美国关键技术、金属和药品供应中的漏洞，及其可能对美国企业产生的长期影响。该报告对四个关键部门的供应链脆弱性进行了为期 100 天的审查，包括国防工业基础、公共卫生和生物准备空间、信息和通信部门及能源部门，同时列出了评估美国供应问题和机会、分析潜在解决方案，并为最终决策制定战略的中长期过程。与特朗普时期相比，拜登政府的全球价值链战略在议题范围上更广泛、在技术产业领域上更前沿、在价值倾向想更明确强化安全的重要性。其中的原因在于，新冠疫情已经暴露出美国在半导体、制药和食品等关键产业领域的供应链存在着诸多脆弱性。突如其来的供货短缺加剧了供应链对美国工业构成的显而易见的威胁。例如，美国的半导体制造能力持续向亚洲经济体转移——2019 年，全球新建的 6 家半导体工厂中，有 4 家位于中国。[③]

同样以半导体产业的全球价值链战略调整为例，自特朗普政府结束以来，美国国会一直在提出产业政策提案，并在 2020 年年中提出了几项

---

① https://ustr. gov/about-us/policy-offices/press-office/fact-sheets/2019/march/fact-sheet-2019-national-trade-estimat-0.

② Noe. Inside the US campaign to cut China out of the tech supply chain. NIKKEI ASIA, October 2020. https://outline. com/TtTygU.

③ Roz Brooks. Mark Hermans, What does Biden's executive order on America's supply chains mean for business? https://www. pwc. com/us/en/services/consulting/cybersecurity-risk-regulatory/library/biden-executive-order-supply-chain. html.

旨在提供财政激励措施以刺激半导体行业的法案。拜登上任以来，也一直把半导体产业的竞争力和安全性放在首位。而拜登政府正在寻求实现的目标比美国以前取得的成果更加宏大，即不仅仅是在全球价值链高端保持领导地位，而且要决心捍卫其在半导体全球价值链的绝对主导地位，并支持其国内芯片产业日益强劲的政策势头。在具体的策略手段上，拜登政府继承、延续并深化了特朗普时期的全球价值链的战略博弈路径。即在双边脱钩层面上，与全球半导体公司结盟，通过建立国内制造设施将生产转移到国内。例如，在美国政府的敦促下，台积电（TSMC）和三星电子先后宣布了在美国扩大生产设施的计划。而在区域拆解方面，拜登政府为了建立"排挤"中国参与的更可靠的半导体供应链，有意与盟友或准盟友国家合作。例如印度－太平洋经济框架（IPEF）的主要内容就是旨在促进美国与亚洲盟国的经济合作，从而强化美国半导体供应链的韧性。

最后，拜登政府在半导体全球价值链战略博弈中面临两大挑战：第一，以整个价值链为中心的以安全为导向的自力更生政策将不可避免地破坏目前的全球半导体生产体系，造成巨大的经济成本，并转移原本可以用来加强美国在高端地位的经济资源。对于在岸半导体制造业，拜登政府首先要解决的问题是，美国的制造业劳动力优势已经不复存在，而且缺乏重建制造能力所必需的基础设施。而制造成本方面，考虑到巨大的经济成本，把制造业带回美国说起来容易做起来难。根据波士顿咨询集团的一份报告显示，在美国运营一家晶圆厂 10 年期的相关成本将比在中国台湾或韩国、新加坡高出约 30%，比在中国大陆高出 37%～50%。① 第

① Tian He, Anton Malkin, Biden's Uphill Battle to Restructure the Global Semiconductor Sector, The Diplomat, July 01, 2022. https://thediplomat.com/2022/07/bidens-uphill-battle-to-restructure-the-global-semiconductor-sector/.

二,美国通过与技术同盟的合作来补充国内生产的战略可能会进一步扰乱半导体全球价值链的运营。拜登寻求与亚洲盟国建立技术联盟,以加强供应链的弹性。但这种以安全为中心的战略与经济理论背道而驰,其效果将取决于美国与盟国的外交关系在长期能否得以维持稳定;并且就负面效果而言,有可能会对位于价值链顶端的美国自身企业与中低端供应商之间的关系产生震荡性影响,并且这一效果已经在日本、韩国等东亚地区市场变得日益明显。

综合而言,供应链问题正在迫使拜登政府过度使用美国半导体产能。要想实现全球半导体产业的革新,不仅需要动员国民,还需要一系列外交战略方面的平衡行动,这无疑需要一段较长的时间。尤其是对于美国方面来说,在涉及双边关系的政策制定中,将政治而非经济利益摆在主导地位,无疑会对双边通过对话协商寻求全球价值链的良性竞争与合作关系的构建产生巨大的阻碍与不确定性影响。

一、双边脱钩战略

美国政经各界将对华政治上的防范、经济上的依赖、权力与安全上的恐惧这一"中国综合征"作为开展对华战略竞争的根本原因,但真正的核心在于"美国综合征",即产业外包引起的产业工人失业问题、制造业空心化问题、经常项目账户赤字失衡问题、移民问题等对美国社会造成的内部政治经济撕裂。这一态势使得美国寻求维护其国内和国际权力安全的内部共识几乎不可能,也绝难以找到进一步推动改革的共同利益公约数。因此,美国将矛盾范围加以扩大,向外部寻求提供内部共识与公利的参照物成为必然选择。而在全球价值链活动中日益获得"动议权"影响力的中国,正在使美国对亚洲区域价值链,乃至全球价值链的垄断性控制权面临对冲,并使美国的相对经济竞争力与政治合法性大幅弱化,从而成为美国绝对的战略竞争目标。

特朗普政府在对华价值链脱钩方面采取了三管齐下的做法:第一,不断提高关税以限制双边经贸往来;第二,实施投资限制和出口控制措施,审查并控制(限制或禁止)关键核心技术或战略性物资的对华出口;第三,根据《国际紧急经济权力法》(IEEPA)对在中国开展业务的美国公司发出威胁。无论美国政府由谁领导,这些当前的政策都预示着美国对华政策的新方向。美国和中国之间正在出现的战略竞争迫使美国得出与曾经的中国相同的结论,即关键技术的自给自足是国家安全不可谈判的因素。虽然特朗普政府的强制性经济行动效果有限,但它迎合了美国推动与中国进一步分离的宏观经济趋势。①

关税战初期美国对进口中国商品的关税平均为25%,这些商品以机械设备为主,是中国对美国出口量最大的单类产品,其中,特朗普政府选择了相对高科技的商品,如飞机轮胎、锂电池和雷达设备等。根据美国贸易代表的说法,这是一项有意的战略的结果,旨在削弱中国到2025年成为一个成熟出口国的努力。② 其中,智能手机及终端设备由于加工、封测、装配、销售等诸多产业环节依赖于中国工厂与市场,因此没有成为关税重点攻击行业,这也从反面证明了产业价值链的深度依赖限制了美国

---

① Sagatom Saha, Ashley Feng, Global Supply Chains, Economic Decoupling, and U. S. –China Relations, Part 1: The View from the United States Publication: China Brief , Volume: 20 Issue: 6, April 1, 2020. https://jamestown.org/program/global-supply-chains-economic-decoupling-and-u-s-china-relations-part-1-the-view-from-the-united-states/.

② Hung Tran, Economic and financial risks after the pandemic, Atlantic Council, Sep 29, 2020. https://www.atlanticcouncil.org/blogs/new-atlanticist/economic-and-financial-risks-after-the-pandemic/.

对制裁性控制权的随意使用。但另一方面，智能手机及设备由于复杂的技术密集属性，成为美国发起技术脱钩的前沿战场。过去两年的贸易争端引发了美国的重大讨论：外国政府和企业能够或应该在多大程度上追求与中国经济“脱钩”，以及它们应该在多大程度上考虑将制造业和供应链迁出中国。这些政策包括加强美国外国投资委员会（CFIUS）的改革；加强使用出口管制制度，特别是实体清单；并威胁使用《国际紧急经济权力法案》迫使美国公司返回美国。特朗普政府的贸易和投资限制不仅限于美国公司，还包括向第三方国家和公司施压，要求或迫使其遵守美国的政策欲求。而中国本土企业基于客观发展规律的产业外迁也在美国的战略冲击下被加速。

二、区域拆解战略

单一的国别关税措施并不会取得关税发起国所预期的效果，而只会引起产业价值链在全球范围内的转移。但随后美国采取了对某种产品的普遍关税措施，这将对产业价值链产生三个方面的影响：第一，该产品的进口量下降；第二，美国内部市场上该产品价格上升；第三，外部供应商倾向于将生产活动转入美国本土，造成了产业“虹吸效应”。另一方面，普遍关税作为美国重塑全球价值链的初步努力，其深层影响还体现在将现有国际贸易中的存量向以美国为核心的北美区域产业价值链体系进行回迁的挤压作用。

2018 年 11 月 30 日签署的美墨加协定自生效以来，在区域国际经贸规则方面对全球价值链重塑提供了向纵深调整的约束条件。与此前的北美自由贸易协定相比，美墨加协定框架主要集中在以下方面：第一，该协定的性质是对于原有北美自由贸易协定在21世纪的现代化升级与深化。第二，制定高标准的知识产权保护与数字贸易规则。第三，在农产品贸易领域深化美墨加三国之间的一体化程度，具体包括美国乳制品、禽蛋等农产品在北美地区的市场准入、产地标签保护、卫生检疫标准及配方保护，以及加强基因生物技术研发合作等措施。农产品贸易一体化程度的加深将直接扩展美国主导下的北美区域价值链的初级产品前向关联效应，即作为原材料的初级农产品生产技术改进对下游加工环节效能提升的撬动作用增强。第四，也是最重要的是重新平衡制造业发展，主要体现在原产地原则的升级方面：一是规定将汽车及零部件免税门槛的本区域原产地比例从北美自贸协定框架下的62.5%提高到美墨加协定框架下的75%，二是增加汽车免税门槛条件，即整车必须达到40%~45%以上由美墨加协定成员国工人生产，且工人平均工资不低于16美元/小时，且整车中某些关键零部件必须由美墨加协定国生产。① 该协定表面上是为美国提供稳定的高工资、高技能就业岗位来源，但实质上，价值链关联的改变未来还会在更高端的人工智能制造与技术服务领域扩散，同时导致全球价值链的结构性调整朝着美国主导掌控的方向发展。②

如果关税作为一级制裁手段、出口管制与对华技术断供作为二级制裁手段，那么美国自身制定的关税水平和（商品与实体）出口管制清单的适用范围扩散到国际社会则应被视为三级制裁手段。在这一层级，美国一方面在国内拟制定《美国对等贸易法案》，旨在将其关税规定在贸易伙

① https://ustr.gov/trade-agreements/free-trade-agreements/united-states-mexico-canada-agreement/fact-sheets/rebalancing.

② 李括：《美国科技霸权中的人工智能优势及对全球价值链的重塑》，《国际关系研究》，2020年第1期。

伴国之间同等适用。另一方面，构建其密集且复杂的对华政治、经济、科技安全封锁网络，目标地区与国家包括东亚的日本、韩国，东南亚的越南、印度尼西亚等，南亚的印度，以及传统的欧洲盟国；而目前已形成方案的对华封锁联盟有：针对中国军民两用技术及产品出口禁运的瓦森纳协议、针对中国第五代移动通信技术的布拉格协议、针对人工智能技术发展的"防务伙伴关系计划"[①]，以及旨在构建供应链弹性联盟的"经济繁荣网络计划"。

一方面，特朗普政府旨在减少对中国的依赖战略——产品和供应链药物、敏感技术、武器系统，以及任何对美国公共健康和国家安全至关重要的商品。另一方面，美国通过盟友对与美国之间保持紧密关系这一外交战略诉求的依赖性，对他国行为施加影响，实现依赖型结构性权力，从而实现其长臂管辖措施在亲密盟友之间的有效性。值得注意的是，这两方面战略措施不应被视作"孤立主义"层面的收缩，而应被当作美国将产业链、供应链向本土回归与多元化布局同时并进的过程中，巩固内外权力安全、重塑自身的国际领导角色的主动出击。而这个过程的另一面属性是通过"科技政治化"与"价值链武器化"在重构的全球价值链体系中实现"去中国化"，同时将已经嵌入到全球价值链中的中国网络加以"拆解"。

① 该计划由美国国防部联合人工智能中心（JAIC）发起，相当于人工智能领域的北约，合作成员包括美国、加拿大、英国、法国、日本、澳大利亚、韩国、芬兰、挪威、瑞典、以色列等。

第四节　权力与相互依赖悖论:疫情下的全球价值链关联对美国权力的约束

一、美国"控制权"运用与全球价值链相互依赖关系的互动关系

本节内容按照关联关系的紧密程度与行为体层面两个维度将全球价值链相互依赖关系划分为四种类型,即紧密型市场关联、紧密型国家关联、松散型市场关联、松散型国家关联(图4－1)。全球价值链视野中的国际相互依赖关系是国际政治经济学的重要议题,是国家与市场、主权国家与国际社会高度紧密互动的结果。现实中,中国与美国之间的价值链关联既是国际自由贸易市场分工的产物,同时也受到中美两个大国关系亲疏的根本影响;而欧洲市场向来以紧密的产业乃至产品内贸易被作为区域价值链分工合作的典范,但欧洲市场本身又是二战后"马歇尔计划"作为冷战战略的规划产物。因此,本节所做划分并非基于现实情况的严格区别,只是为了便于进行理论分析和理解而探索的框架与路径尝试,借以分析美国对全球价值链"控制权"的运用,在不同对象之间的施力方向和潜在的阻力来源。

根据前述部分的分析,特朗普任职期间所开启的全球价值链博弈中,对于当前以中国为代表的战略竞争对手而言,美国欲将两国间较为紧密的、以市场分工为基础的价值链关联关系进行降维,拉向由美国国家层面

进行管控与规划的松散型关系模式；而对于盟友或作为潜在盟友的合作伙伴而言，美国则欲将当前政治经济作用较为均衡的紧密型价值链关联关系进行升维，拉向同样由美国管控的紧密型国家关联模式。换言之，无论是战略对手还是盟友伙伴，美国在当前乃至未来的全球价值链博弈战略中都将加强国家层面的管控与介入；而在关系紧密程度上对战略对手进行降维解构，对盟友伙伴进行升维重构，从而实现对全球价值链相互依赖关系结构的重塑。

另一方面，美国所施加的"控制权"作为一种矢量，将必然面临与其作用方向相对冲的阻力。在图4-1中，横向坐标上表现为既有市场关联的经济路径依赖，以及纵向坐标上表现为制度规范重构中所面临的政治成本与制度耗散机理。

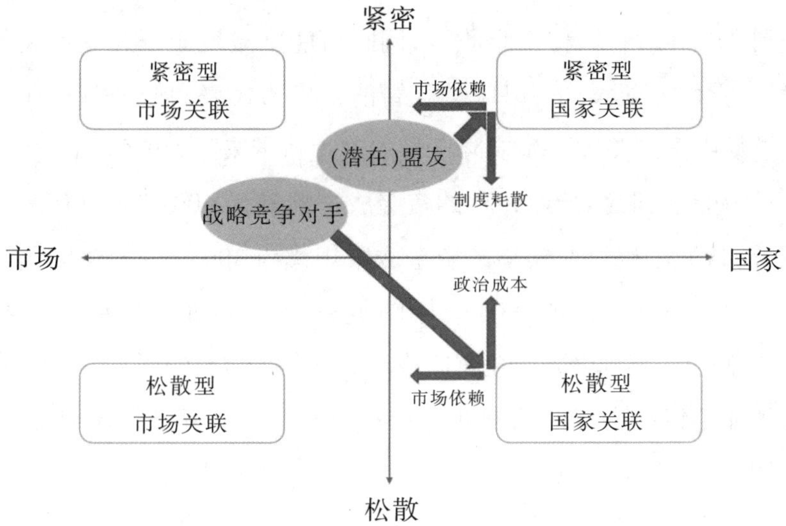

图4-1　疫情下美国"控制权"与全球价值链相互依赖关系互动模式

二、美国利用"控制权"对战略对手价值链关联降维解构的阻力

按照前述分析,在战略竞争对手的博弈中,美国控制权的运用面临市场依赖与政治成本的阻力。

市场方面,首先在于美国降维解构原有价值链关系的成本问题。即美国的全球价值链重塑与对华价值链拆解战略的问题在于,它在打击中国参与的全球价值链网络的同时,也打击了那些以中国机械、设备及产品为中间投入品而建立起供应链系统的美国企业。将中国供应商从全球价值链中精准地剔除将需要较长的产业周期,且面临高昂的经济成本。虽然关税的财政效应会使美国政府收入增加,但最终的结果是美国企业向政府转移资金收入,同时可能削减就业作为支付关税成本增加的对冲。据分析,以服装和智能手机为代表的传统制造业产业价值链从中国向美国发生实际迁移的过程将带来巨大的时间与资金成本。具体而言,服装行业转移的资金成本规模为400亿~500亿美元之间,而智能手机行业转移的资金成本规模为300亿~350亿美元左右;同时,转移实现后的美国本土市场将在两个行业中分别面临46%和37%的生产成本增幅,进而造成消费者价格15%的增幅;此外,服装与智能手机两个行业的产业链迁移与布局将耗费5~10年的时间成本。①

① Goldman Sachs Global Investment Research, MADE IN THE USA ... OR CHINA? 25 Years of Supply Chain Investment at a Crossroads, 2017/03/24, p. 32, 42. https://www.goldmansachs.com/careers/divisions/global-investment-research/.

其次，在疫情期间，美国乃至全球其他国家尚不能在短期之内发展出替代中国的高素质劳动力队伍，以及相应的、基于基础设施的产能体系。因此，美国的关税对中美双边出口可能并不会造成太大的直接影响，也不会对中国国内这些产品的供应链产生过大挤出性影响；由于海外疫情仍然严峻，甚至出现了中国周边国家（如印度等）因复工困难出现劳动密集型产业供应链体系失能，相应国际订单向中国“逆流入”的现象。可见，实际上中国产业价值链的迁出可能只会在较小的程度上发生，低价值的简单商品可能会被淘汰，但有议价能力的更复杂的商品仍会得以保留。如在一些消费电子产品领域，中国处于复杂的全球价值链中间环节的枢纽位置，因此几乎是不可替代的。

政治方面，美国虽然处心积虑地发起全球供应链“可信赖”联盟，意图拆解全球价值链中存在中国嵌入的成分，这种硬性对抗式战略需要透支美国的国际社会权威与公信力。但现实结果却是，美国跨国公司依赖中国作为销售市场和全球制造枢纽，这可能会强化某些与美国国家安全与国际权力安全有关行业的依赖性，而不是削弱。此外，全球价值链的韧性还体现在国家作为经济实体之间存在的刚需性合作。例如，尽管中美关系自 2018 年以来持续紧张，但在疫情的冲击下中美之间在新冠病毒潜在抑制剂甘草酸研发、瑞德西韦制剂授权并配合生产，以及中美在人工智能峰会（AAAI）等方面的合作，反而突出了中美之间在关乎人类共同命运的前沿科技领域进行合作的刚性需求，说明全球发展与合作既需要中国的力量与智慧，也需要中美之间相向而行的合力。由此可见，有悖于政治经济基本规律和客观形势对全球价值链体系中业已形成的相互依赖关系进行人为拆解，将使得维持这一战略选择的政治成本大幅增加。

三、美国利用“控制权”对盟友伙伴价值链关联升维重构的阻力

在面对盟友伙伴时，美国的控制权同样会面临市场依赖和制度耗散两方面的阻力。

在市场方面，美国的全球价值链重塑战略面临着权力与相互依赖的逻辑悖论，即美国不得不在强化其权力的过程中加深对盟友与经贸合作伙伴之间的产业价值链嵌合深度。这一过程将必然强化美国对盟友伙伴间价值链关联的依赖性，以及相应的敏感性与脆弱性；另一方面，美国也必然在其试图利用权力重塑以全球价值链为表现形式的国际相互依赖关系形态时，面临难以预料，甚至不可控的权力挑战与反噬。这一反噬具体体现在，美国在运用着价值链控制权的同时，在客观上会让渡某些利益，例如在产业链的全球布局中，美国获得了贸易体系、规则的制定权，以及价值链的高端地位与附加值收入，但同时必然转移了制造业就业岗位与国内产能布局。换言之，从本质上来说，任何权力都是一种带有互动属性的关系，全球价值链的合作韧性必将造成对美国重塑战略的弱化。这也是 20 世纪 80 年代后美国联盟内部，先后由日本、欧盟向居于主导地位的美国发起竞争的深层原因。

在制度耗散方面，美国对全球价值链控制权的运用将面临盟友伙伴在制度框架下的机制功能耗散化、发展路径离散化，以及战略诉求竞争化三个主要趋势：

首先是机制功能耗散化。美国对盟友伙伴之间的价值链体系的升维重构必然需要与欧洲之间达成与美墨加协定相匹配的贸易协定，否则将

使得以美墨加协定为主要基础的全球可信赖供应链联盟的战略措施出现对标难题，从而陷入协调性困境。其具体原因在于美墨加价值链上的加拿大和墨西哥企业能同时以优惠条款进入欧洲和北美市场；而美国的则需要面临在北美区域与欧洲市场不对等的市场准入等竞争条件。这种广泛的联盟是在特定的历史阶段下形成的“应激－反应”式产物，而国际战略博弈的焦点领域是随着形势的发展而动态演变的，这就决定了美国联盟机制的构建从长期来讲，存在着合法性与运行结构合理性的双重耗散阻力。

其次是发展路径离散化。作为美国潜在盟友的国家在对外经济政策中的国内结构因素逐渐开始浮现并发挥越来越具有决定性的作用，从而使得美国在今天虽然仍占优势，但它不再据有压倒性强国的地位。[①] 例如，韩国和马来西亚等国家的内部产业结构主要作为中国的区域性价值链上游供应商和下游承接商，已经围绕着为中国的生产设施与销售渠道提供原料与市场而建立了自己的国际产业链生态。其他产业链、供应链结构不那么复杂的公司，如食品和饮料公司，则正在将生产转移到国内或近岸本土。这一形势虽然符合了美国促使全球价值链“去中国化”的预期，但由于缺乏产业关联基础，并未能将分离出的环节纳入自身控制的价值链体系中，即“去中国化”并未促进“再美国化”，而是催生了更多的“离散化”“碎片化”“本土化”价值链环节，这将带来的是全球价值链体系更大的不确定性与不可控性。

最后是战略诉求竞争化。权力的双向互动属性，决定了美国对盟友

① ［美］彼得·J. 卡岑斯坦编：《权利与财富之间》，陈刚译，吉林出版集团有限责任公司，2007 年，第 362～363 页。

伙伴价值链关联的升维重构将不得不把盟友的战略利益诉求纳入谈判妥协的议程之中。而当前传统的欧洲盟友和以印太地区为代表的新兴潜在盟友，都将嵌入美国主导的全球与区域价值链作为增强自身发展模式的工具和杠杆。换言之，美国盟友的实质战略诉求并非与美国结成意识形态或政治联盟，而恰恰与中国相同，即谋求扩大自身对全球价值链体系的参与权和嵌入份额，从而增强在全球价值链相互依赖关系结构中的“动议权”。在这个意义上讲，美国当前的盟友正是其未来长期战略竞争对手的雏形。

第五章　欧盟对全球价值链参与调整与结构重塑

全球价值链是目前世界经济发展的主要动力之一，世界各国通过有效的生产分工和国际贸易，形成了相互影响、相互依赖的整体。2020 年初，新冠疫情的暴发扰乱了世界经济的正常运行秩序，全球价值链也受制于生产的停滞和贸易的中断，不能为各国经济继续提供发展的动力。作为参与全球价值链的核心经济体之一，欧盟经济也受困于新冠疫情而出现显著衰退。但是困扰欧盟经济的并非疫情本身，更大程度上是全球价值链被破坏进而引发的欧盟经济结构的连锁反应。那么欧盟该如何应对目前的困境呢？在疫情的困扰下，欧盟对全球价值链的参与将出现哪些可能的变化，进而如何重塑全球价值链格局？

第一节　欧盟经济在疫情背景下的困境

受新冠疫情的影响,2020 年欧盟经济下滑严重。从宏观经济角度看,据国际货币基金组织的估计,2020 年欧盟国内生产总值增长率将为 -8.3% ,低于 -4.4% 的世界平均国内生产总值增长率和 -5.8% 的发达国家平均国内生产总值增长率,并将触及欧元区成立以来的最低水平。作为欧盟经济的主要拉动国,德国、法国、意大利、西班牙的国内生产总值增长率分别为 -6.0% 、-9.8% 、-10.6% 、-12.8% ,其衰退程度直追二战末期水平。[①] 但是新冠疫情的暴发与蔓延只是欧盟经济大幅下滑的导火线,其背后长期隐藏的结构性问题更加值得关注。具体来看,这些结构性问题体现在三个方面:

首先,欧盟对全球价值链的参与程度较深,其经济发展极易受国际经济波动的影响。长期以来,欧盟是国际贸易的主要参与者,也是全球价值链框架下的三大区域分工之一。[②] 通过深度参与国际贸易与国际分工,欧盟获得了全球范围的上游供应和下游需求,这也是欧盟经济得以保持活力的根源。然而由于欧盟成员国的对外贸易依存度[③]较高,欧盟经济对国际贸易体系的依赖程度也较高,存在着抗击国际供应链风险能力较弱的隐患。根据世界银行的统计,2015—2019 年,世界各国平均对外贸

---

① IMF, World economic outlook, 2020 October, p. 55.

② 全球价值链三大区域分工分别为欧洲分工体系、东亚分工体系、北美分工体系,参见杜大伟、王直等:《全球价值链发展报告(2017)》,社会科学文献出版社,2018 年,第 75 页。

③ 对外贸易依存度,即一国的经济依赖于对外贸易的程度,其定量表现是一国进出口贸易总额与其国内生产总值之比。

易依存度为 42%～46%，而同期欧盟总体对外贸易依存度则徘徊于 69%～73%之间，作为欧盟内部主要经济体，德国、法国、意大利、比利时、荷兰在这五年间的对外贸易依存度平均值分别达到了 71%、44%、49%、166%、145%，均高于或等于世界平均值。[①] 同时，从贸易产品细分来看，2019 年，制造业下的工业制成品（SITC 5－8）是欧盟参与进出口贸易的最大产品构成，占欧盟进出口总值的 80%以上，而作为欧盟支柱产业的"机械和运输产品"（SITC 7）则占欧盟进出口总额的 30%左右。[②] 这就表明，制造业是欧盟参与全球价值链的主要产业，而制造业下的汽车零部件、机械设备、中间产品等要素则构成了欧盟参与国际贸易的主要流通产品。在这种高度依赖国际贸易环境并以工业制成品为主导的外向型经济结构下，欧盟所需的国际供应链和需求链本身具有"供应专业化高、需求弹性弱"的特征，因此稳定和扩张的全球价值链环境才能保障欧盟经济的平稳运行。然而随着近年来全球范围内的贸易摩擦愈演愈烈，欧盟赖以生存的世界经济秩序正在遭到破坏，而新冠疫情的突然出现更加剧了欧盟外贸环境的恶化，其自身所依赖的国际供应链与国际需求链出现了停滞，进而直接引起了欧盟生产能力的下降和整体经济的萎靡。

其次，欧盟区域价值链生产能力不足，难以实现区域内的有效供应是困扰欧盟经济发展的内部问题。从对欧洲经济状况的梳理中可以看到，疫情暴发前，在全球贸易局势紧张的压力下，欧洲就已暴露出经济结构失衡所带来增长脆弱性问题。[③] 从国内生产总值增长角度来看，2015—2019

---

① Word Bank, Merchandise trade (% of GDP)-European Union, https://data.worldbank.org/indicator/TG.VAL.TOTL.GD.ZS? locations = EU.

② UNCTADSTAT, https://unctadstat.unctad.org/wds/TableViewer/tableView.aspx.

③ 陆婷、东燕：《后疫情时期欧洲经济的困境与出路》，《全球化》，2020 年第 4 期。

年，全球国内生产总值平均增长率为 2.8%，而欧盟在这五年间的增长率则为 2.2%。[①] 究其原因，一方面在于近年来多个国家相继采取了贸易保护的措施，挑起了国家间频繁的关税摩擦和贸易摩擦，造成欧盟所长期依赖的国际贸易环境持续恶化；同时，英国脱欧与难民问题也加剧了欧盟的内耗，影响了经济的健康发展。另一方面，作为欧盟经济的主要引擎，德国国内生产总值五年来的平均增长率仅为 1.7%，低于全球和欧盟平均水平，成为拖累欧盟整体经济增长的一大关键原因。长期以来，德国凭借制造业的优势位于欧盟区域价值链的核心位置，主导着欧盟经济的发展走向。[②] 这一区域价值链的分工模式大致表现为"德国终端制造、采购中间件，其他国家供应"，并通过制造业下的中间产品和终端产品流通最终实现欧盟境内生产的循环。但是近年来欧盟多个国家出现了"去工业化"和"产业空心化"的趋势，制造业增加值在欧盟国内生产总值中的比重由 2016 年的 15.1% 下降至 2019 年的 14.5%。同时，在欧元区的作用下，欧盟的消费市场逐渐统一，成员国购买力并未受到生产能力下降的干扰，这就促使传统的区域价值链演化为"德国生产、中东欧国家供应、欧盟整体消费"的新分工模式。在这一模式下，欧盟区域内存在明显的生产与消费不协调的困境，欧盟区域价值链的供应和需求水平日益下降，以至于在国际贸易摩擦和新冠疫情的双重打击下，欧盟内部产业链的脆弱性在短期被突然放大，难以对外部依赖形成有效的"替代"效应。因此，欧盟区域价值链自身生产能力不足的固有问题成为新冠疫情背景下欧盟经济

① Word Bank, GDP growth (annual %)-European Union, https://data.worldbank.org/indicator/NY.GDP.MKTP.KD.ZG?locations=EU.

② 余南平、黄郑亮：《全球与区域中的国际权力变化与转移——以德国全球价值链的研究为视角》，《欧洲研究》，2019 年第 2 期。

下滑的内生性因素。

最后，主权国家与区域联盟长期存在关系矛盾。欧盟作为欧洲一体化的产物，是欧洲大部分国家的政治经济联盟，其存在与发展的基础在于主权国家向欧盟让渡一定的政治经济主权。特别是“欧洲单一市场”的建立为成员国商品、人员、服务和资本在欧盟范围内的自由流动提供了保障，取消了各主权国家在边境检查与管控方面的权力。然而欧洲各国在应对新冠疫情时，需要加强对边境的监管，增强对人员流动的限制，并对流通货物做必要的检查，这就与欧盟现行治理模式产生了冲突，出现了运行机制不协调的一面，从而在一定程度上引发了经济运行的混乱。与此同时，在欧洲一体化过程中，虽然欧洲主权国家把国内一系列管理权限让渡给欧盟，以实现欧盟内部“协调一致”的目标，但欧盟在公共卫生领域的权力却极其有限，缺乏立法或条约赋予的协调、推动成员国在公共卫生领域合作的权力。因此，在抗击疫情的初期，由于欧盟不能及时出台防疫封锁、调动防疫物资、调配医疗资源、采取边境管控和检疫等应对措施，欧盟成员国出现了“各自为政”“相互自保”的局面。[①] 欧盟在应对疫情时出现的种种不力行为，从根源上说，是由于整个联盟机制框架和协调方案未能考虑到国际公共卫生危机这一罕见的突发议题，从而造成了机制设定与现实问题不协调的后果。更重要的是，这一后果又引起了欧盟内部的一系列政治经济连锁反应：主权国家对欧盟在维护民众健康、协调各国行动方面的能力产生了怀疑，民族主义、本土主义的倾向有所抬头。一些极右翼政治团体借助新冠疫情放大了“反一体化”“反移民”“贸易保护”等主张，进一步加剧了欧盟内部分化的危机。可以说，在抗击新冠疫情过程

① 董一凡：《疫情挑战将推动欧盟加强内部团结》，《大众日报》，2020 年 10 月 22 日。

中，欧盟对主权国家的约束力和领导力进一步遭受质疑，这将继续削弱欧盟的内部凝聚力和欧盟的国际竞争力。

综上所述，新冠疫情下的欧洲经济暴露出了欧盟自身一系列结构性问题，如对外部经济依赖性强、抗国际风险能力不足以及对内缺乏有效的生产供应、不能满足区域内的需求，而欧盟成员国与欧盟整体的矛盾关系则进一步限制了欧盟整体力量的发挥。这些问题充分暴露了欧盟一体化中的短板和结构性矛盾。

第二节　欧洲“经济主权”和“技术主权”的提出

新冠疫情的暴发揭露了欧盟经济的一系列结构性问题，其核心在于欧盟一体化架构下内部整合能力的欠缺，这导致欧洲区域价值链缺乏“闭环效应”，不能形成内部有效的供给和需求循环。这些问题一方面加剧了欧盟主权国家“独立自主”的想法，另一方面引起欧盟经济增长的乏力。由此，欧盟委员会主席乌尔苏拉·冯德莱恩决心加速推进欧洲“经济主权”和“技术主权”战略的想法，其目标在于对内增强欧盟对各成员国的经济领导力，对外有效应对与美国和中国的战略竞争。

欧洲“经济和技术主权”概念的提出并非源于疫情，2016 年，欧盟委员会提出了“欧洲战略自主”，强调欧盟在大国权力竞争中要保持经济与安全领域的自主性。随后，2017 年法国总统马克龙和欧盟委员会前主席容克认为，实现“欧洲主权”是保障欧洲“战略自主”的前提和基础，而“欧洲主权”则主要包含“经济主权”和“技术主权”两部分。2019 年冯德莱恩当选欧盟委员会主席之时，便着手推出了施政纲领，提出要加强欧洲

“经济主权”和“技术主权”的想法；同年 11 月，欧盟委员会发布《加强面向未来欧盟产业的战略价值链》，提出欧盟要在“六大战略性产业价值链”[①]领域增强自身的竞争力和全球领导地位。2020 年以来，欧盟委员会发布了三十多份有关欧盟产业发展和技术进步的政策性文件，旨在把欧盟“经济和技术主权”的战略构想落实在产业和技术发展的实处。根据冯德莱恩上台以来所出台和发布的一系列文件，有学者梳理出欧盟“经济主权”和“技术主权”所涉及的主要内容并予以了分析。[②] 与欧盟传统的经济规划不同，此次欧盟“经济主权”和“技术主权”最重要的特征在于“主权”概念的强化，具有对内、对外双重影响。

从欧盟内部来看，“经济主权”和“技术主权”的提出将导致欧盟“超国家权力”的影响范围深入到欧盟成员国产业和技术的基础层面。在欧洲一体化过程中，国际环境能够影响欧盟“超国家权力”的运用，增强或减弱欧盟的权力。一般而言，如果全球化进展顺利，欧盟倾向于加强贸易、金融工具的运用，而对忽视产业链、价值链和技术层面的关注；而当全球化受阻和外部战略博弈加强时，欧盟则更关注内部产业安全，对应的“经济主权”的就会加强。也就是说，各种危机本身也给欧盟的“超国家权力”提供了某种发挥空间，使其有机会将触角深入至成员国的产业和技术领域，并引导和附和欧盟区域内与“经济主权强化”相关的公共舆论。因此，在新冠疫情的影响下，欧洲一体化进程面临前所未有的压力，这造成欧盟“超国家权力”向成员国经济基础领域的深入。一方面，欧盟对产

---

① 这六大战略性产业价值链包括：互联、清洁和自动驾驶的汽车；氢能技术和系统；智能健康；工业物联网；低碳产业；网络安全。See European Commission, Strengthening Strategic Value Chains for a future-ready EU Industry.

② 忻华：《“欧洲经济主权与技术主权”的战略内涵分析》，《欧洲研究》，2020 年第 4 期。

业政策的制定更为细致,从过去集中于“横向”政策逐渐朝着“纵向”转移。欧盟“经济主权”表现为欧盟委员会对各成员国的扶植、竞争、补贴等规则制定的干预,形成自上而下相互统一的政策法规体系,从而确保欧盟委员会对各成员国产业发展的集中领导与控制,争取促成成员国之间的“协调一致”。另一方面,欧盟在技术领域突出“技术主权”概念。“技术主权”强调欧盟对技术的研发、应用、竞争规则等完整产业链的掌控,包括以数字技术和绿色经济为立足点,重点扶持“六大战略性产业价值链”的建设,以保持欧盟高新技术的国际竞争力。

从欧盟外部来看,“经济主权”的提出意味着欧盟将以“地缘政治”为思维导向,旨在争夺世界发展的“领导权”。“经济主权”和“技术主权”的隐性含义,在于应对欧盟所面临的地缘政治经济环境的变化。域外大型跨国公司的扩张与国家对外战略的相互结合在地缘经济战略上对欧盟形成了挤压效应。尤其是相较于美国和中国这两大全球性竞争对手,欧盟目前无论是在经济体量上,还是在新技术引领方面都无法与之相抗衡,这就引起了欧盟精英阶层和保守派团体的“集体性忧虑”。新冠疫情造成了欧盟经济发展的巨大困扰,加剧了这种焦虑性的蔓延。欧盟领导阶层认为,只有重新取得国际“领导权”才能摆脱被中美两个大国的战略支配。正如冯德莱恩在讲话中强调的那样,欧盟是“全球性行为体”(Global player)而不是“全球游乐场”(Playground)。① 为此,欧盟一方面要改变区域内企业的并购和竞争制度,以消除阻碍欧盟区域内大型企业扩张和产业升级的制度性障碍,集中境内资源提升欧盟企业实力,有效应对来自中

---

① European Commission, Keynote speech by President von der Leyen at the Business Europe Day 2020, https://ec.europa.eu/commission/presscorner/detail/en/SPEECH_20_397.

美企业的竞争；另一方面，对域外企业的收购、融资采取更为严厉的监管措施，以防止域内企业资产和技术知识产权遭受域外企业的“窃取”。

总体来看，欧盟“经济主权”和“技术主权”是欧盟在欧洲一体化进程出现困境、自身经济结构性问题凸显并面临竞争危机的背景下，提出的一整套涵盖产业发展、技术升级、制度变迁、环境改良等领域的措施，旨在加强欧盟层面对各成员国经济发展的管控。通过扶持境内大型企业与完善技术开发的竞争环境，欧盟试图提升自己的整体国际竞争力，塑造自身在国际产业发展的“领导权”，以有效应对新冠疫情造成的发展不确定因素。

第三节　新冠疫情下欧盟参与全球价值链的调整

欧盟试图通过“经济主权”和“技术主权”的战略手段，强化对产业和技术的控制力，以达到提升欧盟经济竞争力、夺取国际发展“领导权”的目标。这在某种程度上也成为欧盟应对新冠疫情的两大重要举措。受新冠疫情和欧盟自身发展战略的变化的影响，欧盟势必对自己参与全球价值链的路径做出必要的调整，这种调整主要表现在四个方面：

首先，新冠疫情导致欧盟对外贸易出现显著变化，进而直接影响到欧盟对全球价值链的参与格局。

从国际贸易层面来看，与2019年同期相比，2020年前8个月，欧盟对外出口额增长率为－12.4%，对外进口额增长率为－13.4%。从欧盟与其主要贸易伙伴的进出口情况来看，欧盟在这期间对中国出口增长率为－1.1%、进口增长率4.4%，对美国出口增长率为－10.7%、进口增长率

为 -11.9%，对英国出口增长率为 -19.4%、进口增长率为 -16.1%。[①]也就是说，欧盟在2020年前8个月的进出口贸易中，除了从中国的进口呈正增长外，其余贸易额均呈负增长。从贸易产品角度来看，欧盟在疫情期间各项产品的进出口增长率都呈下降态势，只有与疫情相关的防疫物品呈正增长。据统计，相比于2019年同期，2020年上半年欧盟进口量增长最多的防疫物品为防护服（+187%）、灭菌产品（+73%）和氧气设备（+28%），主要进口来源地是中国；而同期欧盟出口增长率最高的则是杀菌产品（+24%）、诊断测试设备（+13%）和医疗耗材（+13%），最大的出口对象国是美国。[②]

因此，在疫情影响下，由于欧盟对外贸易的大幅下降，欧盟对全球价值链的参与度也必然呈现下降态势，而欧盟在全球价值链中的伙伴选择也将与世界各国经济恢复的程度直接关联。同时，由于防疫物品需求量大增，此类物品成为欧盟对外贸易增长的主要组成部分，并可能推动防疫物品领域新的全球价值链模式的形成。在这一新模式中，中国将是欧盟的上游供应方，而美国则是欧盟防疫物品的下游需求地，中美欧之间将形成新的跨洲际循环。

其次，欧盟未来对全球价值链的参与将在“规则”和“标准”的前提下，逐步向“保护主义”倾斜。

长期以来，欧盟是全球自由主义贸易秩序的坚定维护者，但是随着“主权”概念在经济和技术领域的逐步强化，其未来可能转向经济现实主

① Eurostat, Euro area international trade in goods surplus 14.7 bn, August 2020.

② Eurostat, EU trade in COVID-19 related products, https://ec.europa.eu/eurostat/statistics-explained/index.php?title=EU_trade_in_COVID-19_related_products#China.2C_the_United_States_and_Switzerland_largest_trade_partners_for_COVID-19_related_products.

义和经济民族主义的思维方式。这就必然导致欧盟在对外贸易和对外技术合作将以本土利益为出发点,实行带有“保护主义”倾向的对外经济政策。

这种“保护主义”将存在两点“欧盟特色”:其一,欧盟的“保护主义”倾向不是单方面的行政手段的采用,而是在规则的框架下进行。近年来,欧盟不断对旧的贸易规则进行修订,内容涉及贸易调查、投资审查、惩罚性关税、市场准入等。从《通用数据保护条例》的实施到以法国为代表的欧洲国家纷纷启动数据税,以及为了推进气候变化全球治理而讨论实施碳关税,都反映出欧盟利用其规范性力量,强势为全球相关产业制定规则所做出的努力。① 而在规则的作用下,欧盟将通过更为隐蔽的“贸易保护”手段,推动伙伴国市场的“对等开放”,维护自身的贸易利益。其二,在技术创新领域强调技术标准的重要性。目前,相对于中国和美国,欧盟在技术创新领域并不占优势,但是欧盟将利用技术标准作为技术话语权,积极抢占新技术革命所涉及的道德、法律、规范等标准的国际高地,把公平、开放、人权保护、多元友好等具有“欧盟价值观”融入的国际技术竞争中,并最终在新技术革命中实现“弯道超车”。②

再次,全球价值链的“安全性”问题成为欧盟关注的重点。

传统意义上,全球分工体系得以构建的前提是国家间比较优势和要素禀赋差异,在这一基础上,生产环节需要更高的专业化和细致化。这就要求全球价值链逐渐表现为“精益分工”的模式。其结果是生产环节被

---

① 金玲:《“主权欧洲”、新冠疫情与中欧关系》,《外交评论》,2020 年第 4 期。

② 黄郑亮:《全球价值链视野下的欧盟人工智能竞争力分析》,《国际关系研究》,2020 年第 1 期。

越来越多地分散，全球价值链的长度与广度正在显著增加。[①] 但是“精益分工”模式也造成了价值链风险的扩大，即任一分工环节出现不可控因素，将影响到整个价值链的正常运行，这对那些深度参与全球价值链的经济体影响尤其大。新冠疫情的暴发使全球产业链和供应链陷入暂时的停顿状态，进一步暴露出欧盟企业对全球价值链深度融入与对国际产业链高度依赖的弊端，特别是外部供应链的停滞，影响了不少欧盟企业正常的生产活动，造成欧盟经济的下滑。

为此，2020 年 4 月，欧盟外交与安全政策高级代表博雷利提到，在经济全球化进程中，欧盟充分享受到了国际供应链带来的诸多红利，但这也让欧盟放松了对供应链风险的警惕，忽视了国际供应链脆弱性的一面。欧盟需要设计一种新型的全球化安排，以在开放市场和国家安全之间取得平衡。[②] 这就反映出，新冠疫情的出现放大了欧盟统治阶层对产业链安全性的担忧，因而价值链和供应链体系的安全性成为欧盟在疫情背景下恢复经济首先需要思考和面对的问题。从这一逻辑来看，未来欧盟参与全球价值链的出发点将不再是单纯的比较优势和要素禀赋差异，而会夹杂着更多的产业安全考虑；或者说，在追求专业化和精益化分工的同时，欧盟对全球价值链的参与还会更多地考虑安全性因素。

最后，欧盟实现全球价值链安全性的方式是构建内部产业链“本土化”与外部供应链“多样化”相结合的价值链体系。

欧盟提高全球价值链安全性的实现路径可以分为内外两个方向。对内，欧盟将构建自主循环、战略自主的“本土化”产业链体系，这一思路与

---

① 黄郑亮：《越南制造业在全球价值链的位置研究》，《东南亚研究》，2019 年第 5 期。

② Josep Borrell, The post-coronavirus world is already here, 30 April 2020, https://ecfr.eu/publication/the_post_coronavirus_world_is_already_here/.

其"经济技术主权"建设不谋而合。"经济主权"和"技术主权"本质上是一种经济和技术"民族主义"的表现,即借助"主权"构建一种具有排他性的区域价值链网络,以减轻或摆脱对外部技术和供应的依赖,确保自身产业链的安全与自主可控。欧盟"本土化"措施一方面包括"经济主权"下构建统一的"纵向管理"体系,提升内部共同市场的运作效率,加强成员国的"协调一致";同时,在"技术主权"下优化欧盟技术研发的竞争环境,减少阻碍欧盟内部企业研发和高科技企业做大做强的机制性障碍,完成内部产业链的自主可控。另一方面,"本土化"措施还包括构建内部产业链的循环体系,在关键领域实现"战略自主权",通过产业扶植政策引导欧盟供应链体系的回流,减少对外部产业链的"依赖"。2020 年 6 月,欧盟委员会通过了斥资 7500 亿欧元的复苏基金计划,力图实现原材料领域(Critical Raw Materials)供应链实现高度自给,完成本土的"供应 - 需求"产业链建设,以减少外部不可控因素的困扰。①

与"本土化"建设同时进行的是对外搭建"多样化"的供应链配置。对于那些供应链体系复杂、难以在短期内降低依赖的国际供应链,要通过分散外部供应源,减少对单一国家的集中依赖,以分散供应链风险和最大限度地保障安全性。在疫情困扰下,欧盟在外部供应链分散化的道路上采取了两项具体行动:第一,与越南达成自由贸易协定。2020 年 6 月,欧盟与越南达成自由贸易协定(European Union Vietnam Free Trade Agree-

---

① "关键原材料"被视为欧盟要实现产业链安全性与本土化的行业之一,2020 年 6 月,欧盟委员会通过了财政扶植计划,9 月 3 日,欧盟委员会发布了《关键原材料行动计划》和《2020 年关键原材料清单》,提出建立欧盟工业生态系统的弹性价值链、加强欧盟内部原材料的采购、从第三国采购多样化、通过欧盟技术创新减少关键原材料对外部的依赖等四项措施。See European Commission, Commission announces actions to make Europe's raw materials supply more secure and sustainable, https://ec.europa.eu/commission/presscorner/detail/en/ip_20_1542.

ment, EVFTA)。根据协定,欧盟将对越南 65% 的出口产品免征关税,越南对欧盟 71% 的出口产品免征关税,其余多达 99% 的产品关税将在未来 7～10 年内先后取消。这一协定的签署有利于越南“劳动密集型”产品对欧盟的出口,[①]欧盟与越南将在电子产品、纺织品、鞋类、农产品等产业领域建立稳定的双边价值链关系。第二,印度也有望成为欧盟“多样化”国际供应链的扩展方向。2020 年 7 月,欧盟与印度签署了《民用核合作协议》。据此,双方将在民用核能开发等技术密集型产业开展双边合作。除此之外,在随后召开的印度－欧盟虚拟峰会上,双方还把签署《广泛贸易和投资协议》(Broad－based trade and investment agreement, BTIA)置于“高度优先”位置,并有望在后期陆续达成包括优惠贸易协定(PTA)、自由贸易协定(FTA)在内的一系列欧盟－印度双边贸易协定。[②] 可以预见,未来欧盟与印度在“技术密集型”产业领域开展的合作将和欧盟与越南的“劳动密集型”合作产生“互补”效应,共同构筑欧盟“多样化”的国际供应链体系。

总体来看,欧盟未来对全球价值链的参与,将是一种内部“本土化”与外部“多样化”相结合的价值链布局体系,进而实现价值链“安全性”的最终目的。

---

① Vietnam Briefing, Vietnam－EU Trade: EVFTA Comes Into Effect, https://www.vietnam-briefing.com/news/vietnam-eu-trade-evfta-comes-into-effect.html.

② The economic times, EU trade pact high priority, hopeful of working towards a FTA: Piyush Goyal, https://economictimes.indiatimes.com/news/economy/foreign-trade/eu-trade-pact-high-priority-goyal/articleshow/78541934.cms.

第四节　新冠疫情下欧盟与中国价值链关系重塑

在新冠疫情与欧盟实施“经济和技术主权”的双重影响下，欧盟将对参与全球价值链的传统方式做出明显调整，进而对欧盟与中国的价值链关系产生一定程度的影响。这些影响主要表现在以下若干方面。

首先，从短期来看，欧盟与中国价值链关系将更为紧密。近年来，中国是欧盟第一大商品进口来源地、第三大商品出口地。[①] 欧盟与中国在汽车、机械、飞机、电子产品制造等领域形成了稳定的价值链关系，基本表现为“欧盟进行生产源头的设计和研发，并对产品进行必要的加工升级；中国则提供上述产品的零部件等生产材料，进行后期组装并出口至全世界”的跨区域价值链模式。新冠疫情暴发后，中国通过有效的管控措施，迅速成为全球疫情控制最好的国家之一，是第一批完成复工复产、国内生产生活逐渐走向正常化的国家。这表明，恢复生产能力的中国将继续发挥着为欧盟供应中间产品、提供生产原材料的作用。反观欧盟其他主要伙伴国与欧盟自身的成员国，目前尚未完全摆脱疫情的困扰，生产能力也未得到有效恢复，这就为中国扩大对欧盟的供应和需求提供了机遇，在一定程度上形成了对欧盟其他价值链伙伴国的“替代”效应。同时，在疫情的催生作用下，中欧双方还有望在防疫物资、疫苗开发、医疗护理等卫生健康领域，开发出新的基于价值链的合作关系。欧盟对中国的医疗防护

① 中国长期以来是欧盟第二大出口地，但是在英国宣布“脱欧”以后，英国成为欧盟第二大出口地，中国成为欧盟第三大出口地。

服、灭菌产品、氧气设备等产品的需求扩大,而中国也会在疫苗研制、医药开发等领域加深与欧盟的合作。因此,在中国率先实现复工复产,而其他国家尚未走出疫情困扰的背景下,欧盟与中国的价值链关系将更加紧密。

其次,从长远来看,中国与欧盟的价值链竞争趋势将日益明显。新冠疫情造成的中欧经济合作加速只是暂时性的,而影响更为长远的则是欧盟的主权观念在经济和技术领域的深入。在全球价值链框架下,中国生产能力的逐渐恢复将促使中国的全球价值链规模进一步扩大,进而提升中国在供应端与需求端对欧盟价值链的影响能力。同时,中国在新技术研发和应用领域的进步将带动中国在全球价值链中的位置攀升并直接对欧盟的价值链位置形成竞争压力。在这一背景下,欧盟致力于通过“经济主权”和“技术主权”塑造,既要努力摆脱对中国的价值链依赖,又要在技术竞争领域保持欧盟的既有优势地位。因此,欧盟对中国的贸易和技术态度逐渐强硬,甚至出现保护主义倾向。在2019年欧盟委员会发布的《欧盟-中国:前景展望》的报告中,明确把中国定义为“经济竞争者”(economic competitor)和“系统性对手”(systemic rival),认为中国不再是一个发展中国家,而是一个关键的全球参与者和领先的技术力量,中国对欧洲的影响力不断扩大,应承担更大的责任,维护以规则为基础的国际秩序,并加强其体系的互惠性、非歧视性和开放性。[①] 有鉴于此,从长期来看,在摆脱疫情的困扰并推动经济步入正轨后,欧盟将会加大对中国在市场准入、技术转让、企业收购、环境标准等层面的施压力度,并在第五代移动通信技术、数字经济、云计算等高技术领域扩大对中国企业的审查。欧

① European Union, EU-China a strategic outlook, March 12, 2019.

盟希望在一系列规则的制约下，削弱中国的上升竞争优势，实现中欧双方在全球价值链中的规模和位置的再平衡。

最后，由于新冠疫情引起了欧盟对国际供应链“安全性”的关注，欧盟将通过打造国际供应链“多样化”，分散因“过度”依赖中国供应链存在的风险。2020 年 4 月，欧盟外交与安全政策高级代表博雷利撰文指出，欧盟有必要“摆脱对中国的依赖”，实现“供应链多样化”，并借助日本政府支持企业把工厂搬迁出中国的案例，提出欧盟要重新安置一些企业活动，使他们尽可能地靠近消费地点。这将是欧盟在“安全需求”与“消费者最低成本”之间的折中做法。① 在现实中，欧盟也开始采取措施摆脱对中国供应链的依赖。上述的欧盟与越南、印度的合作协议，在一定程度上就是分散对中国供应链依赖的现实做法。然而欧盟对供应链“多样化”的打造并不会对中国造成实质性的影响。

中国对全球价值链的参与特征就在于规模化生产和专业性分工，前者能够保证“量”的供应，后者则能满足“质”的需求，这种质、量兼备的供应能力，以及中国本身所具有的产业链的完整性，是其他国家难以具备的。这也决定了欧盟外部供应链体系的“多样化”难以在根本上动摇中国的供应链地位，尤其是在机械、汽车、化工等欧盟支柱型制造业中，欧盟更需要中国的专业化和规模化供应。

至于疫情下个别欧盟成员国鼓励企业搬离中国以减少供应链依赖的提议，并不能在深嵌中国供应链体系的欧盟企业中获得共鸣。中国商会在欧盟发起的一项针对欧洲企业的调查中显示，逾 89% 受访的在华欧洲

① Josep Borrell, The post-coronavirus world is already here, 30 April 2020, https://ecfr.eu/publication/the_post_coronavirus_world_is_already_here/.

企业并未考虑把将中国的工厂转移到其他国家。[①] 这是因为企业搬离的背后涉及整个供应链体系的变动，这对于嵌入复杂供应链的欧盟企业来说，其付出的供应链成本是难以承担的。更为重要的是，中国是目前疫情管控效果最好的国家，能够提供其他国家难以比拟的生产环境。因此，所谓的企业搬离中国提议，更多的局限于政治家们的构想，并不能在欧盟企业界实现。

总体而言，新冠疫情对全球政治经济的影响是复杂的，其对全球价值链的重构将产生更长期的深远影响。全球战略竞争，特别是新冠疫情危机过程中暴露出的产业链国际依赖，将促使欧盟改变既有的全球化战略观，并在强化“经济主权”下重塑自身在全球价值链中的定位。由此产生的更广泛意义上的“化合反应”则不仅将导致价值链、供应链、技术链的结构性重组，而且必然会引发国际地缘政治经济结构的某种长期隐形变化。对于中国来说，一方面要对欧盟的战略变化保持警惕，对可能出现的中国与欧盟价值链竞争做好充分的预案准备；另一方面，也要对自身在全球价值链的能力保持自信，适时与欧盟开展更为广泛与深入的产业间合作。

---

① Bloomberg, Europe Finds It's Not So Easy to Say Goodbye to Low-Cost China, https://webcache.googleusercontent.com/search? q=cache:fiKm9x62WTAJ:https://www.bloomberg.com/news/articles/2020-06-29/europe-finds-it-s-not-so-easy-to-say-goodbye-to-low-cost-china + &cd = 1&hl = zh-CN&ct = clnk&gl = us.

第六章　亚洲区域价值链的结构变化及前景分析

突如其来的新冠疫情具有三个基本特征：首先，疫情具有全球性。全球绝大多数国家都已检测到新冠病毒的存在。其次，新冠疫情的影响是多维的。新冠疫情对国家治理中的公共卫生和国家发展中的经济社会正常活动都产生了诸多不利影响。政府采取的任何一项政策和应对措施通常都会产生双向性影响，如封锁措施可以减慢病毒的传播速度，但同样也遏制了经济的发展；反之，如果国家希望经济不受拖累，则会出现更多的感染病例。最后，疫情的传染性不仅体现于人类健康意义上，而且体现在经济意义上，且呈现复杂的全球性负向影响。

在全球价值链的构架下，人员、资本、商品和服务等要素充分参与全球范围内的流动，并且建立了紧密的互动联系。在中间产品和服务贸易占国际贸易总额60%以上的今天，跨国公司作为全球价值链的主要构建者，在2019年的贸易额达到20万亿美元左右，占全球总贸易额的80%。因此，在联系如此密切的世界中，任何国家都无法幸免于新冠病毒的影响。在此背景下，亚洲区域价值链结构将会发生那些变化？这些变化将对亚洲的政治经济格局产生什么样的影响?

第一节 疫情冲击下的全球经济动荡和亚洲经济活动下降

目前在全球蔓延的新冠疫情已经引发了自20世纪30年代全球经济大萧条以来最严重的全球性经济危机,其对于全球产业链和全球供应链的剧烈冲击,以及由此产生的综合性社会后果,再次引发了人们对现有的全球价值链网络体系的深层次反思。事实上,自2008年全球金融危机以来,关于全球化终结和全球价值链重组的讨论一直存在。起源于美国次贷市场的金融危机,暴露出新自由主义理念下全球化市场的局限性和全球价值链的脆弱性。虽然全球价值链在2008年的全球金融危机期间出现暂时放缓扩张的趋势,但从2010年开始,由于世界各国强化政府财政杠杆力度并注入巨大流动资金,全球价值链迅速复苏。在之后的"后金融危机时代"的全球贸易和投资结构调整中,全球价值链也发生了一些深刻的变化。与全球其他区域贸易相比,亚洲区域内贸易增长尤为迅速,而且由于与其他国家的强大贸易联系,中国已成为全球生产中的重要经济体,以中国为主导的亚洲区域价值链中的贸易,嵌入了以美国、德国、日本为主导的传统贸易网络。中国通过积极参与这些价值链和优化产业链结构,挑战了原有的全球价值链端点和最终市场应该停留在发达国家的传统经济学假设。

然而新冠疫情引发的全球经济危机却与以往的金融危机有所不同。在过去的一个世纪里,金融危机主要源自债务杠杆和经济泡沫,并且往往具有周期性特征。而新冠疫情不仅使全球经济活动几乎陷于停顿，动摇了投资者的信心，使全球金融市场出现动荡，而且疫情持续性的影响也使经济复苏的可能性降到最低。为了阻隔疫情蔓延，各国政府被迫采取了前所未有的隔离和旅行禁令等强制性措施，这导致世界各国的消费和生产大幅下降，产业链和供应链网络也因疫情受到了破坏性影响。全球价值链中的生产环节面临着原材料、零部件和中间产品短缺的问题，市场流通环节同样因疫情蔓延而被阻断。同时，人们对疫情蔓延的担忧加剧了经济运行的不确定性，全球投资的热度降到了最低，这些因素交织在一起继续阻碍着经济的复苏。

受疫情影响，亚洲经济体作为全球化和全球多边贸易机制最大的受益者，正面临贸易萎缩和经济下行的双重压力。亚洲区域价值链在过去几十年的全球化浪潮中形成的分工合作模式，由于数字化引发的新的产业集群发展而导致其传统扩张模式变得不再具有可持续性。世界贸易组织的数据显示，2000—2019 年，亚洲经济年平均增长率约为 5.5%，远超过全球 3% 的年平均增长率。在此期间，亚洲在全球生产总值中所占的份额由 27% 上升至 49.5%，其中中国在 2019 年的贡献超过了 16%。全球贸易在这一高速增长中扮演着不可或缺的重要角色。其间，亚洲在全球出口中所占份额约从 20% 上升至 35%，而同期在全球进口中所占的份额约从 27% 上升至 33%。西方学者普遍认为，全球价值链在亚洲地区的成功主要得益于亚洲经济体融入世界市场，特别是自中国在 2001 年加入世贸组织以来，亚洲一直享有一个充满活力的贸易环境。[①] 得益于全球生产网络中的贸易多样化和生产分散的特点，亚洲许多经济体充分利用自身在生产和分销方面的比较优势，成为大多数制成品的全球供应链的重要来源地。[②] 然而受去全球化趋势和中美贸易摩擦影响，疫情前一个阶段的全球贸易环境已有所恶化。2020 年新冠疫情暴发成为干扰亚洲经济贸易活动的新因素。尽管亚洲经济的发展情况仍优于全球其他地区，但活跃度不高，短时间内难以恢复到疫情暴发以前的水平。

2020 年上半年疫情对亚洲各国经济的影响主要体现在以下四个方面：首先，消费支出急剧下降。中国在 2020 年第一季度率先实施封锁隔离，印度在 2020 年 3 月中旬实施封锁，并将封锁延长至 6 月初。这些措施影响了消费。其次，制造业活动下降，但各国的程度不同。从采购经理人指数来衡量，中国的制造业活动在 2 月份急剧下降，然后在 3—4 月疫情得到有效控制和复工复产后开始反弹。印度和印度尼西亚分别在 4 月和 5 月受到的影响最大，而日本由于从 4 月中旬到 5 月中旬实施了严格的限制措施，制造业活动在 5 月出现断崖式下跌。[③] 再次，旅游业受影响较大。对旅游业是经济发展动力的南亚和东南亚经济体而言，新冠疫情大流行和持续的全球旅行限制意味着旅游收入的枯竭。在泰国，

---

① 关于“亚洲区域价值链的成功因素”论述参见：Aggarwal, V. K. and K. Govella. 2013. The Trade-Security Nexus in the Asia-Pacific. In Aggarwal V. and K. Govella. (eds.) *Linking Trade and Security: Evolving Institutions and Strategies in Asia, Europe, and the United States* (*The Political Economy of the Asia Pacific*). New York: Springer; Philippe De Lombaerde. 2013. China moving up the value chain: What can be learned from the Asian NICs? *International Area Studies Review*。

② Vidya, C. T., K. P. Prabheesh., and S. Sirowa. 2020. Is trade integration leading to regionalization? Evidence from cross-country network analysis. *Journal of Economic Integration*, 35 (1): 10-38.

③ 采购经理人数据来源于：IHS Markit, https://ihsmarkit.com/industry/economics-country-risk.html。

2020 年 2 月国际游客的访人数下降42.8%，3 月下降 76.4%，在 4 月和 5 月降至零。东南亚其他国家的情况也类似。马尔代夫、斯里兰卡等这类经济规模较小、经济模式单一的经济体受疫情的影响更大。马尔代夫的国内经济与旅游业存在近 2/3 的直接或间接的联系。2020 年，受疫情影响马尔代夫的国内生产总值同比下降了 73%，外汇储备减少了 60% 以上。[①] 最后，航空业也因各国的经济封锁和隔离限制而遭受沉重打击。2020 年 4—5 月，新加坡樟宜机场的客运量下降了 99.5%。其他航空枢纽，例如中国香港和马来西亚吉隆坡，客流量也呈现出类似的下降趋势。

第二节 2005—2015 年亚洲区域价值链状况与特点分析[②]

据世界银行统计，半数以上的世界贸易都离不开全球价值链网络。在全球贸易中，包括中间产品和服务贸易，约有 60% 的投入被整合到生产和分销网络的多个层面并形成了最终消费。亚洲充分利用 20 世纪 80 年代、90 年代发达国家的跨国公司为降低成本将生产活动外迁的契机，创建了一个跨越多个发展中经济体的复杂生产和物流网络，为全球价值链塑造了特有的亚洲贸易趋势。[③] 在这一全球网络框架下，区域内中间产品贸易的交叉流动将亚洲各国联系在一起，最后各国制造的加工产品

① 数据来源：马尔代夫统计局，http://statisticsmaldives.gov.mv/nbs/wp-content/uploads/2020/12/Statistical-Pocketbook-2020-updated-12820.pdf。

② 由于 OECD 的增加值贸易数据库（TiVA）的数据滞后原因，最新数据更新到 2015 年。

③ Jones R. W., Kierzkowski H., Leonard G., *Fragmentation and Intra-Industry Trade. Frontiers of Research in Intra-Industry Trade*. Palgrave Macmillan UK, 2002.

被出口到世界其他地区，而不是留在亚洲。亚洲开发银行的分析也显示，外部需求驱动了60%以上的亚洲增加值出口，其中25%以上满足了美国和欧盟的需求。[①] 在这一过程中，亚洲区域价值链成为世界三大区域价值链之一。

为了解亚洲区域价值链的特征，本节将从国家和产业两个层面进行分析。国家层面的分析可以反映亚洲国家参与全球价值链水平的差异，而产业层面的分析有助于发现亚洲代表性国家参与全球价值链的主要产业。在国家层面，本节先借助亚洲国家参与全球价值链的参与率判断各国所处发展阶段，然后通过各国的前后向参与率差来判断其嵌入出口投入的国内增加值是否超过嵌入出口的国外增加值，进而找到各国在全球价值链中的定位和角色。在产业层面，本节用经合组织划定的九大产业类别，比较亚洲与北美、欧洲之间的产业强度。最后，综合国家和产业层面的结论，总结出亚洲区域价值链的总体特征。

一、亚洲地区价值链的国家层面分析

一国或地区在全球价值链中的前后向参与率是判断其在全球价值链体系中地位的重要指标。前后向参与率逐步提升的国家，在全球价值链中的地位也在上升，其国内附加值增速会高于国外附加值增速。

基于经合组织增加值贸易数据库（TiVA）提供的2005—2015年亚洲经济体间进出口细分数据和库普曼（Koopman）的研究框架，可以得出亚洲地区价值链的前后向参与率。数据显示，在这十年间，亚洲经济体的全

① Asian Development Bank 2017. Asian Economic Integration Report 2017.

球价值链前向参与度平均为28%左右,后向参与度平均为20%左右。不过,这一平均水平并不能反映亚洲所有国家参与全球价值链的趋势;事实上,区域价值链的平均水平可能掩盖了亚洲地区国家间的重要差异。2005—2015年,中国、日本、韩国、马来西亚、菲律宾、印度尼西亚和柬埔寨等国的后向参与率均呈显著下降的趋势。这十年间,中国的后向参与率从26%降至17%,日本从19%降至13%,马来西亚同期从45%下降至37%。与之形成鲜明对比的是,越南的国外附加值份额(FVA)从36%上升到44%,国内附加值份额(DVA)份额从14.5%下降到11%,显示了该国家的前向参与率的下降趋势。中国的前向参与率增加则较为缓慢,从2005年的15%上升到2015年的18%。文莱、马来西亚较小的经济体的国内附加值份额份额实现了大幅的增长,从2005年的30%增至2015年的41%。

2005—2015年,亚洲地区大多数国家的全球价值链参与度呈下降趋势,但越南、日本和新加坡明显例外。全球价值链参与率下降最明显的国家是印度尼西亚、中国和菲律宾。这些国家的全球价值链总体参与率下降了6%至8%。其中,印度尼西亚从35%下降到27%,中国从42%下降到35%,菲律宾从57%下降到51%。越南、日本和新加坡的全球价值链参与率呈上升趋势或保持不变。越南的全球价值链参与率从53%上升到60%,日本的全球价值链参与率从27%上升到31%,而新加坡的参与率在此期间大致保持稳定,约为78%。亚洲地区全球价值链参与度整体下降导致该地区参与全球价值链的速度放缓。

亚洲各国在参与全球价值链深度方面存在显著差异。一国在全球价值链的定位反映出它所处的发展阶段,其所拥有的专业和禀赋往往决定了它在全球价值链中的角色,以及在上下游分工中的角色。发达国家通常更多地承担上游知识密集型任务，而那些处于发展阶段的国家更多地参与下游劳动密集型活动。本节通过亚洲各国前向参与率与后向参与率之间的差来衡量其在全球价值链的定位。这种方法可以核算一个国家嵌入出口投入的国内增加值是否超过了嵌入本国出口的国外增加值。如果净附加值为正，表明该国在全球价值链中处于相对上游的位置，相反，如果净附加值为负，则该国处于下游位置。处于全球价值链上游位置的国家往往具有更大的前向联系，而不是后向联系。经过核算，与十年前相比，中国、日本、韩国上游活动的参与水平得到一定程度的提升，但越南的发展道路似乎与其他国家大不相同，越南则是加强了全球价值链的后向联系，并专注于价值链的中下游活动。

二、亚洲区域价值链的产业层面分析

从产业层面看，行业部门对增值贸易的贡献、特定行业与世界其他地区的比较及服务贸易发展情况，是评估亚洲各国参与全球价值链的主要指标。

通过梳理 2005—2015 年嵌入全球价值链各关键部门的贸易增加值情况可以发现，焦炭和石油、计算机、电子和电气设备、基本金属及纺织品，这五大部门对亚洲贸易增加值的贡献最大。就亚洲各国具体行业与其他地区相同行业间相对强度的比较而言，基于 2015 年各地区参与全球价值链的主要行业的贸易增加值，[①]可以计算出衡量全球主要地区主要

① 欧洲选取欧盟 28 国，北美选择美国、墨西哥、加拿大，亚洲选择东盟十国及中国、日本、韩国、印度。

部门全球价值链贸易的相对强度(见表6－1)。

表6－1　按部门和地区划分的全球价值链贸易的相对强度(2015年)

产业和部门	欧洲	北美	亚洲
焦炭和石油精炼产品	0.61	1.03	1.03
计算机、电子和电气设备	0.49	0.80	1.18
纺织品、服装和皮革制品	0.43	0.21	2.44
机械设备	1.53	0.74	0.44
化工及非金属矿产品	1.05	0.80	0.78
基本金属及金属制品	0.86	1.12	0.50
运输设备	1.22	2.10	0.36
食品、饮料及烟草	0.98	0.81	1.65
木材、纸张和印刷	1.06	1.55	1.17

数据来源:经济合作与发展组织贸易增加值数据库。①

在表6－1中,指标值大于1表示该行业的全球价值链参与度高于全球平均水平。由此可以发现,亚洲在计算机、电子和电气设备,纺织品、服装和皮革制品,食品、饮料和烟草,以及木材、纸张和印刷方面的相对强度远超过了其他行业。相反,我们也可以看到北美国家在运输设备上表现出较高的相对强度得分,而欧盟在机械设备方面的相对强度最高。

服务业也是全球价值链不可分割的一部分。目前在全球价值链的划分中还无法将服务与商品区分开来,但服务业对亚洲地区经济增长、就业和增值全球贸易的贡献有据可查。服务业为跨越不同部门和地区的全球

① 表6－1选取的产业类别主要来自经济合作与发展组织制造业中的九大类别。

价值链活动提供了一座桥梁。无论是方便制成品流动的物流服务,还是提高效率和降低制造成本的外包服务,都是全球价值链的重要支柱。亚洲开发银行曾指出:"如果没有服务,我们所知道的全球价值链就不会存在。被认为是价值链产物的商品往往被服务所主导,就像人们通常认为早餐桌上的鸡蛋是一种商品,但从价值的角度来看,它更准确地说是一种复杂的服务组合。鸡蛋的清洗、消毒、分级、贴标签、包装、储存、运输和零售比鸡蛋本身的价值要大得多。因此,商品虽然是人们关注的焦点,但往往远离核心价值来源。"[①]同样,《2020 年世界发展报告》指出,服务业在总出口中所占份额多年来保持稳定,而服务业在增值贸易中所占份额大幅上升,从 1980 年的 30% 左右上升到 2015 年的 40% 以上。[②] 这种转变正是服务业通过前向和后向参与全球价值链的结果。

详细拆分亚洲各国制造业出口中的服务增加值部分可以发现两大特点。首先,服务增加值最高值和最低值之间的差距较大。2015 年文莱的服务增加值最低,为 20% ,新加坡的服务增加值最高,为 70% 。其次,亚洲大部分国家的服务业国内增加值部分都远高于国外增加值部分。与 2005 年相比,2015 年亚洲制造业和出口服务业增加值的国内外比例发生了明显的变化。中国和菲律宾的变化尤其明显,其服务业的国内增加值额上升了约 10% ,中国从 2005 年的 18% 上升到 2015 年的 28% 左右,而菲律宾从 30% 上升到 40% 。越南再一次成为亚洲的一个特例,其国外增加值大约是国内增加值的一倍。

前文对亚洲区域价值链特征的分析表明,亚洲基本上形成了以中国、

① Asian Development Bank. 2017. Asian Economic Integration Report 2017.

② The World Bank. 2020. World Development Report 2020: Trading for Development in the Age of Global Value Chains.

日韩和东盟为中心的“雁型生产网络”，即以中国为主、东盟为辅的生产加工中心，日本和韩国则充当了生产加工的中间品供给中心。由于亚洲各国产业发展水平差异较大，在全球价值链上形成互补性特征，亚洲形成了典型的全球价值链分工网络体系。中国以及东盟各国通过开放型政策和营商环境的优化成功地吸引了大量外资。日本和韩国则扮演了“供应商”与“投资商”的双重角色，利用处于全球价值链上游的位置以及对外直接投资，与中国和东盟形成了紧密的产业关联关系。尽管亚洲各国借助本国特色产业嵌入全球价值链给自己带来了明显的好处，但在大多数由发达国家跨国公司领导的全球行业价值链中，亚洲仍然处于从属地位。中国和东盟国家大多从事低附加值活动，例如组装电子产品和汽车以及缝制服装。从数据上来看，依然有大量中国公司需要依靠欧美供应商提供高科技零件，从一定意义上讲，中国是借助欧美国家技术链成长起来的，对技术供应的依赖较大。

第三节　新冠疫情冲击下的亚洲价值链

在全球价值链体系中，中间产品在形成最终产品之前需要多次跨越国界或者区域边界，[①]而负面的供应冲击将导致生产过程停止、运输及物流受阻，进而导致既有的贸易网络遭到破坏。新冠疫情扭曲了原有的贸易网络，导致许多国家处于停产和中间产品缺乏的境地。当前疫情导致

① Kimura F, Obashi A. *Production Networks in East Asia: What We Know So Far*. Microeconomics Working Papers, 2011.

全球供应链中的贸易和供应链中断,以及需求高度收缩,进而可能导致经济基本面的全面变化。下文将基于贸易网络的分析方法观察新冠疫情对亚洲贸易网络、贸易密度的冲击,以及对亚洲价值链的影响。由于亚洲国家众多,本节选取六个典型的贸易国家——中国、日本、韩国、越南、印度和新加坡为观察对象,用网络中心度、贴近度、特征向量和密度等参数来检验这些国家在疫情暴发前后的贸易结构,进而分析亚洲区域价值链内部结构的变化。

一、数据选取和方法介绍

本节的数据主要来自环亚经济数据库和世界贸易组织数据库。为了更好地比较疫情前后的全球价值链变动情况,本节选取 2018 年全年和 2020 年前三季度这两个时期的贸易数据。为了方便对原始双边贸易数据进行网络分析,了解贸易网络中的中心和外围接口,本节设计了一个进出口矩阵,矩阵中每个单元格的值都是贸易双方的进出口平均值。

在本节中,我们使用贸易网络分析方法研究了亚洲各国贸易的相互联系和密度。贸易网络是节点和链接方面在给定时间点系统状态的数学表示。① 贸易网络分析从节点和边线的角度看待不同参数之间的关系。节点充当个体角色,边线是节点之间的关系。每个节点都有内度和外度,其中内度是输入边的数量,外度是输出边的数量。从网络角度构建贸易结构涉及构建中心性参数、亲密性、特征向量和总体密度。

① Fagiolo G , Reyes J , Schiavo S . The evolution of the world trade web: a weighted-network analysis. *Journal of Evolutionary Economics*, 2010, 20(4):479 - 514.

二、实证研究的结果说明

表 6－2 是亚洲六国 2018 年全年和 2020 年前三季度的贸易网络情况。表中的“度”表示相互连通性，“贴近度”表示接近中心性，而“特征向量”则反映网络连通性。

表 6－2　2018 年和 2020 年前三季度贸易网络中心性参数

国家	度(Degree)		贴近度(Closeness)		特征向量(Eigenvector)	
	2018	2020Q1－3	2018	2020Q1－3	2018	2020Q1－3
中国	2.00	1.25	1.00	0.71	0.30	0.26
日本	1.92	1.03	1.00	0.74	0.30	0.27
韩国	1.92	0.61	1.00	0.76	0.30	0.28
越南	1.35	0.45	0.78	0.74	0.22	0.28
印度	1.85	0.96	0.88	0.80	0.26	0.26
新加坡	1.64	0.52	0.88	0.77	0.26	0.25
整体贸易密度：			0.833(2018)		0.416(2020Q1－3)	

数据来源：作者根据环亚经济(CEIC)数据库和世界贸易组织数据库自制。

通过对表 6－2 中亚洲六国在 2018 年全年和 2020 年前三季度网络中心性参数进行对比可以发现，与 2018 年相比，从整体来看 2020 年前三季度这六国的参数，如度、贴近度和特征向量大都出现不同程度的下降(除越南、印度的特征向量)。这表明在疫情期间，六国之间的相互联系较少，贸易连通性下降。尤其需要注意的是，六国同期的总体贸易密度从 0.833 下降到 0.416，这意味着他们之间的贸易密度降低了 50% 以上。由此可知，新冠疫情的蔓延对亚洲内部贸易网络具有毁灭性影响。

从具体国家来看，在2018年，中国处于亚洲贸易网络的中心位置，明显体现出“世界工厂”的特质，亚洲许多国家都搭载在中国的价值链中以实现对全球生产和贸易的参与。2020年前三季度中国的中心位置略微发生了偏移，但仍处于“中心圈”范围之内。从2020年开始，日本和印度的网络贸易地位逐步向亚洲中心靠近，而韩国的地位则发生了巨大变化，从原来的中心经济圈向周边经济地位演变。因此，受新冠疫情和各种复杂因素的叠加影响，亚洲区域价值链正在发生某种微妙的结构性变化。以中国为代表的亚洲国家率先控制疫情蔓延并实现了经济增长，印证了强有力的疫情管控措施使亚洲经济更容易实现复苏，给依赖外部需求的亚洲价值链的稳定注入了“强心剂”。

第四节　亚洲区域价值链未来的结构变化影响因素和前景分析

从前文的分析看，亚洲各经济体遭到新冠疫情冲击，亚洲区域价值链也受到了前所未有的考验。许多国外学者强调依赖全球价值链的危险，因而“去全球化”思潮盛行和强调“经济主权”的呼声高涨。尽管在目前庞大的全球价值链网络中，任何一国都不可能实现“孤岛经济”，但全球价值链和区域价值链内部结构的调整不可避免。在疫情时代，四大关键因素将影响未来亚洲区域价值链结构变化。

首先，中美博弈。随着中美竞争和美国对中国战略博弈的加剧，美国实施的关税及其他技术和经济方面的制裁，将导致包括中国公司在内的许多跨国公司将价值链的低端生产从中国转移到亚洲其他国家，尤其是东盟国家。在过去十年中，许多东盟国家奉行以制造业为主导的出口增长战略，极大地提升了自身技术能力和人力资本水平。在第四次工业革命背景下，这些国家期待国际新投资帮助其经济向着全球生产价值链的更高位置迈进。但在疫情时代，由于域外大国政治博弈力量的加入，由产业转移带动的亚洲区域价值链结构的变化将如何发展，值得高度关注和持续观察。

其次，是推动供应链多元化的力量。此次新冠疫情大流行重新表明了亚洲需要对区域供应链进行多元化和弹性化的重塑。由于新冠疫情带来全球与区域价值链中断，各国政府和企业急需寻求方案以减少供应方对本国或本土企业的伤害。但是在全球价值链模式下，除了拥有全产业链的中国外，其他绝大部分亚洲国家不可能实现完全的产业链自给自足，因此解决问题的关键在于实现更大程度的多样化和分散化。目前，亚洲各国一致认为，确保关键产品和关键制造组件供应来源的多样化，同时保持充足的储备是防止供应链中断的最可靠、最具成本效益的方法。

再次，数字经济对亚洲经济的影响。技术是亚洲经济最根本的复原力。尽管目前疫情形势不容乐观，但全球经济向技术驱动的“新经济模式”转变的趋势仍将继续。随着经济的发展，资本和劳动报酬将减少，创新和创造力的溢价将增加。由于服务是制造业发展的关键推动力及经济增长和就业的驱动力，利用技术创造新产品和服务的能力将决定国家在全球价值链中的竞争力。拥有先进技术的国家将能够更顺畅地以更低的成本对供应链的中断作出回应并进行管理。随着一些国家将其供应链重新转移到工资较高的国家，机器人技术和自动化未来在降低成本方面将发挥重要作用。因此可以说，以技术创新为依托的数字经济时代对亚洲经济有带动作用。实现数字化的国家不仅能够率先实现经济复苏和发展,而且能够在亚洲区域价值链乃至全球价值链中占据核心位置。因此,需要更多地关注数字经济和技术价值链对亚洲区域价值链的影响。

最后,疫情触发了亚洲各国对自身经济发展定位的调整。为应对疫情,亚洲各国正在不遗余力地寻找和释放新的增长来源,包括正在讨论和建立各种双边自由贸易协定、双边投资协定和更广泛的区域全面经济伙伴关系。亚洲的东南亚国家普遍认识到有必要通过改善技术基础和人力资本,加强与世界各国之间的联系,以提高本国生产能力。为实现这一目标,各国正在建立和完善基础设施,积极通过数字技术来促进跨境生产和多边贸易往来。日韩则更加注重在相关产业之间形成新的协同效应,创建全面的生态系统以实现产业网络多元化,提升自己在全球价值链网络中的竞争力。中国同时强调国内和国际市场的重要性,提出国内国外“双循环”的未来发展战略。

展望后疫情时代,尽管中国在贸易网络中的位置出现略微的偏移,其在亚洲区域价值链的中心位置不会改变。相反,拜登上台后美国更多地转向规则遏制,中国始终坚持对外开放与多边主义,那么中国将依旧占据亚洲区域价值链的中心位置。中国经济在后疫情时代保持稳定增长的结果也证明,跨国公司选择继续布局中国市场与在华生产链是一项明智的选择。日韩两国的经济受疫情冲击较大,衰退较为严重。如果日韩能在技术贸易方面加强和中国的合作,中日韩继续发挥产业的贸易互补性优势并进一步挖掘彼此货物贸易和服务贸易的潜力,那么日韩将巩固其在亚洲区域价值链中的优势地位。受益于西方国家供应链多元化浪潮,以越南为首的东南亚国家对全球价值链的参与度在疫情期间继续上升。但由于单纯由劳动力成本驱动的全球产业链扩张活动正在减少,以及知识密集型产业的参与度持续提升，如果东南亚国家不努力提升本国的人力资源素质及基础设施质量，这些国家将继续被锁定在价值链的中下游位置。

疫情给亚洲国家带来的另一个变化是，亚洲各国充分意识到区域合作与全球化之间的兼容性问题。在地缘政治竞争激烈的今天，经济体量小的国家完全依靠自身实力根本无法抵御来自供应和需求的双向冲击，因此这些国家可能会选择加入各种区域性合作以避免全球化的负面影响。随着亚洲区域内各种互动性经济合作的兴起，特别是区域全面经济伙伴关系协定的签署，区域性经济合作将会越来越多地影响亚洲区域价值链的结构变动。而无论未来全球化的模式如何演进，亚洲仍然可以凭借区域供应链的不断壮大，以及区域内自身商品和服务贸易需求的不断增加，继续巩固自己在全球价值链中的核心地位。

总之，受新冠疫情影响，越来越多的国家倾向于加强产业的本土和区域布局，导致亚洲区域价值链对全球价值链的依赖减少，自主程度增强。亚洲发展中经济体通过参与亚洲一体化能够加快技术标准建设进程，降低技术升级压力。中国“双循环”新发展格局、区域全面经济伙伴关系协定的签署，以及未来中日韩自贸区的建立，将使亚洲区域价值链成为带动全球价值链发展的新引擎。新技术的运用和推广将助推数字经济率先在亚洲兴起，全球价值链的“亚洲时代”将加速到来。

第七章 “印太价值链”的崛起与构建

对“印太价值链”的把握，首先需要对其内涵进行厘定。从狭义来看，“印太价值链”与美国印太战略相关联，印太战略的地缘政治倾向决定了“印太价值链”具有地缘战略与权力博弈的属性。从广义来看，“印太价值链”与印太地区相关联，印太地区地理空间的确定性使其具备建立经济属性“印太价值链”的天然合理性。印太战略的政治意蕴会挤压甚至排斥行为体合作的意愿与灵活性，而印太地区的包容性与客观性则可以提供合法基础，有助于良性的互动。对大多数印太国家而言，选择在印太地区进行经济合作而非加入印太战略则更具共识性，这也意味着广义上的“印太价值链”更容易被接受与认可。因此，对“印太价值链”的定义需要看到其广义和狭义的二元性，即虽然美国试图通过构建“印太价值链”建立一个“去中国化”“非红色”的产业联盟和经济组织，实现对华战略挤压，但对于其他印太国家而言，构建“印太价值链”更多是为了避免大国依赖，降低产业威胁风险，实现战略多元化与战略自主。

过去由资本、技术、贸易等因素驱动形成的全球价值链更加重视“市场自然选择”规则，对竞争、安全等要素较为短视。在中美结构性矛盾日益突出、新冠疫情催生对华产业依赖恐惧、多边贸易体系向少边贸易体系转变、地缘博弈竞争加剧等因素的推动下,全球价值链发展将兼具经济与安全双重属性,即遵循“市场与社会共同选择”规则,全球价值链向战略价值链方向演进。印太地区作为权力博弈与地理交叉的中枢场域,其价值链的崛起与构建将作为全球价值链剧变的标志性成果。在构建“印太价值链”过程中,角色和利益的异质性决定了不同国家对价值链的差异化战略诉求。

第一节 “印太价值链”构建的目的及其特点

由于主导角色与参与角色的利益分布和地理位置的不同,各方构建“印太价值链”的目的存在差异。根据战略目的、参与力度及国家体量的三维分析,基本可以将构建“印太价值链”的目的分为四重。主导国美国试图通过构建“印太价值链”,利用经济切割和产业分化组建对华“经济北约”,进而孤立并包围中国。日本、印度和东盟等域内参与大国和组织趁美国遏制中国之际,通过构建“印太价值链”,利用美国的域外牵引作用发展地区“少边主义”和地区主导力量,摆脱在经济方面对华过度依赖,平衡中国在印太地区日益增强的影响力。域内非核心国斯里兰卡、马尔代夫等国通过同时参与“一带一路”建设和“印太价值链”保持与中国、美国、印度等国的双重经济关系,实现中立立场和利益均沾。域外参与大国英国、德国和法国通过离岸平衡参与“印太价值链”构建,实现产业合作,及显示大国地位属性。因此,“印太价值链”崛起和构建的时代背景、国际结构及地缘政治等因素导致其具有与传统意义上的全球价值链不同的特点。

第一,“印太价值链”突破了传统价值链由经济这一单一要素构成的模式,还包含了地缘和政治因素。传统意义上的全球价值链更多依赖产业分工与协作,并通过资源的分配与互补达到产业的升级和价值链共享。而“印太价值链”产生于中美大国战略博弈和美印日等国推行“印太战略”之际,因此经济合作也被赋予政治和地缘色彩。美国、日本拥有的技术和资金,以及印度、越南和印尼等国拥有的市场和劳动力,决定了从中国转移的产业能够充分在二者之间进行对接与协调。美国主动推动对华产业链的转移,印太国家主动吸收美国、日本从中国转移出去的产业。届时,这些国家将以经济连接的方式形成经济综合体,为此后的政治合作搭建经济运行框架。

第二,“印太价值链”弥合了美国、日本、印度和东盟各方之间的战略和利益分歧。美国、日本、印度和东盟等国提出了不同版本的“印太战略”,迄今为止还没有统一的“印太”概念。这些概念的差异主要包括:印度太平洋作为地理区域的扩展,与每个相应概念相关的目标,在每个相应概念内对不同政策领域的关注或权重,中国被纳入或排除的问题,贸易、安全政策的双边、少边和多边方式的重要性。这些概念及内涵的差异所导致的分歧,严重阻碍了相关国家之间的战略合作,因此以经济合作的方式消除或者抵消政治因素的消极影响可能是解决这一问题的最好方式。

第三,“印太价值链”将会变相地挤压中国的经济和战略空间。由美日印澳构成的“四方安全对话”机制被视为对华“政治北约”,这些框架内的合作行为被视为遏制中国的行为,加剧了四国与中国的战略冲突。而“印太价值链”的构建可以避免掺杂过多的意识形态和政治因素,而非政治性的经济合作框架或组织也可以避免中国的指责,以及其他合作国家的过度担忧。但是“印太价值链”的构建仍然具有一定的“对华”成分。“印太价值链”的构建可为一些印太国家提供多重选择，这种选择能即使不是遏制性的，但肯定是平衡性的。对中国而言，“印太价值链”的构建将会松绑其与印太其他国家的关系。

第四，“印太价值链”更多采用“少边主义”的架构形式，不会因大国主导或地区国家退出而解散。“少边主义”是指三个、四个或五个国家参与的、讨论涉及安全威胁或特定任务，以及建立地区稳定与秩序等问题的制度安排。“少边主义”是一种更明智、更具针对性的方法，它通过减少对解决特定问题可能产生重大影响的国家数目来规避联盟政治的冲突。由于美国在地区安全、经济承诺和中美博弈中的不确定性，以及日本、印度在对华战略遏制问题上的犹豫和谨慎，“少边主义”合作可以避免组织或结构被大国主导或因地区国家退出而被迫解散，从而赋予组织或结构极大的调整空间。印日澳三方“供应链弹性倡议”“印俄日三国合作计划”“印法澳三边会晤”及“印澳印尼三国会谈”等机制都是基于这一理念。

第二节 构建“印太价值链”的战略动因

“印太价值链”的构建由多重因素推动而形成。其中，中美结构性矛盾是构建“印太价值链”的主要驱动力；新冠疫情加速了美国、印度和日本等国家从全球供应链向本地和多元供应链的转变；以国际社会为中心的多边贸易，向以国家为中心的少边贸易转变，间接推动“印太价值链”的构建；地缘政治赋予价值链安全因素，不同国家选择建立以自身为中心的安全价值链。

一、中美结构性矛盾是构建"印太价值链"的主要驱动力

与中国"脱钩"、遏制中国可以说是特朗普政府及拜登政府外交政策的标志性特征。特朗普上台后,效仿尼克松的"狂人理论",[①]执行反复无常而又不可预测的政策,试图实现中美关系的战略"脱钩"。在特朗普政府推动中美进入大国竞争时代的背景下,由于美国层层累加关税导致中国企业跨境贸易成本上升,以及美国政府以强制性行政命令和补贴性措施进行引导,美国的企业被迫从中国迁移至美国本土或东南亚、南亚等地区。在2018年9月的麦肯锡全球高管调查中,有33%的公司表示贸易政策的不确定性是他们考虑的头等大事,另有25%的公司表示最近的关税上涨是他们最大的担忧,50%的受访者表示他们的公司将做出相应调整,以改变其全球业务。[②] 此外,据报道,自2018年6月中美贸易摩擦以来,美国从越南进口的商品猛增了50%以上,而从中国台湾进口的商品猛增了30%。[③]

---

① "狂人理论"(Madman theory),指的是领导者采取的威慑策略,通过培养鲁莽的形象来吓唬对手做出让步。这一理论源于美国前总统理查德·尼克松。冷战期间,尼克松试图将自己描绘成一个不可预测且反复无常的人恐吓苏联和其他共产主义国家。唐纳德·特朗普在任期间借鉴了"狂人理论"。See Jim Sciutto. *The Madman Theory*: *Trump Takes on the World*. Harper, 2020.

② Globalization In Transition: The Future of Trade and Value Chains, January 2019, https://www.mckinsey.com/~/media/mckinsey/featured%20insights/innovation/globalization%20in%20transition%20the%20future%20of%20trade%20and%20value%20chains/mgi-globalization%20in%20transition-the-future-of-trade-and-value-chains-full-report.ashx.

③ Nikhil Inamdar, "Coronavirus: Can India Replace China as World's Factory?" https://www.bbc.com/news/world-asia-india-52672510.

中美结构性矛盾,尤其是中美贸易摩擦也影响到印太国家的战略选择。战略“脱钩”本身以零和博弈理论为基础,并且可能削弱基于相互依赖和非零和思维的全球平衡状态。在充满相互依存关系的世界中,任何“结构性脱钩”都可能导致新的冷战结构模式出现。中美之间结构性矛盾难以避免,但其他国家不希望也不能卷入“新冷战”,因此印度、日本等印太国家试图进行协调。这些国家一方面利用中美贸易摩擦,参与美国主导的“印太价值链”,避免对华产业的过度依赖,赢得与中国的相对优势,而非绝对优势;[①]另一方面,选择“少边主义”模式进行经济合作和区域价值链建设,尽量避免加入美国对华战略遏制阵营。因此,美国主动寻求与中国的战略“脱钩”,试图通过构建“印太价值链”将中国剔除出全球价值链网络,而印太国家试图借助美国力量,构建安全可控的“印太价值链”,实现对中美的战略平衡,这两种力量直接驱动了“印太价值链”的构建。

二、新冠疫情加速了全球供应链向本地和区域供应链的转变

在新冠疫情暴发之前,随着中美结构性矛盾日益突出,美国政府以行政命令推动企业从中国进行产业链转移。新冠疫情的暴发导致美国等主要发达国家对华产业依赖的恐惧加深。新冠疫情使整个世界陷入瘫痪,全球化经济就像一辆高性能的赛车一样高速且高度脆弱。新冠疫情的全

① Amako Satoshi, The Pitfalls of US–China Decoupling and Dangers of the New Cold War, October 28, 2020, https://www.nippon.com/en/japan-topics/g00936/.

球蔓延也使得全球价值链从以前的全球分布、利润优先向区域分布、安全优先转变。美国等国家不仅强调“经济与技术主权”，而且开始更加重视有关国家安全和国计民生的产业链，以确保相关产业能够实现自主可控和供应安全，这导致供应链本土化和区域化趋势加速。而且新冠疫情的暴发也将政府层面的“脱钩”诉求传递至公司层面，并验证了其“脱钩”的合理性和正确性。正如联合国贸易和发展会议指出，全球价值链的特点是跨多个大洲的领先企业和供应商之间高度依赖，新冠危机放大了全球价值链运作中的断层线，并暴露了这种模式的脆弱性。加强区域价值链应是发展中国家实现风险分化、减少脆弱性、提高复原力和促进工业发展的一个优先事项。①

由此，政府和企业在产业链调整和转移等问题上达成共识。印度、越南等国家纷纷利用此次美国、日本、韩国等发达国家产业链转移的机遇，通过改革营商法律条款、增加工业用地和降低关税壁垒等措施，承接从中国转移出来的产业链，进而促进“印太价值链”勾联成网。

三、以国际社会为中心的多边贸易向以国家为中心的少边、双边贸易转变

自2001年中国加入世界贸易组织以来，中国作为世界经济引擎促进了以国际社会为中心的多边贸易的发展，并积极参加以世界贸易组织为主的多边贸易治理体系。但是多边贸易难以抵挡全球保护主义和经济民

① How COVID-19 is changing global value chains, September 2, 2020, https://unctad.org/news/how-covid-19-changing-global-value-chains.

主主义的巨大政治阻力，导致全球价值链逐渐向区域化和国家化方向发展。麦肯锡的研究数据显示，区域内全球货物贸易份额从2000年的51%下降到2012年的45%，但这种趋势已经开始扭转，区域内全球货物贸易份额自2013年以来增加了2.7%。[①]“印太价值链”所覆盖的国家拥有充足的资金和技术（美国、日本）、丰富的劳动力（越南、印度）、趋同的意识形态（资本主义），以及通用的语言（英语为主），且在产业匹配和衔接上（美日对印越出口高附加值产品、印越对美日出口加工制成品）拥有对上对下的畅通渠道。

如奥尔森的集体行动理论认为，群体越大，就越无法提供最佳数量的集体物品。少边贸易、双边贸易克服了多边贸易存在的集体行动困难。相对多边贸易而言，少边贸易和双边贸易更能够实现利益的最大公约数。以国家为中心的少边、双边贸易在印太地区崛起的逻辑与美国存在的不确定性也有关。这些不确定性有两个基本方面：第一，随着美国单边主义和保守主义的崛起，美国不断“退群”的行为导致印太国家对美国是否能够遵守在全球多边贸易体系中的承诺感到担忧。这些国家认为必须建设以国家为主的价值链，以寻求经济战略自主。第二，与中美贸易关系不确定有关。中美贸易摩擦伤害彼此，也伤及产业链搭载国家。自2008年金融危机以来，全球就显示出“逆全球化”迹象，中美贸易摩擦更是加剧了这一趋势。随着中美贸易竞争的升级，更加稳定的双边贸易和少边贸易变得极为重要。

---

① Globalization In Transition: The Future of Trade and Value Chains, January 2019, https://www.mckinsey.com/~/media/mckinsey/featured%20insights/innovation/globalization%20in%20transition%20the%20future%20of%20trade%20and%20value%20chains/mgi-globalization%20in%20transition-the-future-of-trade-and-value-chains-full-report.ashx.

四、地缘政治增加价值链安全和政治因素

过去，价值链建构与合作多以经济要素为主体。在此指导下，美国、日本和印度对华采取一种相对合作的方式，即在经济和非传统安全问题上对中国采取保留态度。换言之，尽管与中国存在安全矛盾，但不排除通过与中国的贸易关系追求经济利益，从而这些国家的对华政策具有竞争性和合作性的二元性特点。不过，随着中美结构性矛盾的凸显，印度、日本等国家担心中国将挑战地区秩序，其对华政策逐渐由软对冲的合作性参与向硬对冲的竞争性参与转变。在其看来，虽然加强与中国的联系以确保自身经济增长的事实不可否认，但最近态势表明，经济上的相互依存可以防止潜在的冲突这一理念似乎有点过时。相反地，它们认为经济上相互依存的增加，实际上为中国提供了更大的、能够限制其他国家政策选择的政治工具。[①] 同时，斯里兰卡、缅甸、印尼和新加坡等国务实地实行骑墙战术，建立多元化的价值链，以便实现帕累托最优，避免选边站成为大国博弈的牺牲品。

对于美国而言，如何压缩甚至剔除中国主导的价值链，由可信任的国家承接从中国价值链节点上转移出来的产业，成为其重点关注。而其他印太国家更加注重产业安全和战略对冲，以及在动荡局势中的战略自主与安全，进而增加自己的战略筹码。

---

① 这一理念类似于美国对华接触性政策转变为遏制性政策的原因。自中美建交以来，美国一直试图通过市场经济开放促进民主发展，从而将中国拉入美国主导的西方阵营。但是中国发展出一条有别于西方的中国特色社会主义道路，无疑打破了其幻想。于是，美国等国家意识到，西方传统认为的经济与政治“二元制”并行相悖理论的错误性。

第三节 “印太价值链”构建国的姿态与主要动作

“印太价值链”的构建是由主导国(美国)、域内大国和组织(印度、日本、澳大利亚、东盟)、域内非核心国(马尔代夫、斯里兰卡等),以及域外大国(英国、法国和德国)等多重力量推动而成的。

一、主导国美国利用“四方安全对话+”“可信赖联盟”等机制推进“印太价值链”构建

“印太价值链”整体构建和运行基本是由美国主导。美国试图利用“四方安全对话+”和“可信赖联盟”等机制将印度、日本等国家纳入其“印太价值链”框架,从而形成一个去中国化的“非红色” 价值链,实现对华经济的切割与孤立。

2020 年 3 月 20 日,在时任美国副国务卿斯蒂芬·比根(Stephen Biegun)倡导下,来自“四方安全对话”参与国的官员聚集在一起讨论了新冠疫情全球大流行这一话题。这次线上视频会议除了既有的四国外,还包括韩国、越南和新西兰三个新加入的合作伙伴。这次讨论的议题包括对有需要国家的援助和保障全球经济运转等问题。美国除了坚持原有的“四方安全对话”机制,又开始进行区域供应链的新构建,加大对“四方安全对话+”经济功能的建设与引导。4 月 29 日,美国国务卿迈克·蓬佩奥(Mike Pompeo)对媒体发表讲话,在谈及美国、澳大利亚、印度、日本、新西兰、韩国和越南之间为“推动全球经济向前发展”和“供应链重组”而开展

的工作时,他提出要建立稳定的供应链,防止贸易中断的情况再次发生。美国共和党智库传统基金会和印度最有影响力的报纸《印度时报》都在国内进行舆论鼓动,希望扩大"四方安全对话"的外围伙伴,进行更大范围的"4 + N"机制合作,其潜在合作伙伴可能包括菲律宾、印度尼西亚、新加坡、法国和斯里兰卡等。这个扩大版的"四方安全对话 + "在经济领域的合作如果进一步延伸,并结合美国主导的"供应链可信赖联盟"机制建设,那么一个新型的印太经济联盟,即"印太价值链"联盟可能已经具备了事实上的基础,并可能在疫情时代引发全球供应链和产业链的重新组合,进而对目前全球价值链的中国份额产生一定程度的挤压。此外,"4 + N"机制合作还逐渐延伸到高技术产业领域。美国新成立的国家人工智能安全委员会提出美国和印度考虑建立一个战略技术联盟,以制订总体的"印度太平洋人工智能合作战略"。澳大利亚、日本、新西兰、韩国和越南有可能成为这一联盟的成员。

二、域内大国和组织通过"战略自主""少边主义"等形式推进构建"印太价值链"

"印太价值链"的构建可谓契合了印度、日本等印太国家的战略目标,即促进自身经济发展与平衡中国在该地区迅速提升的影响力。为此,他们一方面积极进行产业链的调整与重构,以实现内部平衡,另一方面通过双边、少边的方式进行经济合作和联系,实现外部平衡。

日本、印度和越南等国积极进行产业链的调整和转移,引导产业链进行本土化和多元化部署以实现内部平衡。日本早期在抗击疫情的经济恢复方案中便提供23 亿美元的资金,以帮助回归日本的企业进行供应链重建。日本经济再生担当大臣西村康稔表示,日本需要建立更加健全和具有多样性的供应链,扩大日本供应来源并提高国内产量。韩国在 2020 年 5 月下旬讨论的下半年经济政策方向中提出了扩大企业回归方案。韩国计划通过优先分配首都圈用地、增加补贴、降低税费等方式,吸引对外投资的韩企回归韩国。印度从 2020 年 4 月就开始与美国、日本和韩国等国的 1000 多家寻求离开中国的企业进行接触并谈判,准备承接这些国家转移的产业链。为了实现切入全球供应链的战略目标,印度提供了总面积为 4615.89 平方千米的外商投资土地开发储备,其中包括印度的古吉拉特邦、马哈拉施特拉邦等少数几个重要州的 1151.31 平方千米现有工业用地。印度政府亲自挑选了十个行业作为促进印度制造业发展的重点领域。截至 2020 年 6 月,印度吸引了近 200 亿美元的投资。[①] 越南政府官员于 5 月 12 日与美国外商投资委员会官员进行视频电话会议,探讨了修改越南国内法律以吸收外来投资的问题。2020 年,美国、新加坡对越南的投资大幅提高,仅 7 月,越南就吸引了 31.5 亿美元的外国直接投资,较去年同期增长了 79.8%。[②]

印度、日本、澳大利亚、东盟等国家和组织通过双边、少边的方式进行经济合作和联系,实现外部平衡。2020 年 8 月 19 日,在日本政府提议下,印度、日本和澳大利亚贸易和商业部长就启动三方“供应链弹性倡议”举行首次会议,试图在现有双边供应链网络的基础上建立替代方案,以减少对中国供应链的依赖。未来“供应链弹性倡议”还将对东盟国家开放。

① 印度外交部透露,2020 年 4—7 月,超过 15 家公司在该国投资了近 200 亿美元。这些公司包括谷歌、沃尔玛、脸书、日立等。

② Hoang Ha, “FDI in VN Witnesses Year-on-year Increase of 79.8%”, http://news.chinhphu.vn/Home/FDI-in-VN-witnesses-yearonyear-increase-of-798/20207/40946.Vgp.

2019 年 9 月 3 日，印度莫迪政府对日俄两国提出了以经济为中心建立三国合作框架的建议。2020 年 9 月 19 日，印度呼吁扩大印度与日本的伙伴关系，与俄罗斯在远东、太平洋地区建立三国合作框架。10 月，印度和日本签署了一项包括第五代移动通信技术、人工智能及一系列其他关键领域的合作协议。10 月 8 日，印度、澳大利亚和法国的外交部高层官员举行首届印法澳三边对话，讨论印太海上安全和维持有弹性全球供应链议题，并聚焦强化印太地区的合作。澳大利亚、印度和印度尼西亚三国外长和国防部长也将举行历史性的首脑会议，就区域价值链和海上安全等议题进行讨论。

三、域内非核心国利用自身战略位置参与构建"印太价值链"

斯里兰卡、马尔代夫等国与印太所有主要大国保持着密切联系，包括基础设施开发、贸易和安全的合作。尽管斯里兰卡、马尔代夫等国不愿意加入美国主导的"印太战略"，但是由于其地理位置横跨繁忙的海上交通线和区域海上枢纽，参加"印太价值链"的构建将有利于它们在不同领域继续与这些大国交往，实现利益最大化。

斯里兰卡现任政府 2015 年上台后承认，斯里兰卡的增长和繁荣源于与其他快速发展的亚洲国家建立经济联系，因此亚洲相互竞争的多层次区域主义被其视为一个参与的机会。一方面，斯里兰卡政府开始与主要区域经济体就一系列贸易协定进行谈判，并达成斯里兰卡－新加坡自由贸易协定。同时，除了与区域全面经济伙伴关系协定建立联系外，斯里兰卡还积极推动环孟加拉湾多部门技术和经济合作倡议自由贸易区的发展，并试图通过与印度的对接打入全球价值链。此外，斯里兰卡接受了美国千年挑战公司4.8亿美元的赠款，该公司预计将向刺激私营企业经济增长的投资项目投资。2017年4月，斯里兰卡接受了日本价值9.46亿美元的援助，以提高亭可马里港的运营能力。

马尔代夫也非常注重与主要印太国家的联系。2020年9月，在马尔代夫国防部长玛丽亚·迪迪访美期间，双方签署了国防和安全协议。马尔代夫国防部长将该协议描述为“两国国防和安全合作的重要里程碑”。在政策转变中，马尔代夫开始与美国的印度洋战略保持一致。两国建立外交关系50年后，马尔代夫接受美国在马尔代夫开设大使馆，以加强经济和安全合作。马尔代夫也注重加强与印度的战略和经济关系，并与印度商定启动通过海桥和堤道将马累与维林吉利岛(Villingili)、斯拉夫士岛(Thilafushi)和古利法胡岛(Gulhifalhu)相连的项目。2020年7月21日，在“印度与斯里兰卡之间深化经济合作”论坛中，印度和斯里兰卡一致认为，两国将探索新的经济伙伴关系领域，包括基础设施和连通性。

四、域外大国离岸平衡参与构建“印太价值链”

随着全球权力中心逐渐转移至印太地区，该地区相继成为各国战略博弈和利益攫取的“主战场”。印度、东盟等印太国家和组织逐步调整此前谨慎的战略态度，积极拥抱域外大国对该地区事务的参与，试图将自身打造成为权力中枢。显示权力、平衡权力及扩展权力的诉求促使法国、英国、德国等域外大国趁机不断试水印太地区，并参与“印太价值链”的构建。

在2019年的香格里拉对话中，法国国防部长弗洛伦斯·帕里提出了法国在印度太平洋地区的新版国防政策，强调需要建立有用的联系和共同行动以实现共同安全。法国驻印度大使莱纳恩表示，法国必须建立有弹性的供应链，捍卫开放、公平和透明的贸易，不能通过孤立主义、保护主义或单边主义来实现这一目标，这与法国的朋友美国的看法相反。① 2020 年 10 月 23 日，法国和印尼的国防部长讨论了国防合作以及印度太平洋地区的当前局势，双方赞成升级印尼军方的国防装备，提高印尼国防工业作为全球生产链一部分的能力。②

英国的《2018 年国家安全能力评估》指出，英国在使用"亚太"和"印太"这两个术语时出现了战略上的转变，并认识到印度洋和太平洋共同构成了世界三大经济重心之一。英国可能会在战略上与美国、日本和澳大利亚等亲密伙伴的地区做法保持一致。2020 年 9 月 29 日，英国外交大臣拉布访问越南期间与越南总理阮春福达成尽快缔结双边自由贸易协定的共识。10 月 17 日，英国外交大臣拉布访问印度时表示，英国将宣布"印太倾斜政策"是英国政府即将发布的"综合战略政策审查"的一部分，这一政策涉及信息技术共享和国防技术的合作。此前，英国著名的智库政策交流（Policy Exchange）发布报告呼吁，英国应该加强在印太地区加强投资、战略弹性倡议和金融技术增长等方面的影响力。③

---

① Resilient supply chains sans protectionism & boosted by open trade policy is imperative: France, October 6, 2020, https://economictimes.indiatimes.com/news/politics-and-nation/resilient-supply-chains-sans-protectionism-boosted-by-open-trade-policy-is-imperative-france/articleshow/78510145.cms? from = mdr.

② Erric Permana, Indonesia, France agree to boost defense cooperation Defense ministers emphasize importance of maintaining stability in Indo-Pacific region, October 23, 2020, https://www.aa.com.tr/en/asia-pacific/indonesia-france-agree-to-boost-defense-cooperation/2016751.

③ A Very British Tilt: Towards a new UK Strategy in the Indo-Pacific region, https://policyexchange.org.uk/wp-content/uploads/A-Very-British-Tilt.pdf.

2020年9月1日，德国外交部发布了题为“德国的印太政策准则”的文件，文件宣布树立印太地区政策准则，寻求经济伙伴多元化以避免单一依赖。① 11月5日，德国国防部长卡伦鲍尔与澳大利亚国防部长雷诺兹视频会晤时表示，美国、中国和日本三大全球经济体都在印太，它们和德国关系密切，而且东盟国家人口众多，在国际贸易和全球供应链中地位重要，德国重视印太地区，提出了《印太政策指导方针》。他还表示，德国是一个强劲的经济体，在全球范围内都有经济活动，而且是基于规则的国际秩序倡导者。②

第四节 “印太价值链”未来发展的影响

随着“印太价值链”构建的逐步完善，其将在多个方面产生重要影响，如为印太战略的融合与推进奠定经济基础，推动印太国家由地区平衡性力量向地区领导性力量转变，加速全球价值链重心向印太地区转移，严重挤压中国的战略主动权尤其是经济主动权等。

一、为“印太战略”的融合与推进奠定经济基础

印太战略在抵消中国影响力以及遏制或平衡中国权势方面起到了推

---

① Policy guidelines for the Indo-Pacific region Germany-Europe-Asia: shaping the 21st century together, https://rangun. diplo. de/blob/2380824/a27b62057f2d2675ce2bbfc5be 01099a/policy - guidelines-summary-data. pdf.

② Brendan Nicholson, "Germany Plans a Greater Peace and Security Role in the Indo-Pacific," https://www. aspistrategist. org. au /germany-plans-a-greater-peace-and-security-role-in-the-indo-pacific/.

动共识形成的作用,但是其带有政治色彩或意识形态色彩的特点,也限制了主要国家在印太框架内进行大幅度合作。“印太价值链”的构建则向另一条可行的途径开拓,即通过经济联合和产业联盟的方法避免对华经济的过度依赖,限制中国在印太地区通过经济提升影响力。“印太价值链”不但避免了政治上的分歧,减少政治合作引发中国不满的可能性,而且“印太价值链”本身以双边和少边为主要合作方式,在印太地区编织成一张复杂的安全供应链架构网络,从而推动不同版本“印太战略”之间的融合。因此,可以说“印太价值链”起到了多重的作用。一方面,弥合和缓冲美国、印度、日本和东盟成员国等国家之间的政治分歧;另一方面,为“印太战略”框架的完善和实践提供了切实的落实措施。此外,“印太价值链”有助于吸引那些对加入印太战略过度担忧,同时想利用大国关系谋求国家利益的印太非核心国家。

二、推动印太国家由地区平衡性力量向地区领导性力量转变

参与性力量、追随性力量及平衡性力量所获得的收益,更多取决于大国的赠与以及自己的妥协,有时候甚至有可能处于被大国支配或胁迫的地位。因此,为拥有更多的国家自主权和自决权,每个国家都渴望成为领导性力量。在全球权力由大西洋转移至印太地区及中美战略博弈之际,国际结构和秩序重现调整机遇。印度、日本和东盟等“第二梯队”国家成为各方争取的势力,这就决定了其主导权将决定国家未来方向。一旦国际结构和秩序调整结束,这些国家将失去主导权,处于被动地位。因此,印度、日本、东盟等国家和组织将充分利用自身的战略位置和弥足珍贵的机遇,通过“印太价值链”的构建,从全球价值链“链边”向“链心”方向

转移，形成塑造国家实力的能力。随着“印太价值链”的构建及由此推动的国家能力的建设，印太国家可能将实现群体性崛起，其在印太地区的角色也将由参与者演变为平衡者，甚至是主要领导力量。

三、加速全球价值链重心向印太地区转移

北美洲、欧洲等区域的全球价值链日趋成熟，且处于价值链的顶层，因此必须寻找中下层区域价值链的承接对象。潜在的承接对象必须具备政治上的稳定性、产业上的相对成熟性、劳动力的丰富性、人口分布的密集性，以及运输的便利性等条件。亚洲地区更符合这些条件，这也是中国崛起的主要外部原因之一。随着西方国家逐步将中国视为战略竞争对手，并试图将中国排除在全球价值链之外，南亚、东南亚等印太区域国家就成为仅次于中国的次优选择。随着“印太价值链”的构建，美国、印度、日本和东盟等国家和组织开始通过基础设施建设和产业对接等方式，发掘该地区的资源优势与能力组合。同时，英国、德国等欧洲国家也开始重视与印度、越南和东盟成员国等国家的产业合作，将部分产业链从中国转移至南亚和东南亚。“印太价值链”在经济赋能与地缘政治的双重作用下，将逐渐推动当前全球以美国（北美洲）、德国（欧洲）、中国（亚洲）为价值链中心的旧格局，转向以美国（北美洲）、德国（欧洲）、中国（东亚），以及印度、日本、澳大利亚、东盟（印太）为价值链中心的新格局。

四、严重挤压中国的战略主动权尤其是经济主动权

在“印太价值链”的推进与塑造下，美国、印度、日本和东盟成员国等

国的产业将深度融合发展，印太地区国家的地位与权势大幅度上升。届时，中国将面对印太地区新出现的四股力量。

第一股力量是以美国为主的稳妥型遏制力量。美国通过“印太价值链”的构建与扩大形成对中国的经济包围圈，为印太国家提供更加多元的产业合作选择，排除对华依赖关系。第二股力量是以印度、日本、澳大利亚、东盟等为主的冒险型平衡力量。它们通过借助美国的集体协调和主动构建能力，积极参与构建“印太价值链”，并通过“印太价值链”实现集体性崛起，从而充当地区平衡性甚至主导性力量，增强自己的战略筹码。第三股力量是以马尔代夫、斯里兰卡等为主的摇摆型中立力量。由于受体量较小和政权不稳等因素限制，它们将逐步边缘性地参加“印太价值链”，在中美之间寻求一种微妙平衡的“骑墙战术”。第四股力量是以英国、法国和德国为主的钳制型竞争力量，它们将从局外人转型为局内人，增加对华牵制措施，避免中国过度崛起。四股力量之间的产业合作与战略融合将逐渐形成一种趋势，即印太国家可以在不加入美国对华遏制阵营的前提下，通过产业多元化和供应弹性化实现战略平衡。美国借此也可以实现使这些国家与中国的产业关系和政治关系“软松绑”目标。

基于全球权力向印太地区方向转移和中美战略博弈导致的产业脱钩，“印太价值链”构建对于重塑亚洲及印太地区权力架构具有重要意义。美国外交回归传统的对联盟力量的重视，印日澳等域内大国对战略自主的日益渴望，英法德等域外大国对印太地区事务的渗透参与，斯里兰卡、马尔代夫等域内非核心国对战略对冲的利用，都会协同推进“印太价值链”的构建。“印太价值链”将突破过去传统全球价值链仅仅强调经济要素的做法，更多关注经济与安全双重因素。印太国家通过参与“印太价值链”的构建，在完善国内产业结构和发展多元经济的同时，可以确保对他国战略威胁的抵抑。虽然“印太价值链”的构建具有长期性和复杂性，而且印太国家在产业协调和设施配套等方面也存在经验不足的问题，但在市场逐渐完善和国家政治干预等因素的推动下，“印太价值链”很可能催动全球价值链内容和范式发生转折，并导致地缘政治和国家权力出现变动。

第五节 印太地区新形势下中国和上海的应对建议

一、高度重视美国的全球和区域经济整合能力

美国对于全球经济的整合能力基础是其资本、技术和国内市场购买力。就市场购买力而言，美国一年进口2.6万亿美元以上的终端商品，且贸易支付以国际硬通货币美元进行结算，这对于许多发展中国家而言是一个每个国家都想争夺的巨大市场。在传统的国际关系认知研究中，几乎没有将“国际购买力”作为一种国际能力要素加以考量，但事实上，“国际购买力”既是一种现实的国际支配权和引导权，同时也是维持全球化的根本动力。而美国目前希望的全球化是以美国利益为核心出发点，美国可以通过双边关税，加大产业投资和技术转让力度来重构亚洲区域价值链和供应链，且其整合对象目前已经具备了一定的生产网络基础和产出能力，对此，我们不能有盲目乐观的心态。

二、重视中日韩产业链与供应链加深协同

目前在全球供应链体系中，日韩企业既作为中高级终端产品供应商角色存在，同时其生产的关键中间品也是中国融入全球价值链的核心支撑，缺乏日韩在半导体材料、光学设备、显示器件的基础支撑，中国全产业链的全球能力将大打折扣，并将影响中国在全球价值链中的作用。而在美国加大对中国进行“技术切割”，日韩为了自身供应链的安全，主动引导日韩企业回归本土的大背景下，我们要正视日韩政府政策的两面性，不能简单视日韩企业回归，包括其加大对于印度、越南的投资为对中国的政治敌意，而是要利用中国产业链配套能力强和产业技术基础较高的优势，充分发挥中国国内市场购买力能力，以加大开放国内市场为政策取向，加大对日韩企业的招商引资力度和优化服务环节，并积极主动推动中日韩三方自由贸易协定的达成，以使中日韩产业链和供应链在现有的基础上整固和加深协同。

三、在对待越南与印度问题上要充分打好政治和经济两张牌

自身的积极改革与国际政治经济格局变化，给越南和印度的发展创造了新的机遇。这两个国家也正在抓住机遇，积极迎合美国的区域战略调整，利用美国对华产业转移带来的产业赋能，努力融入和扩大在美国供应链体系的规模。而就越南而言，其2019年的《国防白皮书》中明显透射出对于中国南海问题的担忧，其与美国的政治修复和军事合作存在升级强化的可能。在经济上，越南目前的产业链与中国存在类似中日韩的结

构性特征，越南需要从中国进口大量中间配套产品来满足自身“新世界工厂”能力扩张。因此，在对越南的政治态度上不宜采用过度高压做法，以防止越南彻底倒向美国，并出借金兰湾和岘港为美国军事基地，以对中国南海形成威慑。而在经济上则要加大对于越南产业链的关键品嵌入，包括技术转让的一定控制，以防未来经济联系脱钩。对于印度而言，由于中印之间产业链链接较低，产品以终端贸易品为主。因此，中印之间处理问题的主基调应该是保持两国对抗不升级，以免分散和牵涉中国更多的战略资源。

四、充分运用国内购买力杠杆资源整合区域生产体系

中国国内巨大的购买力是中国宝贵的战略资源，而一直没有作为有效的对外战略工具加以很好的运用。目前亚洲国家日本、新加坡、越南已经完成同欧盟的自由贸易协定谈判，而日本、韩国与美国双边贸易协定也已经达成。零关税和大规模开放国内市场是亚洲贸易的主基调和发展趋势。在亚洲贸易环境转变的大背景下，中国也需要主动对亚洲重要国家和欧盟大幅降低关税，并以进口所形成的“国际购买力”，以国内购买力杠杆来整合全球，特别是亚洲区域的生产体系。我们必须充分认识到，在市场开放中形成的竞争力是中国经济持续发展的基础。因此，在海南自由贸易条件扩大的基础上，中国还应该充分发挥上海进口博览会等平台的进口扩大功能，包括采用扩大免税规模和增加免税城市试点等手段组合运用，来推动中国与区域和全球生产体系的充分深度融合。

五、形成以国内大循环为主体、国内国际双循环相互促进的新发展格局

这次印日澳越对华产业链的“脱钩”也对中国具有重要启示，暴露了中国对外技术依赖和出口依赖。中国庞大的市场、优良的基础设置、熟练的劳工等成为吸引外资投资的重要因素。但是国内的产业循环基本以中低级贸易和商业贸易为基础，科技赋值未充分发挥带动和引领作用。虽然中国拥有全产业链体系，但是中国在资金投入、技术创新、产学研结合、绩效评比等各方面存在诸多不足，需要重新进行梳理和布局产业链，切实推动中国制造业的转型升级。同时，加大对外资、合资、民资的引入，最终促使“国内大循环为主体”是一种良性循环、高附加值循环，也更能避免扩大开放对国内产业的冲击。

在中美严重对抗和印日澳“三方供应链弹性计划”冲击下，“内循环”有助于实现自力更生、保障自我战略安全。但是“外循环”不应被严重压缩，不能陷入对等报复的陷阱。在处理国际关系时，有对等报复的时候，也有没有任何动作的时候，不应对所有参与“供应链弹性计划”国家任何时候都采取报复行为。对等报复容易疲于应对，逐步暴露自身的战略短板。数据显示，2017 年平均加权进口关税为 3.83%，远高于日本的 2.51%，欧盟的 1.79% 和美国 1.66%。面对国内国际双循环，中国需要进一步扩大开放水平，降低关税。后疫情时代，各国产业链的安全化、多元化是不可阻挡的大趋势。中国应正确看待这一趋势。面对印度、澳大利亚、日本等国家推动“三方供应链弹性计划”实现供应链多元化的安排，可以适当的采取集中“大胆”的方式。一方面，尊重他们基于安全需要的行为；另

一方面,看到其背后隐藏着巨大地缘政治阴影。同时,继续加大和深化与其经济关系,从而真正推动形成“以国内大循环为主体、国内国际双循环相互促进”的新发展格局。

六、加强对印度、东盟等国家的战略拉拢

无论是“印太战略”还是“贸易北约”,其成功在很大程度上取决于印度、东盟成员国等对中美大国博弈的理解,以及对华态度取向。从地理来说,印度、东盟成员国等位于中国周边,其离岸平衡的直接威胁不亚于美国霸权的间接威胁,可对华直接形成战略纠缠和战略威慑。在西方国家看来,印度的人口和经济规模使其有能力,对华敌视态度使其有意愿替代中国在亚洲的作用和角色。一旦印度的能力匹配其意愿,其意愿引导其能力,实现对中国作用和角色的承接,中国和西方的关系很可能完全“脱钩”。根据哈佛经济显示,2020 年,欧英国内生产总值占全球 20.5%,美国占 24.0%,中国占 17.9%,印度占 3.1%;2040 年,预计欧英国内生产总值占全球 16.4%,美国占 20.8%,中国占 22.8%,印度占 6.1%。在西方看来,这就意味着 2020 年中国具备单一挑战美国或欧英的能力将在 2040 年发展为同时具备挑战美国和欧英的能力(当一国国内生产总值达到另一国的 60%时,该国具备挑战霸权的能力)。这时,印度的份额和体量就显得极其重要。从地缘来看,不同于美国、日本、澳大利亚、加拿大等对华坚决遏制派,东盟、印度对华更多是出于平衡而非遏制需要,二者都表现出一定的战略犹豫和战略对冲倾向,但这些“中间派”开始出现分化。东盟最近表现出对华友好的倾向,印度却试图利用大国博弈加大对华进攻。因此,在处理主权问题时,需要综合考虑其未来角色和地位,充

分利用西方国家与印度、东盟的贸易分歧等争端，寻求在世贸组织等机构的合作。

七、实施更加开放性的贸易、投资等政策

最新的贸易政策动态表明，拜登政府既不会放弃特朗普政府对华技术审查、贸易压制的传统做法，也不会寄希望西方集体对华贸易责难，而是更倾向于西方核心精英国家采取集体方式（“贸易北约”）实现对华的贸易、技术等遏制。在这种情况下，美国开始走入一种较为极端的方式，中国反而需要采取开放性的贸易、投资政策。目前，最大的问题企业“引进来”容易，“走出去”艰难。如果中国加大对“走出去”的引导，无法完全释放的民企资本则可以完全在海外释放，使得企业尤其是民企可以在他国市场实现对人才的吸收、技术的学习以及资金的扩张。

八、针对印日澳越等国家区域合作宏观措施

第一，分化与切割（内部措施）。印日澳越等国家区域合作目前处于初期形成阶段，内部存在诸多问题亟待解决，这也为中国制定对策赢得了充分的时间。印日澳越等国家区域合作在其内部和外部主要存在的问题：韩日矛盾、印美矛盾以及机制建设问题。在韩日矛盾方面，历史遗留等问题一直久拖不决，使得两国即使同为美国盟友，但是同床异梦；在印美矛盾方面，印美关系最近发展迅速，但印俄之间的“特殊和特权战略伙伴关系”，以及印美在贸易壁垒等方面的冲突限制了两国关系的进一步发展；在机制建设方面：印日澳越等国家区域合作注重经济底层支柱建设，

但是美印越等国家在产业转移与分工方面的合作需要长期的磨合。成员国致力于产业链多元化、弹性化，但是抛开中国实现产业链完全独立过程艰难。上述矛盾将限制印日澳越等国家区域合作一体化和体制化发展。一方面，中国需正确认识到价值链转移这一不可逆的事实，利用印日澳越等国家内部之间的矛盾，拖延甚至阻滞其联盟发挥有效性。另一方面，避免陷入博弈陷阱。面对美印日澳越等国家加速对华产业链和技术链的“脱钩”，中国应加速产业建设，加速引入美日等国的外资发展，加速对“脱钩”行为的重新“建构”。

第二，平衡与对冲(外部措施)。印日澳越等国家区域合作不仅面临内部分歧，也面临外部压力。这些压力包括印巴矛盾、南亚国家之间矛盾、朝韩矛盾、朝日矛盾、东盟中立立场、美俄矛盾等。第一，以巴制印，合小攻大。中国需要充分利用巴基斯坦、尼泊尔、孟加拉国等南亚国家对印度搞地区霸权主义的反对和不满，加速构建中巴经济走廊、湄公河经济走廊，加强同南亚各国的战略互动，限制印度的战略膨胀。第二，以朝制韩日。美韩日三边同盟关系困难，但是韩、日分别与美国保持着良好的双边关系。中国对待美日韩对华的挤压，最好的方式就是以“朝鲜问题”作为谈判筹码，将“朝鲜问题”控制在悬而不决的阶段。即使“朝鲜问题”完全解决，美日韩同盟并不会因此而战略收缩或回避。

第三，支持东盟的中立立场。东盟秉承一致性和核心原则，同时中国和东盟巨大的贸易关系，使得东盟加入“4 + N”战略联盟变得尤其谨慎。“4 + N”战略联盟的扩展取决于东盟各国支持政策的程度。东盟(越南除外)并不愿意加入遏制中国的阵营，中国应适当安抚那些因南海问题产生对华敌对情绪的国家。

第四，战略性引入俄罗斯。在域内，中国面对群狼环伺的局面略显实力单薄。在印度急迫引入俄罗斯加入印太战略对冲中美之际，中国可以考虑引入俄罗斯作为战略选项。此外，周边国家基于对冲的考虑，一定程度会接受俄罗斯的入局。

第五，领土解决与矛盾控制（根本措施）。正如上文所说，亚洲地区主义对国家主权的特别关注，使得“美国介入”和“邻国接受”成为一种互补性战略合作。中国实力不断增强与历史遗留问题久拖不决（在他们看来出现“扩张态势”）之间的合力推动这些国家加入遏制中国阵营。领土、领海和领空矛盾纠纷对任何国家来说都是最难解决的边界问题，也是国家出现对持甚至战争行为的导火索。最近中印边境冲突可以看出，边界问题不解决对国家间关系百害而无一利。因此，中国需要在中印边境问题、南海问题、东海问题等涉事严重的边界地区加紧谈判，从冲突根源解决关系恶化的问题，考虑各种现实性方案，采用实际控制和历史依据相结合的方案。对于存在极大争议的问题如果短时难以解决，可采取逐步谈判、逐步击破的原则。在大国竞争时代下，中国与邻国的领土纠纷成为制约中国对抗美国的关键因素，甚至成为美国对华主要的战略工具。

第六，敌我对象区分与混合（补充措施）。印日澳越等国家区域合作所存在的等级性决定了中国所采取应对措施的层次性。对于第一等级的美国，美国两党对华战略遏制具有高度统一性，不以党派更换为意志转移，这就决定了中国应放弃对美战略幻想，但切记不可采取对等报复措施以免暴露战略短板。对于第二等级的印日澳等国，中国应当看到其谋求“战略自主”的竞争性对冲行为，采取加深合作和矛盾解决的措施，避免将其进一步推入美国阵营。对于第三等级的越南等国家，采取“胡萝卜加大棒”政策，奖励与惩罚并行。他们对中国更多是一种战略忧虑，而非战略敌视。对于第四等级的东盟等地区,采取无害措施,严重说明加入美国等联盟所面临的惩罚与报复。在对四个等级区分完毕后,也需要对其进行作出混合战略判断。印日澳越等国家区域合作联盟已经证明了是一个针对中国的亚洲版“贸易北约”,其成员国的身份构成就显示出其机构性质。对于参加或即将参加该组织的国家,中国必须保持谨慎且警醒的状态,提前制定完善、合理的预案,避免战略误判和战机贻误。

九、加强对上海参与中欧全面投资协定、区域全面经济伙伴关系协定和全面与进步跨太平洋伙伴关系协定的特殊对策研究

中欧全面投资协定(CAI)、全面与进步跨太平洋伙伴关系协定(CPTPP)旨在重新平衡在市场准入和投资方面的不对称性,其涉及相关规则较多且极为严苛,这对于中国及其企业而言是极大的挑战。上海作为中国经济最发达、法律条规较为完善的省份,需要探索出一条应对之路和经验之路。

第一,解决市场准入、公平竞争环境和可持续发展等三大问题。一是在解决市场准入方面,陆续实现对金融、电力、汽车和基建等领域的产业开放和制度制定,并加大对资本运作和金融风险的网格化监控,要求财务、资产等透明化处理。二是在公平竞争环境方面,大力推进国企改革。长期以来,地方国有企业创造了上海 1/4 以上的经济总量。2019 年上海地方国有企业实现营业收入同比增长 5.5%;利润总额同比增长 2.6%;资产总额同比增长 10.1%,上海经济对国有企业的依赖不断加大。中欧全面投资协定、全面与进步跨太平洋伙伴关系协定对国有企业的要求包

含减少国家对市场干预的创造性规则，要求国有企业和私营企业之间进行合作以确保公平的竞争环境，这将是对上海国企的严峻考验。为此，要求国企加快引进战略投资者，加速实施“二次混改”；深化国有资本投资、运营公司改革，稳妥有序地将部分企业股权划转至投资运营公司；分类推进市管国企职业经理人薪酬制度改革；打破国企“铁饭碗”体制，实现人员末尾淘汰竞争机制。三是在可持续发展方面，加强对劳动人员利益，尤其是生命健康和合法工资的法律保障和维护，推进国内法律与国际法律的对接。

第二，防止“布鲁塞尔效应”对上海的错误引导。“布鲁塞尔效应”指发达经济体通过制定规则和技术标准而发挥影响力，这些规则和技术标准被世界各地的公司和国家所采用。最典型的案例就是一百多个国家以欧盟《通用数据保护条例》（GDPR）为模型制定数据隐私规则。实际上，“布鲁塞尔效应”本身是一种规则霸权，以欧盟的经济体量和先进管理手段实现行为的合法化。在上海参与中欧全面投资协定、全面与进步跨太平洋伙伴关系协定的过程中，势必面临此类问题，如按照其要求降低中国工作强度，将严重限制中国经济增长。这就要求上海在适应规则的同时，通过地方规则立法进而推进国家立法等形式应对其规则解释权。

第三，上海作为单独经济体率先参与中欧全面投资协定、全面与进步跨太平洋伙伴关系协定。跨太平洋伙伴关系协定是由美国制定的，其成员都是受美国邀请的。美国退出跨太平洋伙伴关系协定后，日本接替退出跨太平洋伙伴关系协定的美国，成为跨太平洋伙伴关系协定的主导国，并将跨太平洋伙伴关系协定更名为全面与进步跨太平洋伙伴关系协定，剩余国家相继加入跨太平洋伙伴关系协定的缩小版全面与进步跨太平洋伙伴关系协定，这就意味着全面与进步跨太平洋伙伴关系协定的框架结构和理念大多继承美国主导的跨太平洋伙伴关系协定。在中美、中日和中澳关系遇冷之际,中国加入该协定并非易事。此外,由于国内没有对国际数据流明确的规则致使国际谈判变得困难,涉及劳工权利和工会的劳工标准与西方国家存在分歧等问题,导致中国面临中欧全面投资协定被迫中止、全面与进步跨太平洋伙伴关系协定加入困难等问题。在拜登政府深陷疫情泥淖,专注恢复国内经济,尚未回到全面与进步跨太平洋伙伴关系协定之际,中国在面对日本等国家排斥加入的处境下,上海可考虑创造性地以单独自贸区或经济体身份加入,率先试点突破。

第八章 中国深度融入全球化的价值链路径

随着2020年以来新冠疫情在全球的蔓延，全球产业链的运行受到了明显影响。对中国而言，一方面，全球产业链关键中间品进口受到了疫情的影响；另一方面，跨国公司在华企业配套的行业也受到了明显冲击，这在一定程度上削弱了中国在全球产业链中的地位。本章将结合2019年中美贸易结构数据的动态变化，对中国重点领域的产业链特征和技术链进行分析，从而剖析中国在全球市场的特征。

第一节 中国融入全球产业链条中重点产业分析

1978年中国进出口总额为206.4亿美元，仅占国际市场份额的0.8%，在全球货物贸易中位列第29位。随着改革开放的深入，特别是2001年加入世界贸易组织从而深度融入全球市场之后，中国在国际产业链中的地位明显上升。2019年中国进出口总额高达4.5万亿美元，占全球份额的13.7%，且出口商品以中高端制成品和工业品为主。

一、全球化下的产业链格局

随着20世纪90年代以来全球化进程的加速和科学技术的不断革新，产业价值链的国际分工不断细化，产业和中间品在国别之间的转移也日趋明显。宏碁集团（中国台湾）的创始人施振荣所提出的“微笑曲线”模型，可以被应用于分析和观察各企业与国家在价值链和产业链中处于低附加值位置或高附加值位置的具体情况。根据“微笑曲线”的研究结果（图8－1），在全球范围内美国、日本、韩国、欧洲等国家和地区占据着利润空间较大的研发设计、中间产品零部件制造端以及销售和服务端环节，在全球价值链中占有较高地位。而以中国、印度、越南等为代表的发展中国家则占据着模块生产、产品组装等低附加值环节。

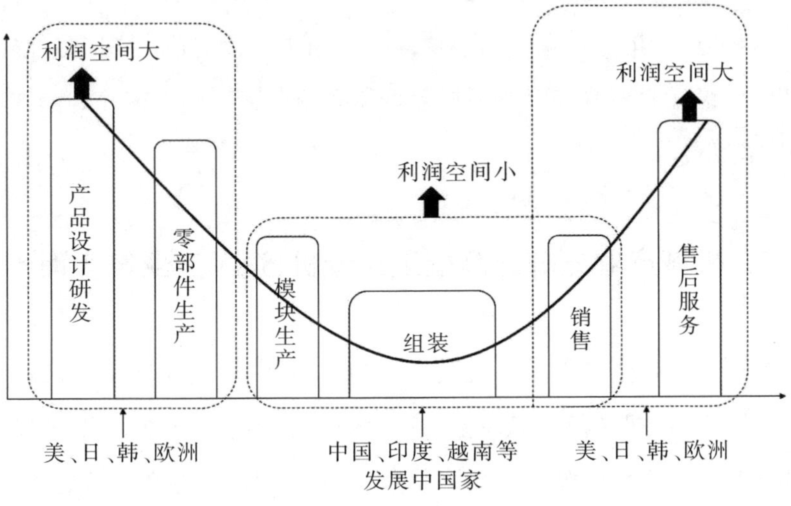

资料来源：魏伟、陈骁：《全球产业链及疫情后的重构展望》，《金融市场研究》，2020年第8期。

图8－1　各主要国家“微笑曲线”位置图

决定一个经济体在全球产业链中位置的是其经济发展的水平，经济发展水平较高的经济体，往往会在全球产业链中占据更高的位置。事实上，尽管美国、英国、法国等国家在制造业上处于贸易逆差状态，但这并不代表这些国家在制造业上全无生产能力。相反，是因为这些国家在微笑曲线中位于开口高端的位置，掌握高收益核心部件的生产，尽管这些核心部件的产品的出口总额要小于全部制成品进口。

从产业角度看，电子设备和计算机、交通工具制造（主要是汽车制造）、机械设备制造三大产业是对发达国家增加值贡献较多的产业；与此相对，这些产业对中国的增加值贡献偏少。这些产业的产业链较长，生产全球化程度高。目前，电子设备和计算机、交通工具制造产业上重要配件（如芯片）和核心技术（如发动机、变速箱、电池技术）主要集中在美国、欧盟、日本、韩国和中国台湾地区。在当前，芯片 10 纳米以下的工艺几乎控制在台积电、三星等几家公司手中，虽然目前中国大陆的手机芯片能实现大部分自给，但是基站芯片、手机射频和高端存储等通用芯片的国内自给率仍然较低。

二、机械产业链缺乏高端工业母机，汽车产业链大而不强

机械产业是全球进出口规模最大的门类，中国是全球机械产品的主要输出国。从“机械及交通设备”这一大项看，目前中国的主要进口国是美国和其他第三世界国家。具体而言，机械产业在全球产业链的情况是：美国进行机械产品的高端制造，第三世界国家进行机械产品的加工生产，中国、德国、日本为其机械生产提供主要的产能设备支持。以高端机械制造中的“母机”数控机床为例，2019 年全球排名前十的数控机床企业中，

日本4家、德国3家、日德合资1家、美国2家,中国在这一领域没有优势企业。

从受新冠疫情影响最大的汽车产业链来看,德国、日本更多的以汽车及运输设备出口为主,美国则以满足国内市场为主。目前由于受疫情影响,在一方面,以美国、欧洲和中国为中心的三大汽车区域消费市场,都在不同程度上迈入"寒冬",跨国车企暂时关闭生产线、减产、裁员已经出现,不少汽车零部件供应商订单取消和延后,生产经营迎来严峻的考验;在另一方面,汽车行业的"四化"趋势势不可挡,少数厂商进行了逆势突围,动力电池、自动驾驶系统、共享和智慧出行方案等方面的新供应商在不断增加。在前述两股力量的作用下,全球汽车产业链正在进行结构性重构。

汽车产业存在电动化、智能化、共享化三种趋势,这三种趋势对汽车行业产生了深刻的影响。在电动化方面,由于电动汽车的零部件数量明显少于燃油汽车,汽车零部件的贸易总额大幅减少。因此,不仅传统零部件供应商遭到挑战,整车制造商也面临着压力。例如,福特汽车曾测算,如果产品全面转向电动化,品牌制造商的价值或将缩水10%~30%。在智能化方面,电子产品、互联网技术方案、人工智能解决方案等上游供应产业的重要性愈加凸显,整车制造商与上游数字化、网络化供应商之间的关系将被重塑,传统汽车行业纵向一体化分工的生态正在被打破,二者展开深度合作与水平分工的现象逐渐增多。在共享化方面,下游出行服务提供商的出现,拓宽了汽车行业的定义并重塑全球汽车产业链,汽车产业中服务业的占比在未来将得到上升(图8-2)。

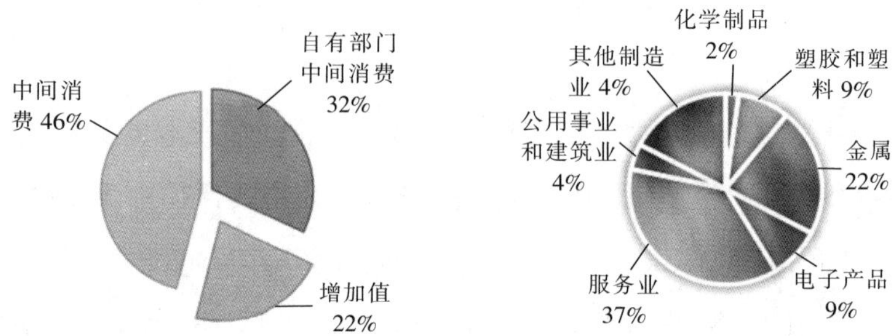

资料来源：国际货币基金组织。

图 8－2　全球汽车业生产结构剖析

中国并不占据全球汽车产业链上最键的生产环节，中国目前主要是提供汽车零部件加工。2018 年，中国汽车及零部件产值占规模以上工业产值的 79.1%。中国本土的汽车制造在经历了 20 世纪 90 年代的关税保护阶段后，开始以合资发展方式走“市场换技术”的发路。虽然中国从 2010 年成为世界第一大汽车产销国，但中国的汽车产业链大而不强，缺乏世界级品牌，自主品牌国内市场占有率低，中高档汽车成本及价格劣势明显。

三、电子产业链规模弱小且有明显短板

中国是全球非常主要的电子元器件供应国。根据苹果公司发布的“苹果公司 2019 年全球 200 大供应商”报告，中国在其中的占比高达 43%。此外，根据国际半导体产业协会（Semiconductor Equipment and Materials International，SEMI）的数据（图 8－3），在 2019 年，中国在全球半导体设备市场中以 49% 的市场份额处于绝对领先地位，其中中国台湾和中国

大陆分别占27%和22%。

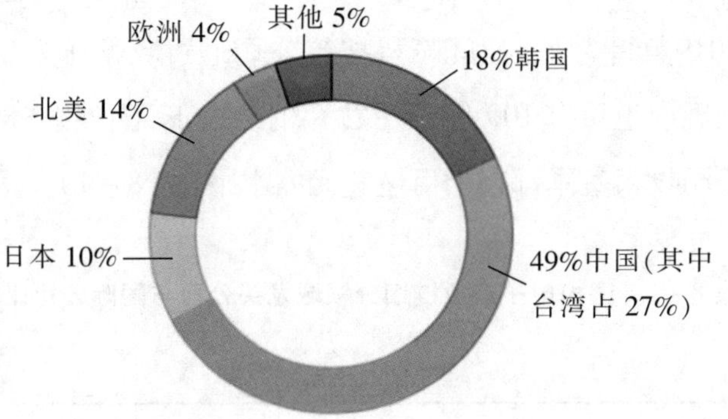

资料来源:国际半导体产业协会。

图8-3　全球半导体设备市场份额

目前,中国国内A股电子行业上市公司有230家,这些企业2018年的总收入为1.41万亿、净利润为552亿元,2019年总收入为1.80万亿、净利润为672亿元。截至2020年4月,电子行业上市公司整体市值为4.09万亿。从产业链结构分析来看,目前中国电子产业链上游核心能力缺乏,中游制造加工是强项,下游品牌端知名度较低。

中国在上游设备、原材料及芯片设计等领域的基础还比较薄弱。以芯片设计领域为例,芯片设计板块位于芯片产业链上游,板块公司整体毛利润都在30%以上,都属于轻资产模式,固定资产周转率及净资产收益率(Return of Equity,ROE)都相对较高。中国国内半导体产业链上游芯片设计环节上市公司主要涉及的领域主要有存储芯片、射频芯片、图像传感器芯片、生物识别芯片、模拟器件芯片、移动热点(Wi-Fi)芯片及功率芯片、电源控制芯片、功能控制芯片等多个领域。但是从收入端规模来看，目前中国国内主流头部芯片设计公司收入规模相对较小，如汇顶科技、兆易创新、紫光国微等公司和企业2018年的收入在20亿~30亿元，即使是在2019年韦尔股份、闻泰科技等公司通过收购国外资产后，这些企业的收入规模也只有100亿元左右。相比之下，国外细分领域的芯片设计龙头公司收入基本都在上百亿美元的水平（表8-1）。

表8-1 国内电子产业链细分领域龙头公司与国际公司比较

（单位：亿元）

产品领域	国内龙头公司收入规模	龙头公司利润规模	毛利率	净利润	国内代表企业	国际龙头公司收入规模	国际代表企业
芯片制造设备	30	3	30%	10%	北方华创 中微公司	500	应用材料、LAM Research
芯片设计公司	50	20	80%	40%	汇顶科技 兆易创新	10000	高通、博通
芯片制造	200	10	30%	5%	中芯国际	15000	台积电
芯片封测	300	15	20%	5%	环旭电子 长电科技	700	日月光
光学摄像头	300	15	15%	5%	欧菲光	400	索尼、三星
声学模组	500	40	20%	8%	立讯精密 瑞声科技	500	国内领先
手机电池模组	200	10	20%	5%	欣旺达	200	国内领先
液晶面板模组	100	80	20%	8%	京东方	2000	三星、夏普
覆铜板	120	15	25%	13%	生益科技	150	建滔积层板

续表

产品领域	国内龙头公司收入规模	龙头公司利润规模	毛利率	净利润	国内代表企业	国际龙头公司收入规模	国际代表企业
PCB 板	100	10	25%	10%	深南电路	250	旗胜、TTM
电感	25	5	35%	20%	顺络电子	700	村田、太诱
LED 芯片	80	25	45%	31%	三安光电	100	Cree
连接器	80	10	35%	13%	中航光电 信维通信	600	安费诺
外观件	300	20	20%	7%	蓝思科技	300	国内领先
模切件	100	15	35%	15%	LYZZ 飞荣达	150	国内领先

资料来源:万得(Wind)咨讯。

除了收入规模外,从华为手机芯片国产替代的进程来看,虽然在美国技术封锁压力下,华为加大了国内供应链替代建设,但以 2020 年最新款的手机来看,只有只读内存的供应商由韩国的三星替代了美国的美光公司,但射频前端模块的供应商依然是美国高通、思佳讯(Skyworks)、威讯联合半导体(Qorvo)这三家公司,关键短板问题依然得到完全解决。

第二节　美国对中国技术链切割现状分析

在本次新冠疫情中,美国特朗普政府继续推行与中国技术脱钩的政策,进一步加大了中国和美国在先进技术领域出现切割式的断裂风险。

一、技术链切割的表现

美国政府在疫情中对中国的态度呈现两面性，一方面表示有意愿与中国共同合作应对疫情，但另一方面遏制中国发展的“脱钩”战略也在继续推进。在产业基础层面的人才、资本与技术基础三个关键节点上实施精准打击。对华关键技术封锁目标锁定在影响产业基础的核心技术上，聚焦的关键是现代工业和整个数字时代的基础半导体芯片产业，并继续瞄准第五代移动通信技术、人工智能与航空发动机等关键技术领域进行不择手段地封杀和围堵。从出口管制的角度看，由美国商务部产业与安全局(Bureau of Industry and Security，BIS)负责管理，根据美国《出口管理条例》(Export Administrative Regulation，EAR)制定的出口管制“实体清单”旨在限制“被美国国务院制裁的活动及损害美国国家安全或外交利益的活动”，自 2018 年以来，该清单上针对中国的管制条目数量翻了两番，从 130 个增至 532 个。2018 年 1 月，中国实体的数量仅占该“实体清单”的约 14%，截至 2022 年 3 月，中国实体在清单上的数量占据了约 29%，且其中多数受到管制的为从事高新技术产业的实体，如通信行业龙头华为、半导体光刻机制造企业上海微电子、人工智能领先企业商汤科技，等等(图 8-4)。

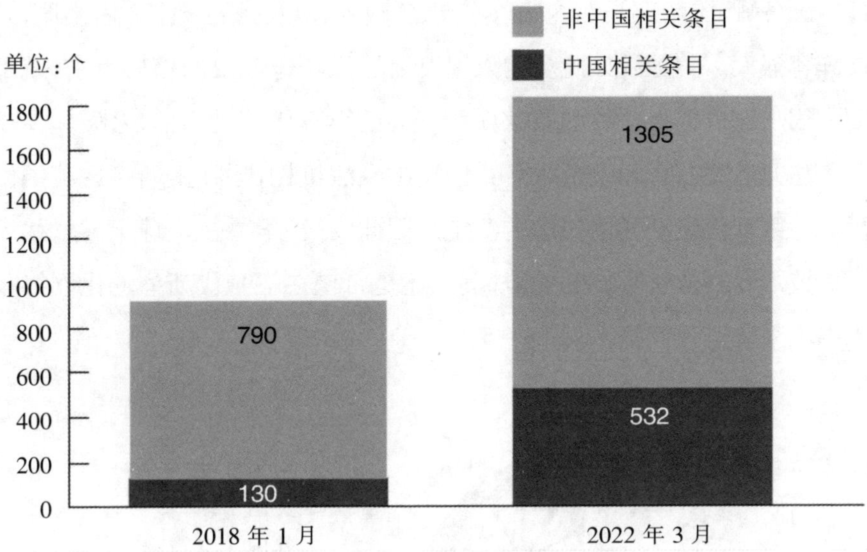

资料来源：Carnegie Endowment for International Peace.

图 8-4　“实体清单”中与中国相关的条目数量

（一）“全方位”封堵华为第五代移动通信技术推广

2020 年 2 月 18 日，美国司法部以 16 项新罪名再度起诉华为及其首席财务官孟晚舟。2 月 28 日，继众议院之后，美国参议院通过了《安全和可信通信网络法》，拨款 10 亿美元更换华为、中兴设备，彻底封堵了华为在美国最后的边缘市场。同时，美国还计划将出口管制的美国技术比例从目前的 25% 下调到 10%，以全力阻断美国之外的企业（尤其台积电）对华为的供货。美国还要求其西方盟国采取联合行动，全面加强对中国的经济和技术限制。2 月 17 日，第 53 届慕尼黑安全会议在德国召开，美国派出以众议长南希·佩洛西（Nancy Pelosi）为代表的 20 多名参众议员，包括国务卿、国防部长在内的政府高官、政要,以及多名专家学者出席,人员阵容强大。美国派如此多的人出席慕尼黑安全会议的核心诉求,就是要利用一切机会阻止欧洲国家使用华为的第五代移动通信技术。3 月 3 日,美国参议院 20 名议员联名致信英国立法机构,呼吁重新考虑英国使用华为第五代移动通信技术的决定。因此,尽管华为在全球第五代移动通信技术专利上有明显的优势,美国还是希望在下一代新型通讯网络技术中不采取华为的技术(图 8 –5)。

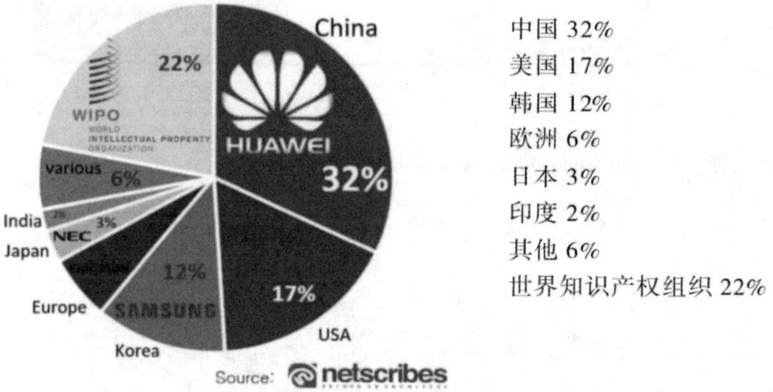

图 8 –5 第五代移动通信技术的专利市场份额

(二)美国千方百计阻挠对华出口光刻机

工程师设计出来的复杂电路图,必须经过光刻机,才能把电路图“印刷”到半导体材料上。可以说,光刻机是芯片制造生产的核心设备之一。芯片厂商想要提升工艺制程水平,就必须要购买光刻机。荷兰阿斯麦公司(ASML)目前是光刻机领域的全球寡头,占据 80% 以上的市场份额,几乎垄断了高端光刻机市场。荷兰政府2018年批准阿斯麦公司对华出售光刻机,美国在知情后,派出国务卿迈克·蓬佩奥参与游说,并至少与荷兰方面进行了四轮谈判,试图阻止交易。2019年7月荷兰首相马克·吕特(Mark Rutte)访美时,美国再次向其施压。马克·吕特回国后不久,取消了阿斯麦公司对华光刻机的出口许可。在没有高端光刻机的条件下,中国的中芯国际一直无法突破10纳米以下的半导体制程技术。

(三)切断华为芯片的全球供应链

2020年2月,美国贸易代表办公室(Office of the United States Trade Representative,USTR)发布正式公告,宣布取消包括中国大陆在内的25个经济体享有的世界贸易组织发展中国家优惠待遇。特朗普政府正在考虑改变美国法规政策,以阻止包括中国台湾台积电等在内的芯片制造商向华为出口芯片产品。2020年2月23日,国际出口管制框架《关于常规武器和两用物品及技术出口控制的瓦森纳协定》(The Wassenaar Arrangement on Export Controls for Conventional Arms and Dual-Use Good and Technologies)包括美国、俄罗斯、日本、德国在内的成员国,一致同意限制半导体技术出口。受此影响,中国今后进口半导体材料或技术将会遭遇明显阻力。除此之外,美国商务部还在起草对外国直接产品规定(FDP Rules)进行调整的计划,该规定将限制外国企业把美国技术用于军事或国家安全产品:该规定的调整将使得世界各地的芯片企业只有在获得美国商务部许可的情况下,才能使用美国设备生产供应给华为技术有限公司的芯片。

由于美国在半导体技术领域的垄断地位及其在全球范围内广泛的同盟关系网络,中国芯片制造商目前很难从其他国家找到合适的替代品。

美国的这些行为都旨在减缓中国技术进步的步伐，也严重扰乱了全球半导体供应链的正常秩序。这些举措使中国与世界先进技术脱钩的可能性进一步加大。从战略角度来看，美国和中国抢占科技制高点的竞争将是长期化的；美国对华的科技防范和遏制政策，不会因为美国的政府更迭而发生变化。

二、中国目前技术链上的短板

虽然中国是世界上唯一的全产业链国家，但并不等于中国技术链占据全球高端，从技术短板上看，中国在过去的技术进步中尽管取得了技术产业化的显著进步，但分专业领域看，中国还是存在明显的技术短板（表 8 -2）。

表 8 -2　部分关键技术领域中国与世界水平的差距

技术名称	领先国家	中国短板的体现
高端显示屏有机发光半导体生产设备真空蒸镀机	日本	中国平板显示已经做到了全球第一，差距在上游核心生产设备
“液晶屏骨头”微球	日本	中国制造技术先进，但国产原材料不纯影响微球性能
制造液晶显示器用到的氧化铟锡靶材	日本 韩国	中国质量不稳定、材料不过关，从实验室到量产需要突破大尺寸领域
国产大飞机用的航空钢材	美国	中国高温合金与超强度钢纯净度不够
燃料电池膜电极组件关键材料	日本	中国实验室成果达到国际水平，但量产有一致性问题和成本控制困难

续表

技术名称	领先国家	中国短板的体现
新能源车的“心脏”锂离子电池	美国 日本 韩国	美国强于研发设计，日本强于材料生产，中韩是第二梯队
水下机器人深海油管焊接用的高端焊接电源	北欧	中国是全球最大焊接电源制造基地，差距在深海水下焊接设备和全数字化控制技术
海底观测网系统水下连接器	美国 德国	中国在实验样机阶段，技术研究刚起步
全断面隧道掘进机主轴承	德国 瑞典	中国已掌握直径 3 米的主轴承核心技术，走出实验室仍然受材料、工艺因素制约
高端轴承钢	美国 瑞典	中国制轴工艺达到先进水平，材料差距明显
航空设计软件	法国 美国	中国与国外同时起步，但国产软件的开发和使用缺乏应用
高质量消费级电容和电阻	日本	短板依旧是材料，日本的独石电容器（MLCC）产品可以做到 1000 层，中国产品在 300 层左右
光刻机、光刻机镜头	荷兰 日本 德国	阿斯麦的镜片是蔡司技术，德国祖传的磨镜手艺，抛光镜片上百年技术积淀；除了镜头，光刻机还要顶级光源和极致的机械精度（3 万个机械件、200 多个传感器）
上游高端电子化学品，例如，液晶显示器用光刻胶	日本	中国能生产，关键指标不够先进拿不到订单
冷冻电镜用的透射式电镜	美国 日本	用于基础科研领域的实验技术，中国起步很早，因市场过于狭窄，处于放弃状态
发现创新药的潜在靶点的利器 iCLIP	美国	2010 年诞生的新技术，中国只存在于实验室

续表

技术名称	领先国家	中国短板的体现
自研操作系统	美国	个人计算机、智能手机的操作系统没有国家能成功挑战美国
工业机器人算法、软件	日本 德国 瑞士	差距在底层核心算法
自动驾驶的激光雷达芯片	美国 德国	国产激光雷达最高40线,国外可做到64线,甚至128线,高分辨率芯片生产工艺不成熟
航空发动机适航标准、民用大涵道比发动机	美国 英国	要长期的工业实践和验证技术来支持
航空发动机的短舱	美国 法国	安放发动机的舱室、复杂的集成系统,中国处于空白阶段
为高铁钢轨养护整形的仿形铣刀刀盘和刀片	德国 奥地利	需要一种超硬合金材料,中国尚在学徒阶段
高端机床制造核心技术例如数控系统	德国 日本	基础材料科学、工艺、设计上的差距;除了控制器,国产机床的丝杠、导轨、伺服电机、力矩电机、电主轴、编码器等主要功能部件主要依赖于国外产品
柴油发动机"心脏"电控柴油高压共轨系统	德国 美国 日本	中国差距在高压控制不稳定
高端液压装备的核心元件高压柱塞泵	美国 德国 日本	性能指标上的差距在于材料制造

续表

技术名称	领先国家	中国短板的体现
重型燃气轮机的核心技术	美国 日本 德国 意大利	材料差距，例如叶片材料，原因是设备、工匠、工艺的差距；基础研究的积累差距：设计技术、核心的热端部件制造技术
高端的手机射频器件，高端滤波器、振荡器等射频元件	美国	半导体材料差距大，中国研究做得早，量产化还是问题多：材料的一致性、电性能均匀性
工业仿生机器人触觉传感器	日本	生产工艺，材料纯度不过关，产品的一致性比较差；国内企业大多做气体、温度等类型传感器
高速的（≥25Gbps）光芯片和电芯片	美国	低速的（≤10Gbps）光芯片和电芯片实现了国产，但高速处于明显短板
高端 CT 机探测器	美国 荷兰 德国	探测器制造工艺、材质都是机密，医学成像产业已经被美国专利壁垒限制

上述列举的中国技术链短板存在以下三个共性：首先，除了极少数尚存空白，大部分技术产品中国不是不能造，也并非不可替换，与国外产品在第三国市场公平竞争时，或是无法量产，或是产品质量与制造成本达不到要求。其次，除了几个高端制造的“皇冠”和几个最复杂精密的系统软件，大部分技术链短板与世界先进水平的差距主要体现在基础材料和工艺上。最后，世界顶尖制造业需要顶级设计、系统集成、精密制造能力的综合，目前在三方面都具有较强实力的、能够包揽产业链上下游的国家几

乎不存在。比如,日本虽然在显示屏的材料上占据主导,但在整个产业制造上却仍然要依靠中国和韩国。

面对美国在技术链关键节点的切割,中国需要在技术供应链的关键环节(例如,电子装配、芯片制造及芯片设计等)拥有领先的本土企业,以构建较完整的技术链。对此中国已经启动了规模达人民币2040亿元的"半导体大基金"二期计划,并同时启动了规模达1500亿元的先进制造业产业基金。不过,产业链的融合与更新需要较长的时间才能完成,而从技术上来看,目前中国尚未在信息技术领域构建自主的操作系统、数据库等完整底层架构,这对完善中国的技术链是非常不利的。

第三节 中国融入全球体系中的市场特征分析

一、超大体量的市场规模与全产业链优势明显

在改革开放、融入全球市场体系之后,中国形成了具有独特个性的市场,主要特征包括以下三点:其一,庞大的国内市场规模。改革开放以来,中国的人均收入不断增长,目前中国的内需规模为全球第一。其二,由于庞大的国内市场规模,中国成为世界上几乎所有经济大国的重要市场。其三,同样由于庞大的国内市场规模,中国吸引了来自全球各国的资本、技术、人才等经济要素。

庞大的国内市场规模、全产业链优势,以及中国占据全球生产总值总量16%的经济规模,使中国能够在新冠疫情的影响和美国的技术链

切割,保持本国产业链的正常运转。与之相对,由于新冠疫情的影响,跨国企业对全球产业链的掌控能力减弱,跨国企业拥有的全球研发、全球销售、全球服务能力受到了疫情全面影响。不同于在全球产业链中通常只占据上游位置的西方发达国家,中国的全产业链优势和庞大的市场规模,使得中国在全球的"疫情休克期"成为全球供应链中不可或缺的选择。

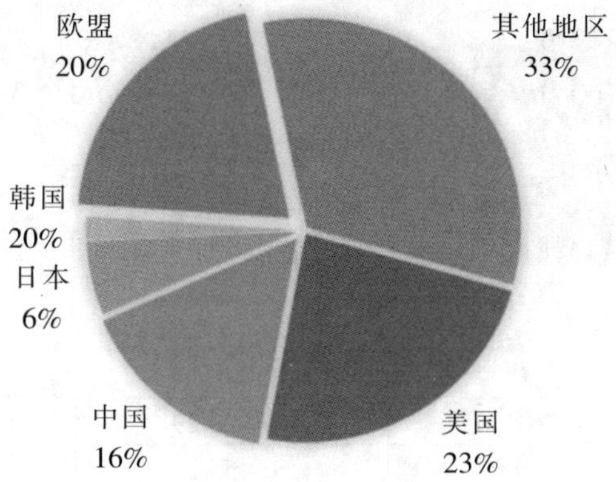

资料来源:世界银行。

图 8－6　2019 年各国家/地区生产总值占全球生产总值总量

二、国际贸易格局的变化导致合作体系的可能变更

根据 2019 年的统计数据,中国是全球最大的商品贸易国、全球最大的商品出口国、全球第二大商品进口国,美国则是全球第二大商品贸易国、第二大商品出口国和全球最大的商品进口国。在 2019 年,中国的进出口货物贸易总额达到了 31.54 万亿元人民币(45761.26 亿美

元)、同比增长了3.4%,其中,出口商品总额为24990.29亿美元、进口商品总额为20770.97亿美元。美国同年度进出口货物贸易总额为42139.98亿美元,其中出口商品总额为16455.27亿美元,进口商品总额为25684.71亿美元。当然,从进口的内容来看,中国两国具有明显的差异(图8-7)。

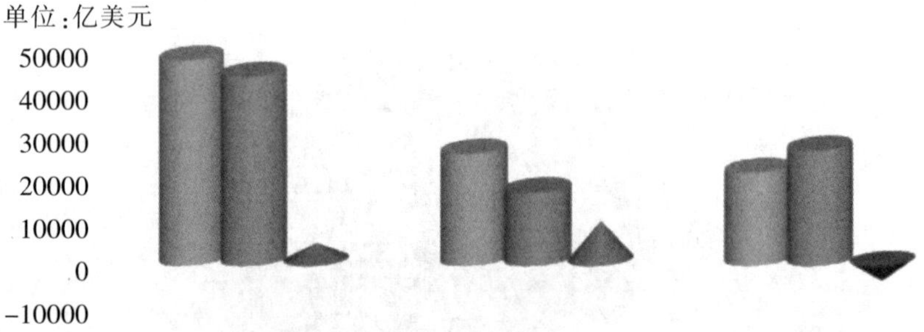

	贸易总额	出口总额	进口总额
中国	45761.26	24990.29	20770.97
美国	42139.98	16455.27	25684.71
中>美	3621.28	8535.02	-4913.74

资料来源:中国海关总署/美国商务部。

图8-7 2019年中美货物贸易比较

从中美两国之间的贸易来看,2019年美国对中国货物出口总额1048亿美元,为2011年以来最低,且从数据来看,2020年第一季度美国对中国货物出口总额与同期相比仍在下降。目前,东盟成为中国的第一大出口伙伴,且由于美国疫情状态,中国对美国出口继续大幅下降。在进口方面,中国从美国进口的货物总额与去年相比下降12.6%;由于中国、美国当前对新冠疫情控制的程度不同,2020年第一季度中国从美国进口农产品约50亿美元，不足中美贸易谈判第一阶段双方协定的中国2020年自美采购数额的七分之一。

2020年第一季度，中美贸易规模与去年同期相比降低了20%，远超在过去两年因中美贸易摩擦而产生的8%～10%的降速，这也在一定程度上说明新冠疫情导致了中美贸易脱钩的加速。在不到三年的时间里，美国由中国最大的贸易伙伴降低为第三位的贸易伙伴。新冠疫情在全球暴发后，东盟以640亿美元的贸易总量超越欧盟550亿成为中国第一大贸易伙伴，而2020年第一季度中美贸易总量为274亿美元，同期中日贸易总量为370亿美元、中韩贸易总量为380亿美元。按照这个趋势，中美贸易总量甚至可能被中日贸易总量、中韩贸易总量超越，中美贸易关系对中美关系的“压舱石”作用愈发降低。不过，这也意味着，即使中美贸易摩擦加剧或重启，其对中国、美国产生的影响程度也将会小于过去其在过去两年造成的影响。

三、小结

中国是全球化的主要参与者，改革开放四十多年来，中国积极融入全球化进程，主动参与国际分工与协作，充分利用全球资源和市场，取得了令世界瞩目的成就，为世界经济做出了积极贡献。不过，美国对中国的技术切割及新冠疫情在全球蔓延，让中国深刻地认识到国内产业链完整性和自主性的重要性。其中，产业链的自主性指的是在那些具有战略性和容易被“卡脖子”的关键领域及环节，形成一批能够生产该产品且在技术、性能、价格上具有国际竞争力的企业，且国产产品能够占有一定市场份额，一旦发生断供等冲击时能够通过扩大产能弥补供给缺口，使我国产

业链具有强大韧性。总结当前中国国内产业链、技术链和全球市场特征可以认为,中国融入全球价值链具有以下特点:

其一,产业链体系完善是中国产业链最突出的特点。无论疫情前和疫情中,中国都没有因为产业链的断裂而影响供应链能力。当然,中国的全产业链体系的优越性一定会在疫情后被那些工业能力强的国家汲取和借鉴,这些国家将会在关键产业链上完善国内的配套。进而由于这些国家疫情和在国内部署完整产业链的努力和尝试,全球产业链会呈现分散化的趋势,全球产业的集中度也将会被削弱。

其二,在融入全球化过程中,中国没有形成(或者保持)自身完整的生产体系和生态,"五国八制"的技术体系模式使得中国技术链构成多制式、分散化又相对成体系。与前苏联体系不同的是,中国的技术链不是通过自主技术完善路径升级发展的,而是在嫁接和改造西方技术的基础的"应用"创新,因此技术底层体系依然是西方的,互联网技术体系更是如此。从技术链和自主循环角度来看,中国目前最缺乏的不是技术创新的能力,而是以自主技术构建技术生态体系的能力。以工业互联网发展为例,如果中国不能突破西方工业生产体系的可编程逻辑控制器(PLC)端口控制多模式"黑箱",中国很难做到自主技术链的自主和完整,这是中国与苏联技术体系最大的差别。

其三,从市场容量和国内扩展空间而言,中国的市场空间远大于前苏联区域价值链体系所控制的市场空间。因此对中国而言,最关键的问题是如何激发国内市场活力,进而在全球化出现逆转的情况下整合区域价值链体系。新冠疫情提升了中国与东盟的"10+3"合作框架,如果能够继续发挥"10+3"合作框架的潜力,贸易规模和产业链融合的问题将得到解决。在这种情况下,值得关注的问题是"中国技术"是否能够覆盖亚洲，包括如何更好地整合日本、韩国产业链。当然，目前不确定的因素是，日本、韩国是否会在中美之间“政治选边”。从经济规律来看，中国、日本、韩国三国的区域价值链和产业链整合效力不会低于欧盟整体的市场，但如何整合则是超越经济考虑的艺术，需要有宏大的战略思维和务实的战术处置。

第九章　上海的发展对策研究

第一节　全球价值链结构性调整中的上海未来发展对策

在全球价值链结构性调整的视角下，通过梳理上海乃至长三角典型行业的全球价值链现状，并对上海进一步融入全球价值链进行能力评估与路径分析，能够为上海融入全球价值链，并向价值链高端位置发展提供必要的对策选择。具体而言，通过对全球价值链结构性调整的研究，能够为政府的产业发展部门和涉外经贸部门找到以上海乃至中国为核心的，释放全球生产力和构建全球生产关系的具体对策，政府可依据相关研究得出的结论出台具体的政策法规并予以实施，为企业找到以技术革新为抓手的创造性解决方案，为上海本土企业与其他中国企业参与全球价值链提供有效办法。在此基础上为我国新型国际关系的构建提供“以企业带产业，以产业带地区，以地区带国家，以国家带世界”的“轴链式”基础驱动力量。

目前,上海的产业布局总体表现为“一心、一环、两带、多区”的特征,其中,“一心”指都市高端服务核心区,涵盖黄浦、静安、徐汇、长宁、普陀、虹口、杨浦等区,重点发展以金融服务、现代商贸、文化创意为代表的高端服务业;“一环”指中外环融合性数字产业发展环,即中外环附近地区,重点发展以人工智能、大数据、工业互联网为代表的融合性数字产业;“两带”包括嘉定、青浦、松江、闵行和崇明、宝山、浦东、奉贤、金山沿江临海高端产业集群发展带,重点打造以战略性新兴产业、先进制造业为代表的高端产业集群;“多区”指产业重点区域,力图打造一批特色产业集聚区。

在总体布局以下,上海还布局了四大重点区域和“3 +5 + X 区域”,前瞻布局高端高新产业,提高集群显示度,力争建设成为高经济密度的“产业新区”。这些产业布局是上海能够参与全球价值链的核心力量。未来,上海对全球价值链的参与目标将不再是低端嵌入和中端分工,而是要向全球价值链的高端位置发展,力争对全球价值链和世界经济的发展起到引领作用,这需要上海抓住新科技革命的机遇期,平衡产业研发与实践的联动结构,改革传统的外资利用模式,并着力培养本土的“隐形冠军”企业(表 9 -1)。

表 9－1　上海四大重点区域和“3＋5＋X 区域”布局

<table>
<tr><th colspan="3">重点区域</th></tr>
<tr><td rowspan="5">4 大产业园区</td><td>名称</td><td>定位</td></tr>
<tr><td>融合性数字产业园</td><td>重点布局人工智能、大数据、工业互联网等混合型产业</td></tr>
<tr><td>战略性新兴产业园</td><td>重点布局集成电路、机器人、航空、生物医药、北斗导航、军民融合等国家战略产业</td></tr>
<tr><td>现代服务业园区</td><td>重点布局金融、航运、商贸、旅游等现代服务业</td></tr>
<tr><td>现代农业园区</td><td>重点布局现代绿色农业</td></tr>
<tr><th colspan="3">3＋5＋X 区域</th></tr>
<tr><td rowspan="4">3 大功能区域</td><td>名称</td><td>定位</td></tr>
<tr><td>临港地区</td><td>高端智能装备、新能源汽车</td></tr>
<tr><td>世博地区</td><td>商务服务、新兴金融、文化博览</td></tr>
<tr><td>虹桥地区</td><td>商务服务、会展服务、航空服务</td></tr>
<tr><td rowspan="6">5 大转型区域</td><td>名称</td><td>定位</td></tr>
<tr><td>吴泾地区</td><td>人工智能、科技时尚</td></tr>
<tr><td>桃浦地区</td><td>智能科技、健康服务</td></tr>
<tr><td>南大地区</td><td>车联网、智能服务机器人</td></tr>
<tr><td>吴淞地区</td><td>智能硬件、新材料</td></tr>
<tr><td>高桥地区</td><td>生物医药、健康服务</td></tr>
</table>

一、抓住新科技革命的契机

引领中国科技创新、产业升级，为国家创造新的经济增长动力。2016 年 12 月 7 日，工信部发布了《智能制造发展规划 2016—2020》明确了“十三五”期间我国智能制造“两步走”战略及十大重点任务。近年来，数字经济越来越成为驱动经济增长的强劲动力与新趋势，进入 2018 年后，全球各大经济体之间风起云涌地展开在第五代移动通信技术网络领域的竞争。中国在第五代移动通信技术全球发展趋势积极跟进、加强布局，《“十三五”规划纲要》中指出：“加快构建高速、移动、安全、泛在的新一代信息基础设施……积极推进第五代移动通信（5G）和超宽带关键技术研究，启动5G商用。”目前，上海具有一定规模的信息服务产业基地逾50个，规划用地面积47平方千米，建筑面积1270万平方米，全国领先，在第五代移动通信技术发展背景下具有向工业互联网升级，实现智能制造体系构建的先发优势。但同时也面临着缺乏数字经济市场活力、研发端和应用端投入不足，以及持续融资需求的较大敞口三方面短板。因此，上海需要在三个发展途径上着力布局：

第一，立足本地优势，打造自主产业。上海作为长三角一体化的龙头城市，其本身具有金融、科技、交通等方面的先天优势，这就有利于上海培育以集成电路、新能源汽车、新材料、机器人等为代表的战略性新兴产业，这些新兴产业均具有增加值水平高、研发能力强等特征，基本处于全球价值链、区域产业链的主导地位，在一定程度上引领着国家新技术革命的未来走向。

第二，主体间合作基础上的产业融合。产业融合是指在时间上先后产生、结构上处于不同层次的相关产业在同一个价值链网络中相互渗透、相互包含、融合发展的产业形态与经济增长方式，是用无形渗透有形、高端统御低端、先进提升落后、纵向带动横向，使低端产业成为高端产业的组成部分、实现产业升级的知识运营增长方式、发展模式与企业经营模式。在上海的产业发展格局中，将以新技术革命为主导方向，以现代农业为基础、第二产业工业为中介、第三产业服务业为核心、第四产业信息业为配套，在产业层面通过资源优化配置实现资源优化再生、推动产业升级的系统工程。

第三，充分利用本地规模优势，引领国内产业立法，对接国际产业标准制定。在新技术革命尚处于萌芽之际，有关人工智能、数字经济、智慧城市等应用标准的竞争，已经悄然出现在全球价值链中。上海作为中国对外开放的窗口，一方面将在新技术的国际规则、应用标准等方面与世界接轨，以共同的话语迎接全球性的技术革命；另一方面，也要积极探索国内的标准制定和相关的规则确立，引领国内相关行业向统一化和标准化方向看齐，这可以说是上海软实力水平的表现。

二、兼顾外向型经济和内向型经济

树立“飞地经济”的思维，打造对内产业链，在长三角一体化进程中，与周边地区建立稳定的研发—供应—销售关系，通过对内对外的双重价值链，实现经济的健康稳定发展。上海作为“一带一路”建设的重要端口之一，其核心功能在于联通与辐射内陆市场与产业链。

当前，先进国家在产业升级中开展了“飞地经济”模式，以美国和日本为例：“纽约湾区”以纽约市为中心，在新泽西、康涅狄格、宾夕法尼亚等州建立与纽约配套的“卫星城”。在疏解人口的同时，在“卫星城”飞地形成以制造业、金融配套、商贸服务为主导“一极多点”的分工格局，实现湾区内城市的产业协调，大幅提升纽约湾区全球竞争力；“旧金山湾区”以知名高校、科技创新园为载体，吸引全球高层次人才向硅谷聚集，形成“人才飞地”。利用全球尖端科技人才的创新成果，为湾区发展提供持续动力；“东京湾区”鼓励企业建设海外“子母工厂”，将企业的生产基地遍布全球，充分利用东京湾区有限的土地空间布局总部和研发中心，强化东京湾区对全球资源和市场的利用水平,大幅提升其全球影响力。

上海可以青浦区位模板进行“飞地经济”规划,联动与激活长三角先进产业并向内陆地区辐射放大,通过建立产业链高端的研发平台,带动区域内部产业链,实现立体的长三角产业集群。打造青浦发展示范区模板的具体措施与实施方式包括三个方面:第一,搭建学术平台,打造青浦区“科研中心”。科研中心从全球价值链角度来看,就是搭建产业的研发窗口,把研发作为全球价值链发展的主导力。上海有着较强水平的高等教育能力,以高校、研究机构共同构成了上海的研发体系,而青浦科研中心的构建,则有利于上海研发力量的集中,有利于共享研发平台,从而可规避科研分散、交流不畅等传统痼疾。第二,承接自贸区功能延伸,叠加张江高科技园区。科研的本质要为经济发展服务,这就决定了研发一定要与实践相结合,自贸区的功能在于直接与销售市场相连接,而张江高科则以生产性研发为主。因此,青浦研发中心与自贸区和张江高科的勾连,有利于研发成果的即时落地,更便捷地向实践转化。第三,以高科技龙头企业为核心,发展高端制造研发基地。龙头企业能够带动相关产业链的发展,而高科技龙头企业则是高端制造产业链的核心。目前,青浦区已经形成信息技术、北斗导航、现代物流等为核心的高技术产业链,未来也将积极引入华为等顶尖高科技企业的入驻,这就为研发中心与现实的技术应用创造了融合环境。

三、改革传统外资合作模式

把“利润分红”式的传统外资模式,转变为价值链合作模式,力争打造上海自身的高新技术产业链或产业生态系统,实现关键技术自主可控,以对冲近年来频发的国际贸易摩擦。以往上海利用开放环境，与外资企业之间的合作具有制度上的便利性。而在中美贸易摩擦背景下，特别是以美国为首发起的对中兴、晋华、华为等中国高科技企业的技术与贸易制裁以来，中外技术合作正面临越来越大的阻力和交易成本。况且传统上与外企之间的合作模式主要以相互参股、并购、成立子公司等形式为主。在这种模式下，中方企业虽然在多数情况下作为控股方，但由于产业链、供应链体系并不掌握在自己手中，因此即使在中国本土市场开展业务中也无法形成自主的核心技术能力，而只能获得资本层面的分红权益。

在未来的先进制造业升级进程中，上海亟须增强本土产业及企业的自主性，以融合性数字产业与战略性新兴产业为主导方向，大力培养本土企业。如芯片设计行业中主要从事微控制单元设计制造的中颖电子、从事集成电路芯片设计生产的华大半导体，以及复旦微电子；芯片制造行业中主要从事晶圆代工业务的中芯国际，以及在芯片制造设备供应方面具有领先优势的中国电科与上海签约合作；集成电路设备行业的盛美半导体；半导体材料行业主要从事大尺寸硅片的上海新阳半导体材料股份有限公司。这些企业作为上海本土的生力军当前均处于国内同行业的领先地位。珠三角地区的经验是以华为、中兴等国产通信企业为主导，虽然作为美国贸易政策针对的主要对象倍受掣肘，但由于上一阶段发展中着力构架了相对较为完整的自主产业链地区生态体系，并及时开启关键核心技术的自主可控研发，在技术封锁的背景下进行自主替代从而对贸易摩擦的冲击加以对冲，因此，在进出口增速上呈现了稳定上升的趋势。在外部贸易摩擦所引发的变动冲击下，这一模式对于上一阶段以外部出口导向为主、大规模依赖于外资和技术引进的上海发展模式具有十分重要的启示及借鉴意义。

四、加强培养上海本地的“隐形冠军”战略

“隐形冠军”企业，最早由德国管理学家赫尔曼·西蒙提出，是指那些不为公众所熟知，却在某个细分行业或市场占据领先地位，拥有核心竞争力和明确战略，其产品、服务难以被超越和模仿的企业。发展“隐形冠军”战略具有以下诸多方面的重要意义：

第一，在贸易保守主义回归的背景下，有利于关键技术与市场需求产业的本土自主培育，从而形成自主的产能、产业链，乃至产业体系，上海本身有着很强的研发实力，也有着成熟的产业基础，具有天然的“隐形冠军”培育土壤。

第二，推动产业的“精细化”分工，“隐形冠军”企业强调在产业细分领域的龙头企业，这类企业以专业性、特殊性占据着相关行业的主导地位，而全球价值链的分工体系，近年来正在由传统的“流水线”模式向“精细化”模式改变，尤其对新兴产业的专业化程度有着更高的要求，可以说，未来的初创公司更加强调“小而精”，并非“大而全”。

第三，“隐形冠军”企业的高研发、高专利保有率，有利于培养知识经济氛围下的市场经济主体的基本存量，加速促进知识产权保护体系的构建与巩固，这是未来国家经济的发展方向之一，上海可率先在这些方面做“试点”尝试，以“隐形冠军”企业构筑相关的技术产权保护体系，完善市场经济的法制法规。

第四，全球价值链的基本组成部分在于人力，而随着上海向价值链的高层甚至是顶层位置升级，上海对知识型劳动力的需求也就越发显著，“隐形冠军”企业组织管理高效，注重员工培训，有利于培养面向未来经

济竞争的高素质、熟练技能的劳动力群体与人力资本存量形成,这是上海实现产业升级的基础动力所在。

在上述四大战略性路径方向与原则之下,还需要在四个具体路径上探索上海深度融入全球价值链与位势提升:第一,战略原则上以制造业为主要突破方向,制造业作为全球价值链参与程度最深的产业,其本身具有产业集群效应、辐射效应,也能够有效地解决城市就业问题,这也是把制造业作为战略突破方向的原因所在。第二,以传统制造业规模、产能提升强化全球价值链的横向融入,对于上海而言,传统制造业的转型升级始终是上海发展的核心基础,其在国内也始终走在最前沿,并且基本符合产业升级路径的基本逻辑。第三,以产业专业化程度的进一步细分强化对"模块型""关系型"与"俘获型"全球价值链的深度融入。第四,以科技变革与生产率提升加快巩固先进制造业布局,从而提升上海在全球价值链的位势与抢占细分行业领域领先地位。

第二节　上海关键产业的安全与转型

2020 年新冠疫情是二战以来最严重的全球危机,有可能成为长期伴随人类社会生产生活的一种新的大流行病。疫情的全球蔓延严重冲击了全球产业链:从短期来看,疫情使全球产业链面临来自供给和需求两侧的冲击;从中长期来看,疫情会加速全球产业链重构的进程。上海作为中国的金融、贸易、科创、航运中心,将面临巨大的挑战,在此背景下,如何在后疫情时代维护上海关键产业的安全,推动产业的升级与转型,是亟待解决的问题。

一、新冠疫情对上海经济发展的影响与展望

疫情暴发以来,上海的生活生产、人员流动、社会活动在一定程度上受到制约,从影响机制来看,疫情对上海经济发展的影响可从“短期—中期—长期”的时间序列来分析。

分析新冠疫情对上海经济社会的影响,首先要在世界视野看我国经济的走势。对此次疫情的分析,不能简单穿越到“非典”时期寻找经验,而必须在研究新疫情、新社会反应模式、新经济背景的基础上,作出客观的评估分析并提出切实可行的应对之策。如今,中国经济增速的稳中下行,供给侧结构性改革和经济转型持续推进,再遇到这场突如其来的疫情,可能就会出现一些原本不成为问题的问题。在当下充斥着不确定性的时点,疫情已经对居民消费、务工人员返程、企业复工生产、企业订单或现金流、外贸和旅游业、用工就业等多方面产生负向冲击,经济基本面受到压制,同时对未来的政策对冲也提出了更高要求。

上海承担着服务“两个大局”“三大任务”“四个方针”等国家战略,代表国家参与国际合作与竞争。减轻疫情对经济社会的影响,需要我们科学判断、精准施策。疫情对经济社会的滞后影响会逐步显现,宁愿把新冠疫情对经济社会的滞后效应估计得充分一些,把问题估计得严重一些,把困难想得大一些,也绝不能掉以轻心。要坚持产业、财政、金融、土地、物业等多措并举的扶持政策,加强集成,守住经济增长底线。我们倾向于上海宁将措施准备得充分一些,也不能出现疏漏;宁可把工作做得超前一些,也不能贻误战机。既要全力防控新冠疫情,更要避免经济出现大的波动,毕竟经济是社会可持续发展的前提。

从短期来看，在整体经济面上，受到全球产业链断裂和生产生活受阻的影响，需求和生产骤降，给投资、消费、进出口会带来明显的冲击，短期内会带来失业率上升和物价上涨。从具体产业来看，先看疫情对上海比重最高的第三产业的影响。2003 年的时候，我国国内生产总值只有 11.7 万亿元，2020 年则达到近百万亿元。其中，第三产业的规模不大，其增加值占我国国内生产总值的比重为 32%，2020 年已经达到 54%，上海甚至达到 70%。在 2020 年初步核实的第三产业国内生产总值的构成中，批发零售占 17.9%、金融占 14.4%、房地产占 13.0%，餐饮和住宿占 3.4%。疫情对上海第三产业的冲击巨大，服务贸易、餐饮、旅游消费等行业受到重创。

从中期来看，稳增长压力加大、提功能挑战更多。2022 年是“十四五”规划的第二年，上海要在更高水平上全面建成小康社会，形成具有全球影响力的科技创新中心基本框架，基本建成国际经济、金融、贸易、航运中心。疫情带来的影响不可避免地冲击和影响了这些目标，特别是金融行业。由于金融涉及外汇、期货、股票等市场，疫情变化会改变市场参与者预期，从而加大市场的波动，容易引发系统性风险。例如，从新冠疫情蔓延以来，汇率贬值、股市下跌的幅度都比较大，需要有底线思维。服务业更甚。此外，鉴于此次疫情被世卫组织列为已经构成全球性大流行，且以美国为首的部分国家始终对我国经济发展持遏制态度，疫情将对上海进出口贸易与港口、航运、物流及配套服务产业造成较大冲击。

但从长期来看，上海的机遇大于挑战。中国作为全球唯一一个全产业链国家，在疫情暴发两年后已基本完成全面复工复产，在初期遭遇一些经济损失后，已逐步迈入常态化恢复生产工作。在抗击此次疫情过程中，上海展现了城市治理和市民素质的"双高"优势，宏观经济短期受挫、中期企稳、长期回升乃至爆发的趋势可期。上海在2035年将基本建成卓越的全球城市，令人向往的创新之城、人文之城、生态之城，具有世界影响力的社会主义现代化国际大都市。上海的重要发展指标将达到国际领先水平，在我国基本实现社会主义现代化的进程中，始终当好新时代改革开放排头兵、创新发展先行者。此次疫情的发生将为上海若干优势产业发展带来机遇，例如以医药研发和医疗服务为重点的健康经济，以人工智能和第五代移动通信技术应用为重点的智慧经济，也将为上海打造亚太医学中心的进程起到促进作用。

二、上海关键产业的转型升级

"十三五"时期，上海制造业全面落实国家战略，积极应对国内外复杂形势变化，持续发力稳增长、抓项目、扩投资、调结构。工业总产值从33212亿元提高到37053亿元，平均增速2%；工业增加值从7110亿元提高到9657亿元，平均增速2%。2020年工业增加值占国内生产总值比重为25%，完成了"十三五"规划的目标。2020年以来，面对新冠疫情冲击，加强应急防疫物资生产保障，组织企业复工复产复市，持续发挥制造业支撑经济平稳运行的重要作用。而面对新冠疫情持续蔓延及美欧等势力对华进行战略封锁和脱钩的大背景下，上海关键产业的转型升级已迫在眉睫。

（一）上海关键产业的瓶颈与不足

一是产业链基础与核心竞争力不相适应，亟待"强链"。上海制造业总产值已突破三万亿元，但高端制造业优势不足，亟须加强自主可控力；“硬、软、联”等新基础产业发展尚未形成具有全球领先性、强大国际竞争力的产业链。例如，上海重点产业中高端通用芯片、电子元器件、机器人核心部件、先进复合材料，以及工业母机、大型生产设备等高度依赖进口。跟跑多，并跑领跑少，特别是新兴产业往往集中在场景研发、集成应用等层面，对产业链核心环节（高端芯片、工业软件、关键材料等）布局不足。第五代移动通信技术、工业互联网等基础性新兴产业，对加速传统产业优化升级、实现技术进步与价值增益的支撑度不够。

二是传统支柱产业与新兴优势产业链不相互补充，亟待“补链”。“十三五”以来，上海六大重点支柱产业总产值一直维持在 2 万亿 ~ 2.4 万亿元的水平，占规模以上企业工业总产值的 2/3 左右，在优化提升产业内部结构的同时，没有厚积成势。上海正在加快集成电路、人工智能、民用航空等新兴领域全产业链布局，但尚未形成优势集聚效应。同时，减量多、增量少，不少企业因结构调整关停、产业转移，造成上海每年工业增加值减量约 1000 亿元，而新增投资带来的增量仅在 1200 亿元左右，如近年来上海制造业投资每年仅 800 亿 ~ 900 亿元，与工业折旧（1000 亿元）相当。

三是产业链与价值链不能联动，亟待“延链”。高端产业引领功能与全球资源配置功能、科技创新策源功能、开放枢纽门户功能未形成有效联动。上海仍需通过产业链延伸，形成跨域融合创新，从而逐步走向价值链高端，进一步促进产业链现代化升级。制造多、“智造”少，价值链重塑与产业链的科技化、数字化、服务化和绿色化转型的契合度不足，“短链”“断链”“虚链”，导致传统产业链已无法适应数字经济、在线经济和低碳经济的新业态、新模式。

四是"链主型"领军企业缺位，亟待"育链"。上海产业门类齐全，但重整机、总成和总装集成，轻产业基础能力的培养，缺少类似深圳华为、腾讯、大疆，杭州阿里等"链主型"企业，资源整合力、控制力偏弱，现有产业生态仍未实现创新化、生态化、体系化转变，还需加快培育"链主型"企业。当前，上海整机企业对打造产业链高端重视不够、投入较少，对整机至关重要的配套产品缺乏高起点、有针对性的科研开发，导致产业基础产品难以适应整机高端化、智能化、绿色化的发展趋势。国际经验表明，对于一个企业或一个地区而言，任何产业想掌握全产业链控制权都不可能依靠单兵突进获得，而有赖于构建适宜创新要素集聚、创新主体活力迸发的产业生态体系。

五是产业创新链策源能力不足，亟待"锻链"。创新策源能力是一种原创能力，也是创新中心的影响力之源，这是一种真正的核心竞争力，需要对创新链进行持续锻造。上海要做一个全能型的"创新策源地"，则必须具备三个"表型"特征：一是学术和科学创新。在全球有一席之地，拥有世界一流的教育科研机构，至少在某些学科领域不断涌现具有全球影响力的专家学者与学术成果。二是技术创新。在全球有一技之长，拥有一批世界一流的跨国企业，至少在某些产业领域不断出现具有全球竞争力的领先企业。三是产业创新。在全球能一马当先，集聚创新企业家和创新资本，至少在某些领域不断出现具有全球影响力的创新标杆企业。

六是产业链、创新链和资金链融合度不够，亟待"融链"。产业链、创新链和资金链融合的内在机制没有形成。这其中有"三难"：一是"评值难"。创新是无形资产，其价值缺乏统一明确的标准，难以评估。二是"转化难"。虽然目前已有不少知识产权交易平台，但缺乏完善的创新转化平台体系，产业链和资金链也没有协同支撑创新和化解风险的能力。

三是“投入难”。地方财政投入方式没有创新，无法打破产业间的利益藩篱，形成收益分层共享机制。只有在知识产权、产业、资本三者高度融合的阶段，释放出的经济动能才是最大的，以产业和技术转移双模式的方式推动“三链”融合，即围绕创新链部署产业链，围绕产业链完善资金链，围绕资金链助力创新链，从而营造推动创新创业的生态系统，打造人才、技术、资源的交互迭代，产业、资本、市场的融合推进，孵化、投资、运营的协调发展。

七是产业链区域协同性不够，亟待“整链”。长三角区域产业链自成体系，产业合作不足，尚未形成基于产业链的专业分工与合作。长期以来，长三角三省一市在产业政策上追求大而全结构，产业自成体系、自我配套、结构趋同的情况突出；区域高新技术产业布局缺乏层次和有效整合，关联度不高；产业落差较大，区域产业集聚效应不明显，产业链难以相互衔接。江浙沪地区产业定位高、发展快，与安徽的产业发展差距较大，在产业梯度上存在断档，产业链环难以对接。长三角区域高新技术产业缺少高水平合作与高附加值环节，产业链整体竞争力不强。区域内高新技术产业链短链、断链现象突出。以生物医药产业为例，三省一市在研发、生产、销售等方面各有优势，但缺乏深层次、高水平合作，产业链条短，重复投入多，低水平竞争现象突出，这些拉低了整个产业链的竞争力。

（二）提升上海产业现代化水平的基础优势

一是高端制造业规模实力雄厚。“十三五”以来，上海围绕落实制造强国、网络强国战略，全力打响“上海制造”品牌，陆续出台《关于创新驱动发展巩固提升实体经济能级的若干意见》《关于进一步加强投资促进工作推动经济高质量发展的若干意见》《上海市促进在线新经济发展行动方案(2020—2022 年)》等文件,打造 26 个特色产业园区,推动三大先导产业高质量发展。上海工业增加值、工业总产值分别从 2015 年的 7109.94 亿元、33211.57 亿元提高到 2019 年的 9670.68 亿元、35487.05 亿元,年均增长 8.0% 和 1.7%;工业增加值占国内生产总值比重达 25.4%,战略性新兴产业制造业产值占全市工业总产值比重从 24.3% 提高到 31.5%,从而为上海发挥高端制造业增长极作用奠定坚实的基础。

二是产业链创新载体丰富。第一,数据港建设方面。上海紧抓临港新片区建设和“新基建”等重要契机,推动 SAP 云服务等重大项目落地,探索推动 AWS 等公有云业务开放。第二,国家制造业创新中心建设方面。上海现有 2 家国家级创新中心(集成电路、智能传感器)、4 家市级创新中心(智能网联汽车、增材制造、海洋工程装备、先进激光技术)。第三,推进“卡脖子”重点攻关工程方面。上海制定了产业基础再造工程方案,做好与工业强基工程的衔接,全面实施工业强基、突破、融合三大工程和 12 项专项行动。第四,中小企业发展母基金建设方面。在工信部等国家相关部委的大力支持下,国家中小企业发展基金有限公司(母基金公司)在上海注册设立。上海全力支持和配合母基金公司建设,做好各类社会化基金参与承接母基金的发动工作。第五,打造先进制造业“双创”服务平台方面。2017 年以来,上海重点打造 10 个具有支撑服务体系的制造业互联网“双创”服务平台。第六,加强产、学、研、用协同发展方面。为了提升成果转化效率,先后筹建上海超精密制造创新平台、上海新能源汽车产业技术创新服务平台等共性技术创新平台。

三是产业链发展生态良好。上海培育形成了张江高科、漕河泾、临港等一批品牌影响力大、管理运营水平高、资源集聚能力强的产业园区,通过飞地建设(如江苏大丰飞地)、跨区域园区共建(如中新苏滁高新技术产业开发区、中新嘉善现代产业园）和园区品牌输出（如上海张江高科技园区和上海漕河泾新兴技术开发区“走出去”布局）等方式，实现跨区域的产业合作。外资跨国公司将地区总部、研发中心、结算中心等设在上海，在长三角其他城市布局制造基地、上下游配套产业，以及部分研发、总部等功能。内资龙头企业以上海为总部和研发基地，在周边城市建立制造基地。上海已成为长三角民营企业设立研发中心和国际总部的首选地。

四是区域产业链协同能力强大。统计数据显示，长三角三省一市2017年的工业增加值为75139.28亿元，占全国工业增加值的比重由2013年的25.8%增加到2017年的26.8%，远高于同为国家重要战略城市群的京津冀地区（占比为9.45%）与珠三角地区（占比为15.7%）；三省一市增加值年均增速达10.41%，高出全国工业增加值增幅约4.4个百分点。长三角地区重点产业领域全国龙头地位突出，整车产能占全国比重超22%，零部件企业数量和产量占全国比重均超40%，新能源汽车市场份额超1/3；机器人产能占全国50%以上；生物医药产值接近全国的30%，位列中国医药百强的企业达29家；集成电路产业规模和传感器企业数量占全国近50%；软件和信息服务业规模占全国1/3；沪苏浙三地造船业规模占全国2/3；第四代移动通信技术用户数占全国总数的20%；工业互联网应用和智能制造水平全国领先。

五是区域产业创新资源荟萃。第一，高端科研院所密集。长三角地区集聚了一大批国内外顶尖的科研机构，拥有普通高等院校300多所、中央部属高校23所（江苏10所、浙江2所、上海9所、安徽2所），占全国总数的20.7%，人才集聚优势与知识溢出现象显著，年研发经费支出和有效发明专利数均约占全国的30%。第二，创新创业人才密集。三省一市积极培育和引进高水平创新人才，上海“海外高层次人才引进计划”、江苏“双创计划”、浙江“省级千人计划”、安徽“省级高层次人才引进计划”等在引才方面取得良好成效。2018 年公布的国家第 14 批“千人计划”中，长三角地区“千人计划”创业人才共 24 名，占比接近 60%。第三，创新资本要素密集。长三角地区是各类天使投资、风险投资等资本的掘金之地。2017 年三省一市的基金数量和规模均位居全国前列，总数接近 250 支，总规模超过 2010 亿元。应进一步挖掘和释放长三角地区优质的创新资源，为上海打造高端制造业增长极提供持续动力。

六是“金融—科技—产业”链式创新作用明显。第一，积极推动长三角科创企业借力资本市场，支持符合国家战略、突破关键核心技术、市场认可度高的科创企业在科创板首发上市，鼓励上市公司通过发行股票、公司债等多种融资方式优化资产负债结构，引导私募股权投资基金和创业投资基金推动初创期、成长期的科创企业成长壮大。大力发展供应链金融，优先保障龙头企业和关键环节资金需求，畅通和稳定上下游链条，助力产业链固链、补链、强链。支持长三角地区试点建设金融产业科技融合发展试验区。第二，以“补链、强链、延链”为重点，引导创新资源向产业链上下游集聚。以协会、联盟等产业组织机构为纽带，支持行业龙头企业联合供应链重点企业形成产业创新联盟，打造国产化自主可控体系，形成更加紧密有效的产业合作格局。第三，对产业上下游的关键核心技术进行攻关，完善技术创新链条。搭建企业与创新载体对接平台，依托国家实验室、制造业创新中心等，加强对前沿技术、颠覆性技术、现代工程技术的前瞻性研究，推动创新链条向前端移动，以创新优势引导产业资源集聚。第四，创新地方财政投入方式，打破区域间利益藩篱，形成收益分层共享机制。推动长三角三省一市联合设立产业发展引导基金等资金池，发挥政府财政资金的引导作用，撬动社会投资支持实体经济发展。

（三）提升上海产业链现代化、数字化的具体思路

受到新冠疫情和中美大国博弈的双重影响，上海关键产业的国际竞争力呈明显分化趋势，但总体国际竞争力有力承压抗跌，始终保持稳中有升的态势。具体而言，高端装备、新能源汽车等战略性新兴产业快速发展，各行业研发投入、盈利能力、投资效率大幅提高，产业竞争力持续增强。而生物医药、新材料等行业则出现小幅下降，急需强基固本。因此，推动上海产业链现代化，加强其国际竞争力是亟待解决的问题。

针对产业链的现代化提升，强化高端产业引领功能，主要有以下建议：

1. 提升功能定位，强化高端功能引领

围绕强化高端产业引领功能的目标要求和战略定位，聚焦“4 + 4 + 6 + 4”功能结构，即建设“四大功能高地”、发挥“四大引领作用”、关注“六大重点领域”、夯实“四大基础支撑”，加快高端产业引领功能落地，打响“上海制造”品牌。

随着我国高质量发展进入新阶段，上海产业要担当起强化高端产业引领功能、整合全球资源、参与全球产业竞争、服务全国发展大局、带动长三角一体化绿色发展、支撑城市能级和核心竞争力提升的历史使命。高端产业创新策源地，掌握一批制约高端产业发展的核心技术，形成一批首创性、标识度高的产业化创新成果，新产业、新模式、新业态不断涌现。高端产业集群荟萃，产业链核心环节掌控力显著增强，形成一批高显示度、高集聚度、高创新度的集群载体。高端产业价值创造地，高端产业全球资

源配置能力显著增强，要素资源集中配置效率不断优化，占据价值链高端，产业链现代化水平不断提升。卓越创新企业集聚地，培育一批最具爆发力、掌握核心技术、拥有自主知识产权、具有国际竞争力的卓越创新企业。

发挥“四大引领作用”要应新产业革命之变、抢新技术赋能之机、抓新业态融合之利、借新模式创新之势，旨在提升产业国际竞争力。创新引领作用，掌握核心技术关键环节，突破“卡脖子”技术，成为新产业、新模式、新业态的创新孵化地。价值引领作用体现在引领产业链升级，占据产业链高端，不断提升产业链现代化水平；集群引领作用体现在增强产业发展模式创新，打造世界级产业集群；主体引领作用体现在培育本土龙头创新型企业，掌握行业标准话语权，起到行业引领作用，成为行业领域的“领航者”。

要重点聚焦集成电路、人工智能、生物医药、高端装备、通信互联网和新能源网联汽车“六大产业集群”。“六大产业集群”的打造要适应产业变革发展趋势、打破传统产业划分界限、凸显产业融合渗透特征、体现数字技术赋能要求、支撑高端产业引领功能，旨在实现产业经济高质量发展。

夯实“四大基础支撑”，结合“新基建”契机、产业基础再造工程、基础数据应用场景、基础统计体系创新，厚植高端引领优势，催生高端产业发展的内生动力。加强新基建赋能：面对高端产业高质量发展需要，提供数字转型、智能升级、融合创新等服务的基础设施体系。强化产业基础再造：提升产业基础高级化、产业链现代化水平，强化关键环节、关键领域、关键产品保障能力。推动基础数据应用：发挥数据的基础资源作用和创新引擎作用，构建制造业规范化数据开发利用的场景，为生产决策服务。

建立基础统计体系:建立健全统计调查监测体系,更好推动六大重点支柱行业统计、战略性新兴产业统计向四大高端产业集群统计转变。

2. 明确发展目标,打造高端产业增长极

上海应立足于产业基础和优势资源,加快构建根植本土、联动区域、服务全国、面向全球发展的创新网络、生产网络和服务网络,培育具有全球化运营能力的企业集群,以集成电路、人工智能、生物医药三大先导产业为引领,加快推动制造与科技、金融深度融合,打造世界级高端制造业产业链,增强产业创新能力和资源配置能力,提升产业国际竞争力,推动产业迈向价值链高端,强化产业高端引领功能,发挥高端制造业增长极作用,成为引领长三角、服务全国发展的经济增长助推器、区域协同黏合剂、资源配置倍增器。

"十四五"期间,上海制造业仍将处于深化提升期,要深刻把握高端制造业拥有核心技术、掌控产业链关键环节、占据价值链高端、体现高效赋能驱动的内涵特征,通过技术创新、数字赋能、基础夯实、品牌打造、集群发展全面提升制造业发展能级,着力发挥高端制造业增长极的创新引领、极化集聚、集群协同和辐射带动作用,在高端制造业增长极作用上协同发挥好全球资源配置、科技创新策源、开放枢纽门户功能。到2025年,进一步打响"上海制造"品牌,打造联动长三角、服务全国的高端制造业增长极,构建制造与科技、金融立体互动融合的新机制,形成"一极带动、五链聚合"新格局,即以高端制造业增长极带动,加快自主创新链、可控产业链、高端价值链、关键供应链、特色金融链的区域协同聚合,为2035年初步建成全球卓越制造基地奠定基础。

3. 聚焦重点领域，支撑产业高质量发展

立足于上海和长三角地区的产业基础、创新能力、区域协同、产业配套等综合优势，着眼于高端产业的资源禀赋、行业地位、创新引领和辐射带动作用，从比较优势和增长潜力的角度遴选重点发展领域。

一是实现集成电路产业链完整可控。上海集成电路产业规模约占全国22%，行业企业超过600家，累计完成投资超3000亿元，吸引了全国约40%的产业人才，承担了50%的集成电路领域的国家重大专项，成为国内集成电路产业最集中、产业链最完整、综合技术水平最高的地区。下一步，上海应围绕高端芯片、关键配套器件、先进制造工艺、关键装备和材料等领域，突破电子设计自动化（EDA）、大硅片、"5nm"工艺等一批"卡脖子"技术，在刻蚀机、光刻机等领域形成一批关键产品，加快形成以浦东（张江、康桥）为主体，临港、嘉定为两翼的"一体两翼"空间布局，全力打造集成电路产业创新高地。

二是促进人工智能产业链高效创新。上海获批成为全国首个人工智能创新应用先导区，入选国家新一代人工智能创新发展试验区。2019年，上海人工智能产业规模以上企业产值约1477亿元，同比增长10.7%，汇聚了全国1/3的人工智能人才，形成国内最活跃的人工智能生态圈和最高效的场景应用市场。截至2020年6月底，上海人工智能重点企业共有1116家。下一步，围绕基础理论，在算法算力、人工智能芯片、人工智能超算、智能传感、数据应用等环节，加快攻关突破，在医疗、教育、交通、城市管理等领域，加强场景应用，打造"东西互动、多点联动"的"人字形"空间布局。

三是推动生物医药产业链集聚引领。2019年，上海生物医药产业经

济总量3833.3亿元,同比增长11.7%,其中制造业主营业务收入1377亿元,本土创新药获批数量占全国33%。下一步,在干细胞技术和治疗、免疫细胞治疗、基因检测、高端影像、体外膜肺氧合(ECMO)等前沿领域与全球同步,集聚和建设脑科学与类脑研究中心、蛋白质中心、活细胞成像平台等大科学设施,形成平台引领,加快创新引领和成果转化,突破细胞治疗、基因工程等前沿技术,以及高端设备。加速打造以张江为核心、"1+5"空间布局的全球顶级生物医药产业集聚区。

四是加快高端装备产业链转型发展。上海已形成"成套设备为支柱、智能装备为亮点"双重并举的高端装备发展格局,在成套设备、智能制造基础上,拓展航空航天、船舶海工、新能源、节能环保等装备领域,产业规模在5000亿元左右。目前,上海工业机器人产量占全国47%以上,是国内最大的机器人产业基地;民用飞机整机、机载系统、航空动力三大核心同步跨越,商业航天、卫星互联网、空间探测率先发力;大型液化天然气船、豪华邮轮等高技术船舶以及深海钻井等高端海洋工程装备产业凸显转型成效。临港新片区构建了"国家新型工业化产业示范基地"和"国家科技兴海产业示范基地"两大基地,逐步形成国家高端装备制造的重要前沿阵地。

五是推进通信互联网产业链接制造。上海正在建设双千兆第一城和工业互联网发展高地,正发挥"第五代移动通信技术+工业互联网"赋能智能制造应用创新优势。上海集聚了第五代移动通信技术核心产业链的大批研发人才,下一步将全力打造第五代移动通信技术网络建设先行区、创新应用示范区和产业链企业集聚区,在产业链上游网络设备、中游网络建设和融合应用、下游终端产品同步发力。上海将聚焦电子信息、装备制造与汽车等6类重点产业,通过实施互联互通改造、试点示范引导等,促进物联网、工业云、大数据等信息技术围绕重点产业的工业互联、数据互通，实现制造业向工业互联网“新四化”（智能化生产、网络化协同、个性化定制与服务化延伸）模式转型，形成自主、安全、可控的系统集成与解决方案的高端价值链体系。

六是加速新能源汽车产业链核心驱动。上海是国内新能源汽车产业的排头兵，上汽和特斯拉等龙头企业落户临港新片区，确立了上海在整个中国新能源网联汽车产业中的产业地位，未来将引领突破电控核心器件绝缘栅双极型晶体管（IGBT）和L4级自动驾驶等关键技术。依托嘉定新城、临港新片区、奉贤新城主要片区，发挥跨界融合的智能网联和新能源汽车的辐射带动作用，发展下游配套产业，形成产业集聚规模化效应，以基础设施、配套服务、产业集聚为目标，加快推进新能源汽车创新链、供应链本地化，建设完善新能源汽车配套产业园，打造具有全球竞争力的智能网联新能源汽车产业高地。

4. 聚焦重点区域，打造高端产业承载区

一是以特色产业园区为抓手，高质量打造重大载体。“十四五”期间，上海应进一步将26个特色产业园区打造成为产业载体的示范标杆。推动化工区、长兴岛、宝武基地、祝桥、汽车城等产业基地向高端化、智能化转型，桃浦、南大、吴淞、吴泾、高桥五大重点区域整体转型。推动一批产业链核心项目建设、开工，2020年上海10亿元以上重大产业项目148个，其中在建项目86个；加快中芯国际、华力二期、和辉二期、昊海生物、燃气轮机、大型邮轮和LNG船等项目建设；推动松江区国家级工业互联网示范基地等重大载体建设。

二是以长三角一体化发展为契机，下好国家战略的“先手棋”。紧扣

生态绿色主题,着力打造创新型、融合型、生态型产业新体系,推动三、二、一产业协调发展,率先构建创新驱动、绿色发展、多元融合的现代化产业体系。着力培育功能型总部经济、特色型服务经济、融合型数字经济、前沿型创新经济、生态型湖区经济等"五大经济"业态,打造具有国际竞争力和影响力的绿色创新现代产业体系。聚焦先行启动区"创新绿核"、虹桥国际开放枢纽"动力核",沿沪渝高速(G50)和通苏嘉甬高速铁路十字交叉的"产业创新功能轴",依托国家级、省级开发区、产业社区和特色小城镇等,构建"两核驱动、两轴带动、组团联动"的产业发展新格局。实施绿色经济发展示范、产业创新协同示范、数字智慧赋能示范、两业融合发展示范、存量产业提升示范、一体化制度创新示范等工程,通过"六大示范工程"引领产业发展新路径。

三是依托自贸试验区制度创新优势,聚焦临港新片区节点枢纽功能。瞄准制造业产业链核心环节和价值链高端地位,立足增强全球资源配置能力,着力构建以"7 +5 +4"为重点的世界级、开放型、现代化产业体系。第一,打造七大具有国际竞争力的前沿产业链。促进产业基础高级化和产业链现代化,重点发展集成电路、人工智能、生物医药、民用航空、智能新能源汽车、高端装备制造、绿色再制造等前沿产业,打造创新发展的"点火器"。第二,打造五大具有全球辐射力的现代服务产业链。以提升全球资源配置枢纽功能为导向,重点发展以新型国际贸易、跨境金融服务、现代航运服务、信息服务、专业服务为代表的高能级服务业,提升上海在全球贸易、金融、航运、创新网络中的节点功能和辐射能力,打造辐射全球的"服务器"。第三,打造四大具有时代影响力的开放创新经济业态。积极拓展经济发展新空间,培育经济发展新动能,探索发展以离岸经济、智能经济、总部经济、蓝色经济为特色的开放创新经济业态,打造赋能驱动的

“加速器”。

四是提升产业竞争力少不了产业数字化转型。2021 年 10 月 27 日，上海市人民政府推出《上海市全面推进城市数字化转型“十四五”规划》（以下简称“《规划》”），明确了未来五年上海全面推进城市数字化转型的方向和任务。《规划》明确了“十四五”时期上海城市数字化转型的“1 + 4”目标体系，其主要目标是：

到 2025 年，上海全面推进城市数字化转型取得显著成效，对标打造国际一流、国内领先的数字化标杆城市，基本构建起以底座、中枢、平台互联互通的城市数基，经济、生活、治理数字化“三位一体”的城市数体，政府、市场、社会“多元共治”的城市数治为主要内容的城市数字化总体架构，初步实现生产生活全局转变，数据要素全域赋能，理念规则全面重塑的城市数字化转型局面，国际数字之都建设形成基本框架，为 2035 年建成具有世界影响力的国际数字之都奠定坚实基础。

产业数字化转型发展周期性长、复杂程度高，不同行业领域及企业类型在产业数字化转型过程中面临“不会转、不能转、不敢转、不善转、不愿转”等多种问题。为提升企业发展意愿、增强行业转型成功率、凸显整体发展成效，应从“数据要素驱动、科技平台支撑、品牌价值赋能、生态融合共生和政府精准施策”五个方面推动我国产业数字化发展：

一是着力发挥数据要素核心动力作用。以大数据、云计算、人工智能为代表的数字科技迅猛发展及在众多行业领域中的深度渗透应用催生海量数据并演化成为一种新生产要素。数据作为构建数字生产力、推动数字经济的新型生产要素基本定位进一步明确。数据成为国家竞相争夺数字经济全球新一轮产业竞争的制高点和改变国际竞争格局的新变量。精准触达客户需求、催生全新商业模式是数据要素驱动产业数字化发展的集中体现。

二是着力发挥科技平台重要支撑作用。平台模式是数字化转型和落地的主要实现方式,科技平台是平台模式落地实施的基本载体。一方面,数字科技企业或传统行业领先企业通过打造互联网平台、物联网平台等各类科技平台,率先成为平台构建者及产业数字化转型领头羊,基于科技平台为中小企业“上云、用数、赋智”提供核心支撑;另一方面,依托科技平台整合上下游产业资源,为中小企业调用共享数字资源提供更多选择的同时,也催生出了平台托管、按需调用、技术加盟等新商业模式。

三是着力突出品牌价值赋能附加作用。将品牌价值与产业数字化结合到一起,突出品牌价值线上线下迁移整合对于产业数字化转型升级的重要意义。如以京东、腾讯等为代表的互联网科技领军企业,其正由过去产业数字化的“工具箱”“助力者”向现如今的“资源池”“引领者”转变,并演变为产业数字化的“利润中心”。这些互联网企业经过多年行业深耕已经成长市场知名度高的新一代品牌企业。

四是着力打造产业发展融合共生生态。纵观国内外各行业领域产业数字化成功转型的典型案例可以发现,“融合 + 创新”一体化推进思路是其共同之处。新一代数字科技广泛渗透、消费习惯急剧变化、新商业模型快速迭代使得传统产业发展面临的压力不言而喻。线下企业数字化转型主动意愿的增强和线上企业打破发展瓶颈的制约成为产业数字化发展的新动力。

五是着力发挥政府精准施策放大效力。当产业数字化发展到一定阶段后,制度缺失、行业规范等成为制约数字化转型主要瓶颈问题,而这些问题的解决有赖于政府积极介入,在政策等方面给予必要引导。政府在产业数字化发展政策引导上突出“精准化”,在政策措施制定及服务方面由大水漫灌向精准滴灌转变，为有效破解当前产业数字化发展中面临的转型能力不足、转型改造成本高、数字化人才储备不足等难题提供新思路、新支撑。

第三节　印太地区经济形势新变化以及对上海的影响分析

一、印越日澳具备经济互补性和产业协同

印度、越南等国拥有庞大的消费市场、年轻富足的劳动力；日本拥有先进技术制造、加工能力；澳大利亚拥有丰富的自然资源和农产品。四国在产业承接、转移和升级方面具备良好的协同合作能力。虽然印度与中国相比，其消费能力较低、营商环境较差、关税壁垒较高。但是其巨大人口规模所支撑的消费水平潜力巨大，这也是澳大利亚和日本所极其看重的。日本、澳大利亚对华产业链的严重依赖可以转移至印度和越南。同时，印度和越南对先进技术和资金的需求完全可以从日本获取。日本可以在印度继续发展汽车制造业务，印度制药业务也可通过该倡议进入澳大利亚和日本，并成为澳日两国产品进入中东和非洲的枢纽，限制中国在这些地区的贸易地位。正如穆迪报告表示，亚洲地区大国将受益于远离中国的多元化，只要这些国家拥有良好的经济基础、可靠的基础设施、人力资本存量、低地缘政治和供应安全风险。目前，印越日澳等国家的产业链在这些方面具有明显互补性，也具备将产业链进行重塑和搭建的能力。这样一来，一方面，避免以后印日澳等国家与中国关系恶化，提升中国利

用经济手段反制的能力；另一方面，避免中美关系进一步恶化，美国胁迫他们跟随美国，相关产业或企业面临困难选择。如此一来，应该认识到作为中国经济的排头兵，上海吸收外资的能力和水平都会因为日本加大对印度、越南等国家的投资而受到挤压。

二、"去中国化"和"去美国化"，增强战略自主权

目前亚太地区秩序体现出两大特征：中美对抗加剧，以及印日澳等国谨慎加入反华阵营。"去中国化"和"去美国化"算是最好的折中方案。在"去中国化"方面，新冠疫情的出现使得印日澳等国暴露出对华产业链的过度依赖。同时，他们逐渐认为，最近的态势表明"经济上的相互依存可以防止潜在的冲突"这一理念似乎有点过时。印日澳等国对华政策开始由"软对冲的合作性参与"向"硬对冲的竞争性参与"转变。在"去美国化"方面，在印太地区存在两套体系——美国主导并参加的联盟（如"四方安全对话"）和仅地区大国自发的联盟。第一套体系存在的问题可以用第二套替补。"三方供应链弹性计划"正是第二套体系不断发展并落实的结果。印日澳等国家自我行动的逻辑与美国的不确定性有关。这些不确定性有两个基本方面：第一，与美国的地区参与的可持续性有关。随着美国相对实力的衰减，印日澳等国家对美国的地区安全承诺感到担忧，需要寻求战略自主。第二，与中美关系不确定有关。在中美大国博弈中"选边站"或者实施"追随战略"都可能降低了讨价还价的能力和杠杆作用，同时降低了自我在国际社会行动的自主权和发言权。美国政府的不可预测性迫使地区大国重新考虑外交和经济政策。

三、减少战略和政治意识形态的干涉和约束

“印太战略”“四方安全对话”等概念由于美国的主导性等原因，已经与“反华”“遏华”等挂钩。换言之，“印太战略”“四方安全对话”等掺杂了过多的意识形态和政治因素，如上述所言，第一套安全体系过于架构庞大、政治色彩浓重，在这些框架内任何的经济合作行为都会被中国视为遏制自身的行为，无疑会加剧印日澳等国家与中国的战略冲突。“三方供应链弹性计划”排除美国因素进行合作，对中美两国对其战略施压可以起到很好的稀释和缓解作用，从而使得印日澳等国可以在“印太战略”框架外真正进行实质性尤其是经济性合作。印日澳“三方供应链弹性计划”极有可能拉拢东盟加入。东盟一般坚持两大原则——统一性和中心性，只要不破坏这两大原则，同时有助于其经济发展和地位提升，东盟对这一计划的认可度还是比较高的。东盟的加入将使得“三方供应链弹性计划”合作的非政治性及衍生的道德优势继续扩大。

四、不断自我迭代和扩展

“三方供应链弹性计划”目前主要在印日澳三国之间达成潜在共识，但正是由于该倡议所具备的“非政治性、非大国性、非全球性、非公害性”等特征，将对东盟，尤其越南、新加坡等国家形成巨大的吸引力。在排除政治等因素的条件下，参加该倡议的国家将在区域全面经济伙伴关系框架外构建一个自由贸易、产业协调、安全协同的非正式组织。这对中国而言是好事，避免这些国家加入美国主导的遏制联盟；同时，也是一件坏事，

这些国家在所谓政治框架外经济合作存在“掩人耳目”嫌疑，同时深化彼此间的类同盟关系。在后疫情时代，通过增强供应链的稳健性和弹性来确保供应安全将成为这些国家和政府的重点工作。随着这种情况的发生，全球贸易体系将变得更加分散，导致全球范围内效率较低，实时性较低，以地区为中心的生产将增加，进一步降低全球化的速度，对中国是不利的。

第四节　加快上海数据中心建设推动数据产业发展的对策

目前，随着抗疫斗争的积极进展，各地复产复工的有序进行，如何抓住新的产业方向，积极布局前瞻性产业集群，成为地方政府推动本地经济发展，变危为机的必要战略考量。对此，上海在未来谋发展、促转型的战略布局中，必须要对数据中心和数据产业发展要加以高度重视。

一、上海必须充分认识数据产业的战略价值与产业牵引力

首先，数据中心是第五代移动通信技术网络应用的基础保障。与第四代移动通信技术网络时代不同的是，在第五代移动通信技术网络时代，其高频、低延时的技术特征大大提升了数据流动规模和交换的速度，并使工业互联网和更广泛意义上的产业互联网在应用端的数据量大增。对于数据的频繁调用和及时处理，需要云化为基础的数据中心作为基础支撑。按理论测算，第五代移动通信技术网络时代全社会数据活动量较第四代移动通信技术时代相比以几何速度递增，且无法预测空间。而目前就全

球范围内最新的数据中心存量比较，中国的数据中心总量仅占全球2%，远低于美国的40%、英国的6%、德国、加拿大4%、法国、印度、澳大利亚3%，仅与荷兰、瑞士水平相当。中国数据中心存量严重不足，不能匹配中国的人口规模与产业规模发展需要，存在着严重的数据基础设施短板问题，无法为未来的第五代移动通信技术网络应用提供基础设施保障。

其次，数据产业本身是第四次产业革命的驱动力和产业集群中枢。以“数字经济”为代表的第四次产业革命较之前三次产业革命的最大不同点就是，第四次产业革命不是简单地将前三次产业革命形成的各种信息简单地进行“格式化”处理集成，而是基于大数据、云计算、人工智能等新技术群的技术综合，使得“数据”本身成为了一种新的“生产资料”。它不仅可以管理组织生产，并还可以从消费端的数据进行挖掘，预测和定义生产，包括进行全社会的更精细化管理，进而提升综合生产力。因此，当“数据”本身作为一种新生产要素出现时，围绕数据分析、数据挖掘，数据加工的新型数据产业集群，则会在数据扩大应用中发展成为一种新的高技术、高附加值的新兴产业，从而带动大量新就业并改造升级产业结构。

再次，数据中心与数据产业已经是国际化超大城市的新产业发展支撑。分析全球数据中心选址，可以发现一个典型的共性，即欧洲的伦敦、阿姆斯特丹、巴黎、法兰克福、马德里，亚洲的新加坡、东京，澳洲的悉尼等国际化大都市都是国内和全球数据中心所在地；而美国的数据中心也多在纽约、波士顿、费城、底特律、洛杉矶、西雅图等中心大城市。这个共性现象的出现，似乎与人们常识上的低电价、物业价格便宜相反。但实际上，全球数据中心选址超大，特别是国际化城市，是符合数据中心的数据使用便捷性、客户服务性、核心网络节点快捷等内在要求的，有其独特的商业原理，并特别具有数据产业扩展的商业价值。

最后，目前上海的数据中心保有量严重不足，与上海未来产业发展布局不相匹配。根据国内的最新的统计数据，从全国分布情况来看，互联网数据中心分布较多分别为北京（55个）、广东（40个）、上海（32个）、江苏（29个）、山东（24个）、浙江（23个），且以除去中国电信、中国联通外的第三方的数据中心比例来看，北京为72%，广东52%，上海低于江苏为21%。因此，无论从数据中心总量，还是第三方数据中心比例来看，上海在全国并不处于领先水平，且第三方数据中心比例明显低下，数据中心市场局部垄断明显。而这在未来将约束上海未来数字经济的发展空间，需要高度重视。并加以短板补齐和结构平衡。

二、加快上海数据中心建设与发展上海数据产业的政策建议

2020年3月4日，中央政治局常委会明确提出加快“数据中心”建设，是对2月21日中央政治局会议提出的加快第五代移动通信技术网络、工业互联网建设的一个新的补充。我们应该看到，如果没有足够的数据中心，第五代移动通信技术网络应用与工业互联网的发展都会面临数据存储和交换的瓶颈制约。因此，上海必须结合自身的产业发展定位，特别是国际化超大城市的产业发展特色定位，在政策推动下，积极做好数据中心建设，并强化发展新型的数据产业链集群，具体政策建议如下：

第一，在“十四五”规划中将数据中心和数据产业作为上海发展建设重点。目前，既有国内数据中心建设的制度和政策，如用地、能耗、资金配套的约束和限制已经得到了极大的解除，各地政府肯定会抓住政策红利，在新一轮的“新基础设施”建设中大力发展各自的数据中心。而上海则

不应该简单地将“数据中心”建设仅视为一种拉动国内生产总值的新基础设施新增量投入，而是要站在未来产业发展的高度，站在国际化竞争的视角看到数据中心与数据产业的发展对上海的特殊价值。上海应该学习全球数据中心在国际化超大城市发展和成功的经验，在上海“十四五”规划中，明确将数据中心和数据产业作为上海经济与产业的未来新增长点，充分利用中央的政策，在用地、能耗指标上积极争取资源，并充分调动和调整本地资源，全力做好数据中心建设和数据产业发展布局工作。

第二，要充分利用和盘活上海既有的物业资源。上海作为超大国际化城市拥有最大和最多的资源就是城市的物业存量。目前，在办公和商业物业受经济下行、总量过剩、网上办公、云化业务发展等多重因素的影响下，办公和商业用物业市场本身承受较大的压力，投资回报率下降，亟需新的增长点和产业发展新方向。上海应该充分认识到这个变化，应该在充分盘点各种闲置和空余的物业资源，包括物流仓储物业的基础上，加快审批第三方有资质的公司进入数据中心市场，特别要注重在规划许可调整范围内，对上海中心城区既有物业资源的盘活，包括郊区物业作为数据中心灾备中心的使用。以达到盘活物业存量，提供存量资金利用率的效果，最大限度地发挥上海物业存量的资源利用空间。同时，还要注重传统冶金、化工落后产能淘汰过程中能耗指标、物业存量的再挖掘与再利用，最大限度地运用上海存量资源发展数据中心建设。

第三，充分挖掘和利用临港新片区的国际化功能发展数据产业。临港新片区以新兴产业集群，高端服务业发展作为发展方向，是未来联系国内外市场的中枢和纽带，而如何做好高端产业引领、科技创新驱动和全球资源配置则是发展好临港新片区的关键。对此，我们应该看到，全球经济本身目前正在向数字经济进行高速转型，而以数据链接生产和服务的新生产组织模式正在加速形成。面对这个新变化，上海临港新片区的产业布局，除了在半导体、芯片、人工智能等有型的新型产业发展和布局外，无形的数据产业发展和服务空间开拓同样至关重要。因此，上海要抓住全球数据革命的发展机遇，加大临港新片区本身的数据中心建设，发展数据产业集群，并在数据产业链的发展中逐步形成与全球制造、贸易、服务业的广泛数据链接，加大数据服务产业功能拓展，建设服务于"一带一路"高质量建设的"数据港"与"数据枢纽中心"的打造，最大限度地发挥中央赋予上海改革开放试验田的政策优势，并在数据产业集群建设中引领临港新片区的高质量和国际化发展。

第四，积极做好政府引领工作 推动上海数据产业超前发展。在本次抗击疫情中，上海随申码、杭州健康码的开发和运用均离不开企业的积极参与，而美国发展数据产业的成功的经验也表明，政府自身的数字化转型和数据服务外包是推动企业与社会转型的巨大动力。目前，上海的社会管理正在向"一网通办"的全领域和广覆盖扩展，政府服务，包括政府自身数字化管理的积极转型，已经为上海数据产业超前发展提供了巨大空间。而在这个发展中，我们更要注重吸收全社会力量的广泛参与，特别是注重政府"数据服务外包"业务的发展，以美国的经验看，美国联邦政府，包括美国国防部等敏感数据服务的外包，极大地推动了亚马逊、微软等数据服务公司的业务发展，并带动了数据产业集群的发展。因此，上海应该在管理、规制、监督、检查等规范的协同下，充分开发和开放政府数据服务外包，鼓励各类专业化数据公司承接政府数据外包服务业务，并在加强立法和规制的基础上，推动数据服务的商业化运作，以新的数据服务产业带动上海的就业与产业结构改变。

第五节　临港建设的新形式、新任务与新路径

2020 年 3 月 4 日召开的中央政治局常委会上会议明确提出，要加快第五代移动通信技术网络、数据中心等新型基础设施建设，其中“数据中心”系首次作为一个新产业建设方向而单独提出的。对此，在未来临港新片区引领经济转型的“高规划、强引领”布局中，必须并站在战略性思维的高度上进行全面推动和建设。

一、上海建立国内大循环中心节点与双循环战略链接的对策建议

“逐步形成以国内大循环为主体、国内国际双循环的新发展格局”是国内最高决策层依据国内外政治经济形势快速演变，结合后疫情时代全球经济格局变化做出的前瞻性战略判断和决策。而上海如何应对国内外环境最新的情况变化，努力成为国内大循环中心节点和国内国际双循环的战略连接点，更好地履行改革开放、勇于创新的历史责任；同时，在“五大中心建设”和“三大新任务”完成中，特别是充分利用好上海自贸试验区临港新片区，进行更深层次、更宽领域、更大力度的全方位高水平开放，联动长三角一体化进行超常规发展，是摆在上海新一轮发展面前亟需回答的新问题。对此，我们必须结合上海的区位与既有的商业物流优势，在国家免税的制度红利的释放中，以扩大免税商品销售和批发为切入点，快速确立自贸试验区临港新片区的“离岸贸易”与“离岸金融”双优势，高速

推动临港新片区的发展,并有效辐射和带动长三角的新的一轮消费发展。

(一)上海的优势是超大的市场容量规模与明显的商品批发优势

国际化大都市的优势最典型的就是市场容量巨大带动的规模商业优势。根据上海市统计局的数据,2019 年上海全年实现批发和零售业增加值 5023.23 亿元,比上一年增长 2.4%,全年实现商品销售总额 1.2 万亿元,比上年增长 1.1%。其中,批发销售额超过 1 万亿元,增长 0.5%。全年实现社会消费品零售总额 13497.21 亿元,比上一年增长 6.5%。其中,无店铺零售额 2403.19 亿元,增长 13.0%。网上商店零售额 1896.51 亿元,增长 15.8%,占社会消费品零售总额的比重为 14.1%。2019 年北京市实现社会消费品零售总额 12270.1 亿元,较上年增长 4.4%。其中,限额以上批发零售企业实现网上零售额 3366.3 亿元,较上年增长 23.6%。2019 年广州市社会消费品零售总额 9977 亿元,增长 7.8%,增速同比提高 0.2 个百分点,其中批发零售业 8435 亿元,增长 7.7%。2019 年深圳市社会消费品零售总额 6582.85 亿元,增长 6.7%。其中,批发和零售业 5754.74 亿元,增长 6.1%。2019 年杭州市全年批发和零售业增加值 1225 亿元,增长 3.3%,住宿和餐饮业增加值 234 亿元,增长 4.0%。全年社会消费品零售总额 6215 亿元,增长 8.8%。数据比较显示,上海在中国主要大城市中凸显出其商品销售总额,特别是批发销售的优势,而这个优势是确立上海国际贸易中心的现存物质基础,同时也是上海成为国内商品大循环中心节点的基础保障。

(二)上海国际化大都市的人流聚集优势与口岸流转规模

国际化大都市的另一典型特征是人口聚集经济带来的流量经济。统计数据显示，目前上海常住人口超过 2400 万，而日均上海流入人口尽管没有精确的统计数据，但历史数据显示 1997 年就已经超过 250 万的日均流动规模，目前保守估计在常态下超过 600 万，2019 年外省市来沪旅游 1.6 亿人次。因此，正是由于自身庞大的人口基数和国际大都市人流聚集效应才构成上海城市经济活跃的基础，这也是后疫情时代，在中国平稳渡过疫情的社会环境下，上海经济稳定的基本保障。进一步来看，就上海口岸流转规模而言，根据上海边检总站的数据，2019 年全年上海口岸出入境人员达 4570 万人次，其中，浦东国际机场口岸全年出入境人员数量超 3900 万人次，连续 17 年位居全国空港口岸首位；上海邮轮口岸出入境人数超 250 万人次。而这些口岸流量不仅构成了上海国内国外循环的人流基础，同时也传递最快的海外商业品牌与消费时尚信息。因此，上海客观的口岸人流物质基础与既有的商业贸易基础优势，特别是上海国际化大都市对于国际商业品牌的认知识别能力、吸收能力所带来的影响力和引领性，决定了上海可以引领长三角的消费模式并影响全国，而这可以帮助在新形势下确立上海的“国际贸易中心”地位，并通过国际贸易中心地位与国内循环中心节点功能，构建国内国际的双循环战略链接。

（三）国内商品免税牌照放开可能带来的政策红利

对外开放并扩大内需是我国在新形势下的“双轮驱动”发展战略，为了平衡贸易顺差，包括提升群众日益增长的对美好生活的追求，扩大进口商品规模并带动国内商品竞争力提升，是未来相当一个阶段我国对外贸易的总体战略选择。而就中国的消费能力提升和回转国内免税消费的潜力来看，根据国家外汇管理局的数据，2019 年中国境外旅行支出约 2775

亿美元,超五成旅行支出发生在亚洲地区。而银联国际的数据则更清楚地显示,2019 年境内银联卡持卡人在境外超过 150 个国家和地区使用了银联卡。其中,中国游客十大热门消费国家依次是:日本、韩国、泰国、法国、新加坡、意大利、澳大利亚、瑞士、美国、英国。按照旅行消费结构的相关数据分析,2019 年中国境外商品消费在 1500 亿 ~ 1800 亿美元。因此,不包括跨境通的海外代购规模,仅中国海外旅行商品消费的规模就接近于上海一年的全社会消费总量。而这些商品购买如果通过商品免税形式在国内完成将给国内大循环带来巨大的购买力附加值,如餐饮、娱乐、住宿等,包括就业的额外支持。

中国已经充分重视到免税市场的潜力,并率先在海南发布了离岛免税政策,包括给北京王府井百货授予了免税牌照。从目前海南试行的初步效果来看,仅在免税试行的第一周就创造了 4.5 亿的离岛购物量,比上年日均增长 58.2%。而从免税推广较好的国家经验积累的数据分析推算,未来几年内中国国内免税市场将从目前不到 500 亿,快速上升至 2000 亿人民币左右,有 4 倍的增长空间。而长三角 26 个城市 2019 年内地出入境人次显著高于京津冀地区。

因此,上海必须抓住历史性政策红利机遇,积极争取国内免税商品销售牌照,快速抢占国内免税市场,为树立国内大循环中心节点地位,做好制度设计基础准备。

(四)上海切入国内免税市场应该采取的相关行动和对策建议

上海独特的区位优势,口岸流量,对于海外商品的识别与定位能力,包括上海商业零售既有的批发规模优势,特别是自贸区临港新片区发展的历史责任,决定了上海注定不能采取普通、简单的通行国内免税销售模式，而是必须考虑临港新片区的发展前景定位，包括考虑长三角一体化协同效应，来确立上海免税市场发展在中国的核心枢纽和中心节点地位，对此上海应该采取的积极主动战略对策如下：

一是采用“离岸贸易”与“离岸金融”双轮驱动的免税发展战略。积极开展和扩大“离岸贸易”本身是自贸区发展的基本内涵和战略定位，而这些年在改革开放的实践中，上海主要是在营商环境、海关通关。贸易便利化、保税等领域进行了积极的探索并积累了经验。但是从“离岸贸易”的开展规模来看，目前最大的机会在于利用临港新片区的“离岸贸易”功能，强化上海口岸的免税批发与区内销售功能。上海拥有世界一流的港口、机场，并拥有辐射至长三角的物流体系，如果利用免税牌照优势并结合“离岸贸易”，那么则可以通过货品批发来辐射长三角城市的市内免税商品供应，进而迅速奠定国内大循环的中心节点地位。同时，我们还应该看到，“离岸金融”是上海的“撒手锏武器”。上海作为国际金融中心，有明确的政策支持，金融中心支持政策也是海南、北京、深圳目前不具备的条件。而如何在现有的条件下开展“离岸金融”，并使“离岸金融”业务确保不成为开曼、拿骚等“全球资金流转飞地”，就必须以“闭环”的形式，即“离岸贸易货物量”对应“离岸金融资本量”的总量核销操作的形式，避免非法的外汇套取。因此，利用临港新片区的开放优势，坚持以国有商品销售批发公司为载体（避免套汇风险），大力开展免税业务范围内的货物对冲资本，并使“离岸金融”在“离岸贸易”的实物贸易的支撑下获得双向大发展。

二是在临港新片区开展免税业务可以快速提升自贸区的服务业发展空间。上海自贸试验区临港新片区承载着进行更深层次、更宽领域、更大力度的全方位高水平开放战略的国家战略重任和党中央领导的殷切期待。目前，临港新片区的数字经济与高端制造大项目不断引进和落地，高端制造业与实体经济的发展前景轮廓已经初现。但是临港新片区目前最大的发展“短板”是服务经济发展不足，人流聚集效应不强。而服务经济不足在长期而言将影响临港新片区的可持续发展，也不利于优秀人才的聚集。解决此问题的有效办法，虽然可以增加长效优质高水平服务功能提供，如高等级三甲医院、高水平义务教育学校等公共基础设施来加以解决，但更快速有效的办法是借鉴海外“奥特莱斯”商品消费聚集地的做法，即通过在临港的商品免税牌照，在做好面向长三角的免税商品批发、物流服务的同时，通过实体店的免税消费提供带动大量人流，包括来自长三角的人流往返与聚集临港新片区，进而形成和扩大“免税商圈”的各类聚集性服务行业，带动餐饮、住宿、快递量等行业的增长。上海必须看到，中国免税市场的牵引力是强大的，在海南、北京均已获得免税试点的情况下，上海如果不能抓住机遇，可能不仅会失去上海消费增量，同时也会影响上海对长三角市场的辐射和批发功能。

三是加强和加快临港新片区的基础设施建设以应对免税市场的扩大。中国国内免税市场在未来很短的时间内将形成2000亿元市场规模，而临港一旦能够获得免税商品销售许可，并能够利用“离岸金融”进行金融功能辅助放大的话，那么人流和货流将在该区域马上呈现几何级数的增长。虽然目前临港已经规划了快速道路和地铁轨交。但从未雨绸缪和发展的眼光来看，目前临港新片区的交替基础设施是不能承载未来巨大的人流与物流的。因此，无论是从未来临港的服务业持续增长角度看，还是从免税业务可以带来的人流和物流需求来看，加强和提升临港的交通基础设施承载力是迫在眉睫的要求。对此，上海必须进行提前布局。

二、全球价值链参与对临港新片区探索“五个中心”建设“缩小版”的意义

在中央提出的国内国际双循环新发展格局中临港新片区如何发挥重要作用、如何在全球价值链中占据一席之地等问题，是当前亟须深入剖析的具体发展路径与方向。

（一）以高端制造业为基石产业集群辐射长三角

一是发力深化“五个重要”“五个自由”和“一个便利”等方面的成效。一年来，落地临港新片区的高新技术企业、高端制造业项目非常多，为临港代表中国在全球价值链中获得一席之地打下了一定基础，特斯拉上海超级工厂的投产就促进了国内智能汽车产业的高速竞争。临港新片区未来还是要通过高端制造业的竞争，在全球价值链中占据一席之地。事实上，临港新片区的一项重要使命就是引领上海的产业结构调整。过去三十多年中，上海的六大支柱产业——电子信息、汽车制造、精品钢材、石油化工、生物医药、成套设备制造，如今看来已不能完全满足参与全球价值链竞争的需要。当上海市中心的产业结构性调整越来越有难度，临港新片区就是上海全新的产业发展聚集区域。当前，第一批入驻临港的大项目基本尘埃落定，特斯拉已逐步带动智能汽车制造业崛起。接下来，中国商飞带动临港新片区的航空产业链腾飞应成为承载深化发展预期的新方向。

二是以制造业为基石占据全球高端价值链重要地位的世界经验。笔

者在曾承担的国家社科基金重大项目“全球价值链与新型国际关系构建研究”的研究中发现，成功的全球自贸区大多有一个共同点，即其本身或周边区域有强大的制造能力，可以在全球价值链中拥有显著位置和比重，比如韩国釜山、德国汉堡等。传统的单一靠流转他人货品或是靠低税收优势进行转口贸易，已不符合当下的全球价值链竞争环境。在全球价值链研究中，经常用到经济学中一个著名的“微笑曲线”概念，将研发和品牌作为微笑的高端，把位于中间一环的加工制造看成低位，对应它们在全球竞争中产生的不同收益。当今全球利润收益最高之一的半导体代工公司台积电，本身是一家制造业代工企业，但高技术含量的加工，保证了企业自身难以撼动的高利润。同样，荷兰的光刻机生产商阿斯麦拥有全球独一无二的产品技术优势，保证了企业绝对的定价权和足够的利润，但这两个公司本身都并不研发芯片。

可见，当一家企业在制造业做到无可替代时，是可以保证充足高利润的。“反微笑曲线”的频繁表现也让各国意识到，如今已到了必须要抓住高端制造业的关键时刻。而临港新片区的开放，就要在这样新的特殊历史背景下完成，展示中国向世界开放的决心和信心。基于此，临港要建设以高端制造为核心的产业集群，通过产业集群辐射长三角。除了交通、物流、社保、断头路方面等区域一体化工作，长三角最完整的一体化应该是经济层面产业链和价值链协同性的一体化。

（二）借助制度性红利发展高端服务业

一是国际新环境与国内国际双循环新发展格局下的临港新片区突破口。现在全球区域间最重要的勾连，或者说底层勾连，是产业链上下游之间的关联。这种“血与肉”一般的关联一旦形成就很难脱钩，因为“硬切割”产业链脱钩,对各国的影响都过于巨大。所以临港新片区要通过发展高端制造业建立全球性联系,甚至以中国的技术带动东盟、亚洲等技术链可覆盖区域的形成,而在亚洲加强中日韩关键国家的技术链协同,通过产业链建立的底层关联才是坚不可摧的。疫情的出现也使全球价值链从原先侧重全球化产业链部署,开始转变为侧重区域化、本土化部署。当下人们普遍认识到,生产和供应链的安全性已经高于经济效益的重要性。

二是临港新片区的新抓手与新挑战。先发展高端制造业打好基础,接下来就需要加快发展高端服务业。现在临港主城区人口总量不到10万人,必须要借助制度性红利刺激区域发展。其中一个突破点可进行战略考虑并加快落地,就是免税政策。中央提出加快形成以国内大循环为主体、国内国际双循环相互促进的新发展格局的战略部署,其中很重要的一点就是激活国内市场。如果临港新片区可以获得免税牌照,即便额度只有一两万元,也能显著带动临港及其周边的餐饮、住宿和就业,带来显著的流量经济。与此同时,离岸金融也能在临港加快探索。购物只是免税带来的表象,背后有广阔的服务业市场,还能一举带动洋山特殊综保区的保税仓储、物流。一项制度红利可以盘活三张牌,而这样的多循环模式正是临港核心竞争力形成的基础。

(三)贯彻落实“五个重要”促进建设“五个中心”

一是以贯彻落实“五个重要”和上海“五个中心”同步建设为临港战略使命。上海的“五个中心”建设都可以在临港新片区做“缩小版”探索,“五个重要”对应“五个中心”。如高端制造业可以为科创中心建设奠定基础,离岸金融业务则能为国际金融中心、航运中心和贸易中心探索机制互动性建设。从全球比较研究来看,一座城市假如只发展服务业而没有高端制造业，那么整个城市的科研水平长期来看就会下跌，因为高端制造业与科研本身高度关联。临港新片区这盘棋，就是要承担起上海制造业新的历史使命，在完成“五个重要”的过程中，带活和促进上海“五个中心”的建设。

二是贯彻落实“五个重要”促进建设“五个中心”的侧重点及国际对标。临港新片区的发展必须要有产业集群思想。产业规划绝不能“捞进篮子就是菜”，没有产业集群就无法长期留住好企业、好项目。这需要顶层的产业规划，并在实际招商引资时加以甄别。国际上，奔驰总部所在地德国斯图加特设有奔驰学院，从电子元件研发、材料研发等逐一培养专业工程师。加上慕尼黑的宝马总部，两家企业在德国中南部构建了一个高端的汽车产业集群。更具有借鉴性的是美国南部城市休斯敦，这是近十年来国际上产业转型最成功的城市之一。它从一座石油城、航天城，转型为一座电子城和国际医疗中心，并与达拉斯、奥斯汀进行有效的区域产业协同，形成了名为“硅丘”的美国新发展三角带，发展半导体、电子、集成电路等产业。产业集群与区域协同发展，是临港新片区未来必须思考的战略问题。

三、抓住区域全面经济伙伴关系协定区域价值链重构契机

2020 年 11 月 15 日，区域全面经济伙伴关系协定正式签署。作为世界上参与人口最多、成员结构最多元、发展潜力最大的自贸区，这不仅是东亚区域合作极具标志性意义的成果，更是多边主义和自由贸易的胜利。

（一）区域全面经济伙伴关系协定给上海未来发展带来巨大机遇空间

区域全面经济伙伴关系协定将进一步促进区域价值链和生产网络优化，为上海经济增长提供新动能。与特别强调规则制定的其他自由贸易协定不同，区域全面经济伙伴关系协定更为关注贸易能力建设和地区发展潜力，通过大幅度的贸易投资便利化、能力建设推动、经济技术合作等措施，改善区域整体外部贸易环境，这将对上海的对外贸易活动和本地经济产业发展产生重大影响。在全球贸易秩序经历重构之际，区域全面经济伙伴关系协定对于上海谋求区域价值链上的领军地位产生重大影响。区域全面经济伙伴关系协定有助于进一步推动亚洲区域内的货物、资本和人员的自由流动。近十年来，区域全面经济伙伴关系协定的成员方在全球价值链参与度在不断提升，显示出强大的生产与交易能力。通过相互开放包括货物贸易和服务贸易的市场准入，区域全面经济伙伴关系协定在一定程度上可以减少中国与其他亚洲国家对欧美市场的依赖，这将为上海出口结构优化和吸收外来投资发挥至关重要的支撑作用，目前上海的外贸整体非常倚重欧美市场。

区域全面经济伙伴关系协定将进一步促进区域内跨境贸易和投资合作，给上海的国际贸易建设带来新契机。区域全面经济伙伴关系协定本质上是经贸协定，在成员之间相互大幅减让关税，根据对协定的解读，未来在十年内九成以上商品将实现零关税。而上海作为中国的最大的贸易中心和航运中心，有最大的港口吞吐量，未来区域全面经济伙伴关系协定对于进出口贸易的强力牵引作用，必然对上海国际贸易和航运带来重大的发展机遇。上海可以开始考虑在区域全面经济伙伴关系协定区域内重新布局产业链,同时发挥好公共服务和营商环境的优势,积极引进区域产业链上的龙头企业,加速国际贸易中心和国际航运中心的建设。

此外,区域全面经济伙伴关系协定将进一步促进区域内创新要素和人才流动,给上海科技创新带来推动作用。

(二)借鉴横滨前港—中区—后城(PPC)开发模式,合作推进临港新片区开发建设

建设、经营、管理临港新片区的核心在于港口先行、产业园区跟进、配套新片区城市功能开发,进而实现整体区域联动发展。这种生态圈式可持续发展的模式,是以日本横滨都市圈为典型代表的市场化方案,来推动实现城市和产业园区运营的空间发展模式,实现港口、产业、城市联动,将政府、企业和各类资源协同起来,成为城市或区域转型升级的战略安排。通过研究和分析日本横滨都市圈形成过程发现,交通工具的便捷性给都市圈经济的合群发展带来了额外动力。一方面,地铁的通达功能促进了都市圈内部的通勤能力的提升,使城市覆盖能够迅速扩大;另一方面,密集高速公路网络使得各城区间的交通时间大幅度缩减,加之高铁的四通八达快速通达所带来的货物运输的便利,都给日本东京-横滨都市圈的融合扩张带来基础保障。临港新片区在建设过程中,可借鉴日本东京-横滨都市圈发展模式,以交通网络为先行导向,加大交通基础设施建设,包括推动上海中心城区节点-临港的城际铁路网络建设,才能真正形成“港口群+产业群+城市群”的叠加效应。而日本东京-横滨都市圈的发展经验证明,这种叠加效应在带来巨大的经济效应的同时,也会带来不可估量的区域创新能力。而临港新片区与日本横滨的深化战略合作,将

在对外学习与对外合作中创造新机遇。

（三）产业选择上，从半导体和医药产业切入，实现上海和日本的产业对接，共同构筑平台战略优势

在全球半导体生产的三张王牌中，美国掌握着设计工具，制造设备；而日本则掌握着半导体材料。在半导体材料领域，芯片生产所需的19种必备材料，日本在硅晶圆、合成半导体晶圆、光罩等14种重要材料均占据超过50%的份额，行业内长期保持优势。在半导体设备领域，必备的26种半导体设备中，日本企业在10种设备所占的市场份额超过50%，尤其在清洗设备、氧化炉等重要前端设备更是几乎垄断市场。目前，日本企业在全球半导体材料市场的整体市场份额达到52%，在硅片、光刻胶、掩膜版、导电黏胶、塑封料、引线框架等关键材料领域具有明显优势，拥有信越、三菱住友、JSR、日立化成、京瓷等全球半导体材料顶级供应商。在清洗设备、光刻机、匀胶显影设备、离子注入设备、刻蚀设备、热处理设备、晶圆检测设备、芯片测试设备等多数关键领域，日本长期保持竞争优势，全球前十大半导体设备企业中总能出现日本企业。从上海来看，中国半导体生产制造大量扩充产能带来的巨大市场需求机会，2020年上半年上海市集成电路产业销售规模847.7亿元，同比增长38%，集成电路芯片设计类企业也因中美技术切割带来更多的应用准入机会。因此，在半导体材料领域上，上海可以先从市场、人才方向着手，逐渐向技术、产业等更高层次深入，加强双方半导体产业界的合作互动。上海应对日本优秀半导体企业在上海投资建厂与合资建厂给予产业政策和财政政策方面的扶持。

在医药产业方面，日本神户医疗产业都市是世界顶级生物医药产业集聚区，也是体现日本国家意志、集中建设的示范区域，拥有如超算中心

等高等级相关设施配套。产业集群与成果转化是神户医疗产业都市成功的重要保障。集群组织模式方面，主要通过研究机构、医院、企业之间的密切合作，特别是国际医疗开发中心、先端医疗中心、神户市立中央市民医院等机构在国际上均享有很高的声誉。成果转化方面，神户医疗产业都市生物医药研究与创新基金会理事长本庶佑先生，构建的基础研究—技术发展—商业化—产业化的转化桥梁，是打通成果产业链转化的关键，同时其本人获得2018年诺贝尔生理学或医学奖。而上海打造具有全球资源配置能力的生物医药中心的目标，决定了未来上海需要的不仅仅是以制造业为主的传统园区型生物医药集群，更需要根据不同的驱动源和凝结核，加快培育与之相适应的多样化集群生态。因此，上海可以和神户共同打造生物医药资源复合网络，推进资源联动的世界级生物医药网络建设。通过两地医药企业网络、高等研究院所网络、医院网络、社区网络、产业区块网络的叠合，形成功能联动、空间耦合的产业空间布局，最终构建圈层式生物医药产业集群生态。

（四）以氢能源合作为纽带，共建绿色产业生态

上海在《长三角氢走廊建设发展规划》中提出的目标是打造成氢走廊的先行城市和长三角区域氢能发展的龙头。目前，上海地区建设及运营的加氢站有11座，氢车数量1456辆，居全国之首。上海在打造全国氢能产业高地的事业上积极布局，已形成了专注于氢能与燃料电池汽车技术研发、制造较为完善的产业链。而日本的氢燃料电池在商业化应用方面世界领先，主要有家庭用燃料电池热电联供应系统、业务用或产业用燃料电池，以及燃料电池车。根据日本氢能源战略的基本计划，家用燃料电池系统市场销售目标到2020年达到140万台，2030年达到530万台。

然而燃料电池车的普及离不开加氢站的投资建设，加氢站是给燃料电池汽车提供氢气的燃气站，作为给燃料电池汽车提供氢气的基础设施。日本一直都以构建氢能社会为国家发展目标，其加氢站密度目前世界排名第一。日本主要通过政府高额补助和企业联合开发两种方式来加快加氢站战略布局。其中，在企业联合开发方面，丰田汽车公司和日产汽车公司等共 11 家公司，成立了旨在体系化建设氢燃料电池车加氢站的日本加氢站网络公司（JHyM）。在氢能源基本战略中被定位为“加氢建设的推动者”。

从上海交通的现实路径来看，可以选择先商后乘路线：采用在公交车辆，专用工程车辆等商用车率先推广燃料电池，规模化成本降低后再在乘用车领域推广的路线。一方面，商用车因为应用场景较乘用车辆集中，行驶路径单一，在制定区域进行制氢、储氢、加氢完成度高，可操作性较强；另一方面，燃料电池具备低温运行，大功率动力做功的特性，符合商用车在特定领域的需求。当商用车规模化的推广将带动产业链的完善，为后期乘用车的推进奠定基础。

除此之外，上海还可以把“中日（上海）地方发展合作示范区”和“中日氢能产业联盟“作为依托平台，联合中日官产学研资源，把握区域全面经济伙伴关系协定框架下中日深化高新技术、数字经济、能源环保等领域的交流合作战略契机，以氢能源产业链研发制造和运营服务为纽带，吸纳中日双方基础研究机构、零部件供应商、设备供应商、终端用户、相关咨询服务机构，共建绿色生态。

四、调动长三角消费率，持续扩大进博会溢出效应

长三角一带作为最具经济活力、开放程度最高、创新能力最强的区域之一，是国内经济中心。2020 年上海、江苏、浙江的经济体量占比达 20%，其中长三角 16 城（苏州、无锡、南京、常州、杭州、上海、镇江、宁波、扬州、南通、舟山、泰州、绍兴、湖州、台州、嘉兴）的经济总量占全国的比重约 17%，且长三角老 16 城的人均国内生产总值基本上高于 10 万元/年，远超国内平均水平（约 6 万元/年）。长三角现在拥有三个城市群内最大的人口规模（1.5 亿人次），并且人口空间分布梯次分明，既有像上海这样城区人口超过 1000 万的超大型城市，也有南京、杭州等城区人口在 500 万以上的特大型城市，人口空间分布梯次分明。

（一）扩大消费率存在严重分流

通过对 2020 年 1 至 12 月长三角城市群的 34 个地级市以上城市真实电子支付消费数据进行分析，在城市内部消费潜力上，月人均（常住人口）消费量按集聚情况可分为五个层次：其中月人均电子支付消费超过 5000 元的城市有四个，分别是上海、杭州、南京和苏州，人均消费额分别是 10457 元、7230 元、6219 元和 6161 元；其中上海人均支付额已经突破了万元且远高于其他城市，上海、杭州和南京均为长三角城市群的直辖市或者省会城市，而区域外另一省会合肥未能进入第一梯队。此外，人均电子支付消费在 3500～5000 元的城市，除了省会城市合肥外，其他六个城市无一例外都落在了浙江省。人均消费低于 2000 元的城市数量居多，共 19 个，占整个长三角城市群的 56%，人均电子支付消费低于 1000 元的城

市主要集中在江苏省北部(连云港、徐州、盐城)和安徽省。

根据尼尔森2019年跨境消费报告显示,中国消费者越来越偏爱全球品牌,2020年中国消费者的海外支出达到近2500亿元。其中包括在旅行期间出境游客花费的1352.9亿美元,这一数字预计将在2021年增长6.3%。同时,2020年海外华人总支出为942.5亿美元,2021年这一数字将增长5.12%。报告还发现,中国的跨境电子商务支出达到5089.5亿元,其中代购及海淘的比例高达79%。中国跨境购物者严重依赖社交媒体平台来作出购买决策,超过60%的在线购物者使用微信和微博搜索信息和查看广告。

上海是全国最大的出境旅客客源城市,上海市出入境管理局公开数据显示,本市出境旅客2017年人均消费2650美元,而境外来沪游客人均消费不到1000美元。消费市场的吸引、集聚、辐射能力亟待加强。上海在"十四五"规划中明确提出,要实现在上海"买全国"和"买全球",打造国际消费城市。中国国际进口博览会已经成功举办三届,抓住举办进口博览会的机遇进一步提升全球影响力,作为长三角一体化排头兵发挥进博会的溢出效应,如何将进口博览会效应延续下去,打造"永不落幕"的进口博览会。

(二)持续扩大进博会溢出效应的举措

第一是汇聚全球知名跨境电商,设立进博会"6+365天"常年展示交易平台。依托进口博览会,设立进口商品展示交易中心、长三角区域城市展示中心,致力建设成为上海乃至长三角企业"买全球"和"卖全球"的"窗口"。同时整合长三角的南京、杭州、宁波、无锡、苏州、嘉兴、芜湖等城市和商务区签订全面合作协议,入驻长三角区域城市展示中心,以进博会为平台，向全球客商展示当地的商务优势和美好形象。让交易平台汇集全球高精尖产品，为中国消费者打开了通往国际的窗口，也为上海入境购物消费市场集聚了庞大的客流群体，让全球“看上海、购上海”，越来越多的外国客商因此爱上“上海购物”。上海可以按照“政府引导、企业主体、市场化运作”原则，整合用好上海各类贸易促进平台资源，争取为参展商“参展一周、服务一年”，促进“展品”变“商品”，让更多的优质商品和服务更加便捷地进入中国市场，打造“永不落幕”的进口博览会。

第二是扩大进博会融入圈，让溢出效应惠及更广消费群体。进口博览会之所以吸引全世界的目光，在于这是世界上第一个以“进口”为主题的国家级博览会，是国际贸易发展史上的一大创举。来自 130 多个国家的 3000 多家企业参展，数以十万计的国内外专业采购商到会参与采购交易。这些全球优质商品和服务在上海集聚，带来的全球好物对于长三角乃至全球消费群体来说都充满了吸引力。扩大融入圈关键在于降低进博会消费群体准入门槛，通过进博会门票的出售让更多的消费者真正参与到进博会的的舞台。特别是传统的社交媒体销售以及代购和海淘的消费方式面临着新的一轮规范化的洗牌。为增强上海全球城市的消费资源要素集聚功能和辐射功能，加快打响“上海购物”品牌，建设面向全球市场的国际消费中心城市提供了前所未有的战略机遇。

第三是改善营商环境，加快免税政策改革创新。跨国公司的全球企业是进博会上倍受关注的焦点，也是长三角地区更高层次对外开放的直接利益相关者。多年来，这些跨国公司“自然而然”地依托长三角进行布局，长三角地区为他们提供庞大的市场、丰富的人才、便捷的交通等要素资源，助力他们适应中国的“水土”，帮助企业从东部沿海走向全国市场。营商环境，是跨国企业在长三角进行新布局时考量的一个重点。上海要代表国家参与国际合作与竞争，要争取更多境外消费回流的免税政策，扩大免税店规模，促进免税政策改革创新，吸引跨国公司来长三角布局及全球游客来沪消费。除了扩大享受政策的商店数量，提升离境退税的服务质量，也是推动境外来沪游客消费的重要因素。市税务部门可以联合离境退税商圈推出相关延伸服务，将离境退税宣传铺入城市各大角落。同时，可以在商圈内设立进博会退税服务专窗，提供英语、日语、西班牙语等多语种服务。全面梳理现行政策，设计制作带有二维码的操作指南，让消费者“扫一扫”轻松掌握商店清单，按图索骥办退税。

综上所述，在进博会方方面面的带动效应中，不论正在筹划长三角产业新布局的全球展商，还是刚从进博会上满载而归的长三角企业，或是深度参与进博会的各地政府部门，通过进口博览会的举办、相关功能性平台的建设、放大其溢出效应等举措，普通消费者未来将有望享受到更多优质的产品和服务，多样化消费需求也将得到更好的满足，真正做到改革红利由全民共享。

第六节　巩固核心产业链，加速科创中心建设步伐的新模式

全球疫情的风波让全球半导体芯片供应出现明显的短缺潮，波及各个生产环节。汽车产业作为上海的传统优势产业，受断供的影响最为明显，而如何正确认识问题的本质，在危机中把握机会，在培育和树立上海汽车工业的核心竞争力的同时，如何借鉴合肥良性“官产学”模式，助力上海科创中心的建设值得深入分析和思考。

一、打造强大"上海芯",培育上海汽车产业核心竞争力

(一)汽车芯片短缺现状和原因分析

2021年以来,随着国内疫情的有效、稳定控制,使生产和生活逐步转入正轨,我国汽车消费市场也得到了明显的复苏。但与此对应的是,相比于目前国内经济社会生活稳定的情况,国外的疫情一直没有得到很好的控制。进而波及全球供应链的结构稳定,许多国外工厂的产能受到了明显的影响,大多数汽车芯片出现了不同寻常的供不应求的现象。芯片在汽车领域的应用非常广泛,是实现汽车信息感知及控制的前提,目前国内汽车芯片进口率高达95%,其中动力系统、底盘控制和高级驾驶辅助系统(ADAS)等关键芯片均被国外巨头垄断,疫情严重影响了海外芯片供应。目前,上海大众所面临缺乏的芯片指的是主控芯片(MCU),这种芯片将中央处理器和存储器都集成在一块芯片上,可用作汽车电子系统内部运算和处理的核心。而由于主控芯片供应短缺,大众汽车上搭载的电子稳定程序系统(ESP)和电子控制单元(ECU,即车载电脑)两大模块均无法配套生产。短期暴露出国内车企产能受限,中长期实则隐含了中国汽车"缺芯"的安全隐忧。

按照我国法律法规要求,电子稳定程序系统是每一辆车必须安装的模块,而电子控制单元控制着发动机和变速器的运行,相当于汽车的大脑,也是不可缺少的零部件。目前全球共有7家电子稳定程序系统专业供应商,其中爱信专供丰田、日立专供日产、日信专供本田、万都专供韩系车、采埃孚专供美系车,这五家公司很少涉及中国业务,上海大众

和上汽通用没有稳定的专用供应商。上海汽车公司的电子稳定程序系统和电子控制单元的芯片供应几乎被德国的博世与德国大陆集团垄断，而这两家公司正是“缺芯事件”中最受影响的两家汽车零部件巨头。不仅仅是上海燃油车，上海生产的绝大部分电动车例如荣威、比亚迪、特斯拉，都采用的是博世的电子稳定程序系统9.0。然而博世的电子稳定程序系统供应链产能有限，只能优先照顾奔驰、宝马这样的大客户，因此引发了电子稳定程序系统芯片短缺的情况。

事实上，早在2020年1月下旬，全球芯片短缺问题就已经显露苗头，受全球经济和全球疫情隐忧影响，各行业需求锐减，汽车行业销售尤其下滑明显，汽车制造厂商纷纷减少下单，消化原有库存。出现变化的是，新冠疫情让占据全球汽车芯片市场半壁江山的恩智浦、德州仪器、英飞凌、瑞萨和意法半导体等芯片厂商相继陷入停工停产的状态，加速了全球半导体缺货严重并严重波及汽车行业。深入分析目前“缺芯”问题的出现，其主要原因有三点：

其一，直接原因是国内车企对汽车市场景气度回升估计不足，2020年初全球疫情严重打击了国内各大汽车厂商的信心，纷纷减少下单，消化库存。导致需要提早半年，甚至一年做产能规划的圆晶芯片上游企业无法及时应对，调整与扩充产能。

其二，智能化、电动化、网连化的发展使整车对主控芯片及功率半导体的需求快速增长，加上消费电子、工业、通信等其他领域伴随着第五代移动通信技术的应用普及，不断向智能化发展，催生了大量的新的芯片需求。2018年第二季度开始，8英寸硅片火爆需求导致其价格一直居高不下，其中包括面板驱动集成电路芯片、触控、指纹识别、金氧半场效晶体管、微机电系统传感器、电源管理集成电路芯片、功率器件和主控芯片，这无疑挤占了汽车行业芯片的产能调整空间。

其三，尽管国内市场回暖，再加上国家汽车消费政策的大力支持，国内的汽车厂商纷纷开始在汽车智能化上发力，但自主汽车芯片规模目前占比仍不足10%。目前关键的电子稳定程序系统芯片市场被国外博世、大陆等供应商垄断，国内电子稳定程序系统供应商不具备独立研发、设计、制造、调校整套电子稳定程序系统的技术能力。相比之下，海外厂商则可以提供全系列的芯片型号，而国内厂商只能提供少部分的型号。国内企业对于汽车芯片市场，面临投入周期太长，芯片市场规模有限的问题，很难有国内企业能够坚持长期发展。

（二）上海的机遇和应对之策

上海作为中国汽车工业重镇和智能网联汽车的排头兵，拥有丰富的智能网联汽车应用场景。无论是上海着力推进全球领先的千兆宽带接入网和覆盖全域的窄带物联网，以及构建起的汽车分时租赁、智慧巴士等多种应用场景，还是上海国际汽车城作为我国首个智能网联汽车试点示范区域，都已经达到国际先进水平。再加之上海智能网联汽车创新要素的集聚效应。上海在汽车研发设计、关键零部件、电子通信、语音识别、智能制造等领域，已经形成了从理论研究、技术研发到产品应用的完整创新链和产业链，集聚了大量国际高端人才。但是此次芯片短缺的局面还是暴露了上海汽车产业发展的瓶颈性难题。未来，上海如果要建立智能网联汽车产业的自主创新体系，就必须加快打造智能网联汽车产业生态圈，才能把上海建设成具有国际竞争力的智能网联汽车创新中心和产业集聚高地、示范应用高地、领军人才高地，向世界级汽车产业中心迈进。对于上海汽车产业的核心竞争力打造，具体政策建议如下：

第一,把握技术转型升级机遇,加快汽车电子硬件技术的研发和产业链体系构建。智能网联汽车是全球汽车产业发展的趋势,上海需要集中优势资源,要学习国外整车厂商培养自己专供芯片商的经验,以上汽为核心,积极推动车用级计算芯片、高性能传感器、功率器件、存储器等重点技术产品的专项研发,加速科研成果转化。发挥上海金融中心的优势,以大基金和社会资本为支撑,配合行业专家与智库筛选,跟踪、培育具有核心技术的上海、国内集成电路中小企业,推动汽车行业与芯片设计制造企业的高质量整合,在细分领域培养具有上海显著特色和全球竞争力的龙头企业。鼓励和支持汽车企业开展协同创新,攻关智能网汽车计算基础平台等关键共性技术,建立面向未来出行的融合创新平台,打造上海汽车产业的长期竞争力并逐步获得全球竞争优势。

第二,做好整车厂和零部件企业深入对接工作,打造上海新型汽车产业生态。针对上海整车企业的配套需求和现有零部件企业的实际情况,组织汽车产业链深层次对接,按照自主配套、已配套、对标提升可配套、合资合作能配套、争引项目配套 5 个层次组织整车厂和零部件企业进行深入对标衔接。以生态主导型企业为龙头,以车载操作系统创新应用为牵引,重点突破车载操作系统、传感器、V2X 车路协同、区块链和信息安全、北斗兼容导航定位模组、车辆决策与控制技术、核心电子器件等技术和产品,打造各类市场主体互融共生、分工合作、利益共享的新型产业生态。

第三,大力支持行业加速整合,强化供应链体系。大力促进行业资源优势集中和有效整合,积极采取政策扶持、产业资本运作、金融资本牵引等多种方式,推动上海的整车制造、汽车电子、算法和系统集成等环节加速聚焦发展。支持具备较强技术和资源能力的企业积极采取兼并收购、战略联盟等多种发展形式，推进产业相同环节的横向一体化和不同环节的纵向一体化发展。以硬件为主，变革传统供应链，将软件一同纳入供应链管理，提供超前的硬件以支撑电动化、智能化、网联化汽车软件频繁迭代升级的需求，加快供应链反应速度，以应对多品种、小批量的软件产品需求。对此上海应把握整合重组的重大机遇，加大汽车产业重组力度、坚决淘汰落后产能、取消生产资质买卖、限制政府财政托底、刺激企业战略重组，全面推动上海汽车工业的高质量、可持续发展。

综上所述，通过此次的汽车行业芯片“断供”现象，上海必须认识到，对于复杂多变的全球政治经济环境，包括突发的全球公共卫生安全衍生问题影响的暴露，产业链的短板事实上是存在于人们习惯认识之外的。安于现状的过度依赖国外供应链，不仅无法长期培养本土化供应链以保障安全性，同时还会在技术发展上一直扮演追随者。因此，通过本次汽车行业“缺芯”问题暴露，上海必须深入分析背后深层次问题，以顶层规划、龙头企业带头为出发点，全力打造自主可控的全产业链，以彻底解决行业发展瓶颈问题。

二、借鉴合肥模式，助力上海科创中心的建设

作为资本驱动地域经济发展的典型代表，从 2008 年京东方项目开始，合肥国资一系列投融资模式被称为“合肥模式”。其以尊重市场规律为前提，把投资引领培育产业放在第一位，找准市场需求、遵循产业逻辑，巧用资本市场以小博大，并能实现筹资—投入—管理—退出全过程把控。善于运用资本招商，先大手笔投资基金拉拢企业落户，后期再将投资所获股份脱手，翻倍获利，继续扩充投资基金，以一笔投资换一个产业。合肥

建立了“引导性股权投资+社会化投资+天使投资+投资基金+基金管理”的多元化科技投融资体系，形成了创新资本生成能力。

（一）“合肥模式”的突出特点

从京东方到兆易创新，再到蔚来汽车，合肥市政府撬动了显示屏产业、半导体产业和新能源汽车产业等，带动了当地的就业，也加速推进着产业的升级；但另一方面，也需要看到，合肥的成功有其独特的一面。重点就是找准产业方向，尊重产业规律，通过国有资本引导社会资本和实施资本市场有序退出，国有资本实现保值增值后投向下一个产业，实现良性循环。

合肥市政府投资基金的整体运行模式、基金规模等基本情况与全国其他地方并没有明显差异，基本模式都是财政出资成立母基金，通过当地国资平台运营管理，参股设立子基金、吸引有竞争力的管理机构进行规模放大，同时也通过直投支持重点产业项目。

除了传统政府投资具有的集中使用、组合发力的特点外，比较有合肥特色的可能有以下三点：

一是从产业出发、回归产业。合肥政府投资基金全面启动时，合肥国资引领的“合肥模式”已经引进了一批龙头企业，合肥市政府能够抓住产业发展机遇，将财政资金基金投入的方式融入产业政策体系，紧紧围绕重点产业领域，对产业中的中小企业、初创企业进行支持，有效支持了产业群的发展；其内在逻辑是：在打造完整产业链、营造产业生态圈的战略目标之下，即使个别落地项目暂时出现经营困难，也在为当地创造税收、就业和国内生产总值，在借助各类基金的组合投资后，具体项目的投资风险可以有效分散。

二是以官学研打通产学研的“最后一公里”。改革开放四十多年来，合肥凭借先行一步的改革魄力，潜心科研、培育产业，做足引导产学研协同发展的功课，全力建设具有国际影响力的创新高地。鼓励高校及科研院所与企业开展合作，是合肥全面构建技术创新体系的重要一环，这不仅把藏在深宫的科研成果尽快转化落地，也让企业有了新技术支撑提档升级。合肥拥有国家与省级的各类研究中心、技术中心、实验室总数达 550 多个。截至 2021 年 5 月，合肥集聚了从两院院士到各类专业技术人才，总量达 173.3 万人。合肥把这些技术专家引入到城市地区产业布局与发展中的参政、资政中来，积极为政府制定发展规划和产业政策建言献策。良好的创新人才环境，促进了科技和经济同步快速发展。

三是利用资本颠覆传统投资。合肥市政府从与京东方合作 6 代线开始，就摒弃了双方直接组建合资企业的传统投资方式，而是巧用资本市场，由国资认购流动性较强的上市公司股权，上市公司拿到股权融资后再自行在合肥落地项目，从而避免了政府投入的固化和沉淀。2010 年，为支持京东方北京 8 代线项目建设，合肥融科斥资近 20 亿元参与京东方 A 定增。2014 年 4 月合肥建翔再度斥资 60 亿元参与定增。国有资本的参与大大增强了社会资本的信心，而国有资本完成既定目标后，及时通过市场化方式安全退出并获得较好收益，从而为新的产业投资积累资金，最终实现国有资本“投入—退出—再投入”良性循环。

（二）合肥模式对上海科创投资的借鉴和相关建议

2021 年两会期间政府工作报告指出，“十四五”期间，上海要“强化科技创新策源功能，突出创新在发展全局中的核心地位，突出科技自立自强,进一步提高张江综合性国家科学中心的集中度和显示度,力争在基础研究、应用基础研究和关键核心技术攻坚上取得一批重大成果”。目前,上海虽然在科技创新能力、产业转化能力、金融支持能力及政策配套能力四个方面已经取得了较好成绩,但在科创投入、创新力度、产业链人才队伍方面等方面仍存在不足。对此,上海可在以下方面发力,助力上海科创中心的建设。

首先,需要成立投资引导基金,以直接投资的示范效应,积极发挥引导作用。无论是发挥头部企业和龙头企业的带动作用,还是从全产业链切入,打造产业生态,这个过程中,往往需要政府对企业提供“资本”类的服务,例如股权投资、担保抵押、低息贷款等金融服务,吸引资本不足的企业落地项目。但政府财力毕竟有限,相对于产业培育所需不过是杯水车薪,因此优化政府投融资结构成为重中之重。在合肥资本招商的棋局中,合肥建投和合肥产投两大国资“推手”发挥了关键作用,而且都运用了基金这一创新金融工具,为国企资本化、基金化运作探索出了一条新路。

2016 年 1 月,合肥建投发起成立合肥芯屏产业投资基金,服务于新型显示、集成电路等战略性新兴产业。目前,芯屏基金规模约达 240 亿元,已投资项目包括京东方 10.5 代线、彩虹集团高世代液晶基板玻璃生产线——彩虹 8.5 代线、力晶 12 英寸晶圆制造、安世半导体等。合肥产投参与中兴合创基金、华登国际、建广基金、安徽省集成电路基金、新站基金等多只基金,总规模超过 640 亿元。

上海完全可以建立起相应的投资引导基金,瞄准人工智能、量子科学、脑科学等前沿领域,以直接投资来显示政府对种子期、起步期创新企业的扶助意愿,为商业性资金的投资选择作出示范。当然,这种投资引导的方法，还要辅以其他有吸引力的优惠政策，使其愿以当下的高风险换取未来的高收益。从基金设立、到运营管理机构搭建，再到基金治理结构和运行模式的设计都要受到上海重点产业发展需要的驱动，而不单纯是为了创新财政资金使用方式，甚至“凭空”设计基金，从而真正实现产业政策和金融资本的有效融合。政府与市场的相互融合、相互促进是发展高科技产业引导基金的最好方式。

其次，改变上海国有资本投资方式和路径。在以往上海国资投资中，大多数都是投资于本地引资项目，缺乏清晰的证券化路径规划。因此，国资收回投资的唯一路径是靠项目的利润分配，这将是一个没有时间表的漫长过程。参考“合肥模式”，上海国资投资模式应该是：投资上市公司股权（定增或协议转让）—上市公司落地重大战略项目，增厚每股收益—上市公司价值提升—资本市场退出；或是投资可望证券化战略项目—上市或上市公司项目收购—实现资本市场退出。值得一提的是，若想重视发挥国资的引领作用和放大功能，就要善于做母基金、甘于做有限合伙人，并且联合市场上的头部基金、专业基金。有了这些市场化的专业基金管理机构的助攻和赋能，所投项目的成功概率会大大提升，退出周期也将大为缩短。

最后，扩大资金来源，积极吸纳国际资本。以色列在科技创新上的成功离不开其创新系统的开放性和国际科技合作，借助外部力量，取长补短，推动高新技术产业发展。上海完全可以借助国际金融中心地位，通过设立双边科研基金、双边科研协定，以及欧洲科技发展计划等推动国际交流与合作，积极吸纳国际资本。双边科研基金主要通过国际合作资金与双边协议共同进行创新研发，目的在于有效配置资金与专业资源，在资金与协议保护下，双边政府提供人力、设备、顾问专家等援助，以及设置双边研发基金,基金通过董事会管理,针对有能力研发新产品的企业,补助研发成本的50%。例如欧盟“2030数字罗盘”,作为欧洲最重要的科研合作计划,共有八十多个国家和地区参与欧洲研究机构和企业合作科研。上海如果能通过引入国际资本、建立国际双边基金等,将有效加强国际交流合作、提升企业的国际地位,进而有利于推动整个科技创新投资行业的发展。

参考文献

一、中文文献

1. [美]彼得·J. 卡岑斯坦编:《权利与财富之间》,陈刚译,吉林出版集团有限责任公司,2007 年。
2. [美]彼得·施魏策尔:《里根政府是如何搞垮苏联的》,殷雄译,新华出版社,2001 年。
3. 董一凡:《疫情挑战将推动欧盟加强内部团结》,《大众日报》2020 年 10 月 22 日第五版。
4. 黄郑亮:《全球价值链视野下的欧盟人工智能竞争力分析》,《国际关系研究》2020 年第 1 期。
5. 黄郑亮:《越南制造业在全球价值链的位置研究》,《东南亚研究》2019 年第 5 期。
6. 金玲:《"主权欧洲"、新冠疫情与中欧关系》,《外交评论》2020 年第 4 期。
7. 李括:《美国科技霸权中的人工智能优势及对全球价值链的重塑》,《国际关系研究》2020 年第 1 期。
8. 陆婷、东燕:《后疫情时期欧洲经济的困境与出路》,《全球化》2020 年第 4 期。

9. 王若兰:《中美两国生产价值链长度的测算与研究》,《信息系统工程》2018 年第 12 期。

10. 忻华:《“欧洲经济主权与技术主权”的战略内涵分析》,《欧洲研究》2020 年第 4 期。

11. 余南平、黄郑亮:《全球与区域中的国际权力变化与转移——以德国全球价值链的研究为视角》,《欧洲研究》2019 年第 2 期。

12. [美]约翰·刘易斯·加迪斯:《论大战略》,臧博、崔传刚译,中信出版社,2019 年。

二、外文文献

1. Aggarwal, V. K. and K. Govella. 2013. The Trade - Security Nexus in the Asia - Pacific. In Aggarwal V. and K. Govella. (eds.) *Linking Trade and Security: Evolving Institutions and Strategies in Asia, Europe, and the United States* (The Political Economy of the Asia Pacific). New York: Springer.

2. Asian Development Bank. 2017. Asian Economic Integration Report 2017.

3. BLS, Historic U. S. Job Market Continues as African - American Unemployment Rate Hits New Low, https://www.whitehouse.gov/articles/historic-u-s-job-market-continues-african-american-unemployment-rate-hits-new-low/.

4. Coronavirus: Tony Blair sees no end to lockdown without mass testing-as he calls UK response slow, https://www.peakfm.co.uk/news/uk-news/coronavirus-tony-blair-sees-no-end-to-lockdown-without-mass-testing-as-he-calls-uk-response-slow/.

5. CSIS: China on the Edge, https://www.csis.org/analysis/novel-coronavirus-outbreak.

6. David Ramirez, COVID-19: Global trade and supply chains after the pandemic, https://www.iiss.org/blogs/research-paper/2020/08/covid-19-trade-and-supply-chains.

7. Denial and dysfunction beset the United States as a novel coronavirus raged, https://

www. washingtonpost. com/.

8. Erric Permana, Indonesia, France agree to boost defense cooperation Defense ministers emphasize importance of maintaining stability in Indo – Pacific region, October 23, 2020, https://www. aa. com. tr/en/asia-pacific/indonesia-france-agree-to-boost-defense-cooperation/2016751.

9. Fagiolo G, Reyes J, Schiavo S. The evolution of the world trade web: a weighted-network analysis. *Journal of Evolutionary Economics*, 2010, 20(4):479 – 514.

10. Goldman Sachs Global Investment Research, MADE IN THE USA . . . OR CHINA? 25 Years of Supply Chain Investment at a Crossroads, 2017/03/24, https://www. goldmansachs. com/careers/divisions/global-investment-research/.

11. Gunnar Adler – Karlsson, 1968, *Western Economic Warfare* 1947 – 1967: *A Case Study in Foreign Economic Policy*. AlMQVIST & WIKSELL/STOCKHOLM.

12. Hoang Ha, "FDI in VN Witnesses Year-on-year Increase of 79. 8%", http://news. chinhphu. vn/Home/FDI – in – VN – witnesses – yearonyear – increase – of – 798/20207/40946. Vgp. http://dx. doi. org/10. 1787/9789264189560-en.

13. Hung Tran, Economic and financial risks after the pandemic, Atlantic Council, Sep 29, 2020. https://www. atlanticcouncil. org/blogs/new – atlanticist/economic – and – financial-risks-after-the-pandemic/.

14. International Bank for Reconstruction and Development/The World Bank, Global Value Chain Development Report 2017: Measuring and Analyzing the Impact of GVCs on Economic Development.

15. International Monetary Fund (IMF), World economic outlook, 2020 October, page 55.

16. Jim Sciutto, 2020. The Madman Theory: Trump Takes on the World. Harper.

17. Johns Hopkins Center for Health Security, Blame and Discrimination Attached to COV-

ID–19 —An FAQ for US Elected Leaders and Health Officials, https://www.centerforhealthsecurity.org/resources/COVID–19/COVID–19–fact–sheets/200205–nCoV–leadersAgainstStigma.pdf.

18. Jones R W, Kierzkowski H, Leonard G. Fragmentation and Intra–Industry Trade. Frontiers of Research in Intra–Industry Trade. Palgrave Macmillan UK, 2002.

19. Kimura F, Obashi A. Production Networks in East Asia: What We Know So Far. *Microeconomics Working Papers*, 2011.

20. Philippe De Lombaerde, 2013. China moving up the value chain: What can be learned from the Asian NICs? *International Area Studies Review.*

21. Riis J O, Johansen J, Waehrens B V, et al. Strategic roles of manufacturing, *Journal of Manufacturing Technology Management*, 2007, 18(8): 933 –948.

22. Sanjay Dhir, Sushil, Singapore, *Global Value Chain: Flexibility And Sustainability*, Springer, 2018. Perfaca vii. https://www.researchgate.net/publication/323665805_Global_Value_Chains_Flexibility_and_Sustainability_Springer_Verlag_Singapore.

23. The World Bank. 2020. World Development Report 2020: Trading for Development in the Age of Global Value Chains.

24. To end the inequality crisis, we must build an economy for ordinary working people, not the rich and powerful. https://www.oxfam.org/en/research/reward–work–not–wealth.

25. Trump Administration Considers Halting GE Venture's Engine Deliveries to China. https://www.wsj.com/articles/trump–administration–considers–halting–ge–ventures–engine–deliveries–to–china–11581790083.

26. U. S. mulls cutting Huawei off from global chip suppliers, with TSMC in crosshairs. https://www.reuters.com/article/us–usa–huawei–tech–tsmc/u–s–mulls–cutting–huawei–off–from–global–chip–suppliers–with–tsmc–in–crosshairs–idUSKBN20B1YO.